讃えよう 名古屋の明治

も・く・じ

第五章　陸海軍聯合大演習と濃尾大地震

第六章　日清戦争とその後の名古屋

第七章　進む、近代化への基盤づくり

第八章　発展途上、明治三十年代の名古屋

第十章　飛躍、名古屋港・上下水道・学校

第十一章　光りと影、明治の終わりへ

●使用写真&図絵
写真＝「愛知県写真帳」愛知県編・愛知県刊・大正二年
図絵＝「尾張名所図絵」宮戸松斎著・川瀬代助ほか刊・明治二十三年
※復刻・ブックショップマイタウン刊
●使用イラスト　近藤徹

・はじめに

幕末の尾張藩の歴史に続いて、明治から昭和初期の二・二六事件に至るまでの尾張の歴史をまとめてみたいと考えた。その動機は曾祖父佐藤作平が武功を焦る公家と官軍の攻撃を受けて消息を絶ったこと、母子家庭の遺児となった幼い祖父鐘作は名古屋の商家に丁稚奉公をして、苦労の末に帽子問屋を営んだことなどが底流にあった。

さて、八十四歳の筆者は名古屋での居住歴が約六十六年になるが、幕末から昭和初期にかけての尾張と名古屋の歴史にはこの間、ほとんど見るべきものがないとする見方が有力であった。尾張藩主慶勝《よしかつ》公以下は腰抜けの見本で、保身のため罪もない藩士たちを斬ったとする見方が、郷土史という狭い視野の中で強烈となり、次いで名古屋と尾張の出身者で中央政府で活躍した人士がほとんどいないとか。

また、昭和初期に陸軍三長官の中で陸軍の綱紀粛正を目指し、独りで部内皇道派の領袖を抑えにかかり、二・二六事件のクーデターで殺害された渡辺錠太郎大将の勇気について、ほとんど着目する史家がいないことにも驚いた。国全体の中で尾張と名古屋は随分と軽視されてきたという思いがした。以下、執筆の動機について、筆者の立場を紹介してご理解を得たい。

筆者の母方の曾祖父は江戸幕府の用人組に属し、禄高二百石程度の小禄ながら、職務柄、裃を着けて御広敷に勤めた。今で言えば内閣官房の事務官のようなもので、登城する諸大名や有司の応接から気苦労の多い職場だった。いつも裃を着けてというのは堅苦しいものであったが、幕末になると黒船騒ぎに始まり、平時のような繁文縟礼《はんぶんじょくれい》が廃止された。季節ごとの恒例の贈答儀礼なども大幅に廃止された。御広敷の用人組の仕事も大きく削減された。

俗に旗本八万騎と言われるが幕末は二万数千名で、大番組等の戦闘員の士官は少なく、大方は江戸と地方の役人であった。非常時というので幕府は歩兵隊を新たに編成したほか、外国公使館が江戸に開設されたため、その護衛隊を外国奉行の下に編成するなど、軍備増強に大忙しの時節になった。用人組でお城勤めをしていた多くの面々は、士官不足で困っていた新設の組織にコンバートされた。

曾祖父は出役の時には馬に乗れたらしく、支配老中から外国奉行附に出向を命じられた。ある夜、外国公使館員の警護中に攘夷の志士たちの襲撃を受けた際、馬が斬られて暴走。護衛役の士官は暴走する馬にしがみつき現場を離れ、その間に外国公使館員が斬られるという事件が起きた。馬はかなりの距離を暴走、乗り手の士官は落馬しないように懸命となり、護衛の役目どころでなかったようである。これは醜態と目された。

この事件のあと曾祖父は病となり、小普請入りを願い出たが、支配老中から歩兵隊訓練隊（撤兵《さっぺい》）に出向を命じられた。平時なら隠居の齢だった曾祖父は鉄砲の射撃訓練やフランス陸軍式の歩兵隊調練に参加することになった。攘夷過激派の襲撃には無事だったが、この撤兵への出向は曾祖父の命取りになった。

曾祖父は長州征討や鳥羽・伏見の戦いに派遣されることもなく、戊辰戦争の時は江戸にいたが、江戸城明け渡しの時、歩兵隊の一部が集団で上総木更津辺に脱走。その鎮撫のため歩兵頭とともに派遣された。

武士ではなく庶民から徴募した歩兵隊は、上野の彰義隊のような集団ではなく、官軍に徹底抗戦する意志もない不満分子の集団であった。上司の歩兵頭が優柔不断のため脱走隊員はつけあがり、恭順の呼びかけを無視して官軍の一方的な攻撃にあい壊滅した。上司の歩兵頭は説得に身が入らず、何事もなく生還している。

『千葉県史』によれば戦闘のきっかけとか、何処で誰を何人殺したかの記録もなく、正体不明で奇っ怪な戦闘だと評している。死亡した曾祖父の墓はなく、何処で死んだのかも不明であった。曾祖父の履歴の終わりは空白で、死亡の場所も理由も記載がなく、徳川宗家が駿河に転封となった時、未亡人の曾祖母は幼い祖父と四谷の用人組屋敷から立ち退きを命じられ、駿河の富士山麓の村庄屋の厄介になった。

その後、幼い祖父は教育を受けるどころでなく、生活のため名古屋の商家に丁稚奉公することになった。この間、村庄屋の娘は自家用の駕籠の送り迎えで隣町の小学校に通っていたが、庄屋は連帯保証債務で破産。暖簾分けで円頓寺に店を構えた祖父は、破産した庄屋の娘だった祖母と結婚する。

小さな店のおかみさんになった祖母は店の商売も手伝い、子供を背負って掛け取りに歩くなど苦労か多かったという。その後、祖父は鉄砲町に帽子問屋を営むまでになり、初荷の写真には祖父、祖母と多くの従業員にまじり筆者の母の少女時代があった。母は岡谷さん（笹屋、現在の岡谷鋼機）の隣に店を持てたことが、商家として大変誇らしいことだと祖父を自慢していた。

昔は藪入りで帰省する丁稚までハイカラな帽子をという時代だったから、祖父の帽子問屋は繁盛していたが、跡を継ぐ男子がなく番頭に任せて早々と引退した。祖父は家族と名古屋を去り、東京深川に転居。江戸下町の風情が残る町で楽しい隠居生活を数年。その後は祖母の郷里に移り、祖母を労って隠居生活を送った。筆者が知る祖父は三歳からわずか三年間のことで、遊んでくれた祖父の思い出は懐かしくいとおしい。

母は娘時代の名古屋での暮らしが懐かしかったらしく、戦後の貧乏暮らしの中で再び名古屋に転居した。折しも学資と健康の不如意から医学部を中退した筆者は愛知県庁に就職、名古屋に落ち着いた。父母が他界したのちも筆者は名古屋に住み続けている。横浜生まれの筆者は父親の転勤に加え、戦時と戦後の住宅事情のため、小学生のころから転校を重ねた。

名古屋は住みよい町だった。ほぼ同年の義兄とは県庁時代に音楽とミュージカル映画を中心に、遅れた青春時代を満喫して親交を重ねた。県庁でものちの転職先でも再三東京への転勤を勧められたが、通勤に要する体力の不足に加え本省本社勤務というのがどうにも嫌で、その代わりに名古屋で精勤するからと拒み続けた。筆者にとって名古屋とは祖父と母親の代からの遠い因縁もあり、その親戚筋もいたため、最初から今日まで本当に過ごしやすい町だった。幼い頃の祖父が小さな身体であちこちと使い走りをしていたことを思い、半ばふるさとのように感じていた。いつか暇ができたら名古屋と尾張の歴史を調べてみたいと思っていた。

その最初の契機は、郷土史家の水谷盛光氏（中区長）から、幕末の尾張徳川家の内紛（青松葉事件）に関する論考の出版記念会に招かれたことに始まった。半世紀も前のことで、水谷氏とはある会議で同席したのがご縁であった。在職中は多忙で尾張藩の幕末史はお預けだったが、退職後はこれが契機となって幕末の尾張藩が果たした役割の大きさ、猟官運動などに無縁だった寡欲な関係者の潔さなどに気づいて感銘した。更にこの数年、郷土史に詳しい舟橋武志氏と知り合い、筆者の海軍戦史資料の出版から幕末の尾張藩史について、編集・出版までお引き受け願うことになった。

この年来、筆者は前立腺癌を患い体力が年々衰える中で、元同僚の永井久隆氏と水谷博氏に筆者の作業を支援して頂いている。実に幸運なことと感謝に耐えない。本書が何とかまとまったのは、舟橋、永井の両氏のお力添えによるものである。

筆者の若いころは、御一新以来の尾張では人材不足による不甲斐なさが何かにつけ議論され、東京ほかに対する文化コンプレックス論が強かった。筆者にはこの自虐的な見解は表面的すぎて、同調できなかった。

当時の名古屋は官民ともに、中央からの天下り組が支店長や幹部になり、それを迎えて地元の取り巻きがゴルフや宴席に誘いまくる。短い任期を終えた支店長たちは置き土産に取り巻きを引き立てる。これでは名古屋がスポイルされると、大企業の人事部長が嘆いていたことがあった。地元大学の有能な教授たちにとっては、名古屋は東京への途中の腰掛けだとの批評やら、文化不毛論の次はそんな消極的な解説がしたり顔に幅をきかせた。こうした背景の中で、幕末の尾張藩は腰抜け揃いという史観に拍車がかかった。残念な偏った見方だと思った。最初の発刊から十年余、幕末も明治以降も今一度見直さなくては、としきりに思った。

明治の尾張と名古屋は一口で言えば在野の隠れた人材の活躍によって、よその各地で頻発したような余計な騒ぎに足をとられることなく、市街電車、名古屋港の開発、上水道の木曽川からの導水、濃尾大震災を克服して諸産業の振興、教育文化面の充実と、大方を国に求めることなく、自らの発意と負担で都市基盤の形成を実現している。これは誉め讃えられるべき偉業と言ってよく、郷党としては誇るべき父祖の歴史だと思う。

平成二十八年初夏　　　　渡辺博史

第一章　内乱と無縁だった幕末・維新の尾張

一、明治へ、一世一元の制度の登場

慶応二年（一八六六）十二月二十五日、孝明天皇が崩御されたのち、翌慶応三年正月九日、のちの明治天皇となられる第二皇子睦仁《むつひと》親王が践祚《せんそ》されたのですが、元号は引き続き慶応のままでした。いわゆる一世一元の制度が登場するのは慶応四年九月八日で、改元により慶応四年が明治元年になってからのことです。明治二十二年の皇室典範の制定で、一世一元の制が法文化されました。

それまでの元号は、即位、瑞祥、災異などにより改められたのですが、災難続きの幕末は、元年だけで改元になるなど、各年号は総じて短いものに終始しました。この頻々と繰り返された改元は、そうでなくても難解な幕末の歴史の記述を、時系列的にさらに分かりにくいものにしています。幕府内の文書でも元号を冠した日付ではなく、例えば戊辰というような表示をして、年の途中で改元される年号の煩わしさをかわしていました。嫌なことは忘れて縁起を直してというのが維新以前の改元の効能でしたが、頻繁な改元のため、その権威を失いかけていました。

朝廷には古来から天文、暦、卜占《ぼくせん》を司る陰陽寮があり、諸国の陰陽師を通じ、瑞祥、災害、異変などの情報を集めていました。幕府の組織体制に比べ、朝廷は諸国の情報に鈍感であったとする史書の記述もありますが、これは独断が過ぎると思われます。むしろ、災害や異変に関する情報や見通し（占い）については敏感な体質であったわけで、幕末の攘夷をめぐる内外の騒ぎの中で、頻々と改元を繰り返した辺りは、それを裏書きしています。

明治の新政府は困難な船出の決意を表明するかのように、これまでのように災厄に遭うごとに繰り返した改元の効能を、根本的に否定しました。その点だけでも、新政府の意志はまさに革命的な政策転換でした。

余談ですが、あの太平洋戦争の序盤の作戦において、聯合艦隊は世界初の大規模な空母部隊を動かし、米太平洋艦隊の空母部隊を捕捉する作戦を何度か企図しました。こうした作戦の図上演習の時、最も予測困難なのは味方の被害の予想でした。これについては、サイコロを投げて出た目で判断する慣行がありました。考えようでは、籤のようなものです。古来、籤は神意を占う方法の一つで、容易に判断できない事柄、吉凶、勝敗、等級などを決定する場合に用いられました。その昔の見識と、近代のサイコロの使用は同じ能書きでした。

また、あの敗戦後の昭和のある時期まで、日銀の月報等に、「今後の景気を占えば」というような字句が見受けられます。大体、景気というものは、個人や土地に関する人気や評判の浮き沈みから、企業や国家を中心とする社会や経済の動向に至るまで、もともと完璧な分析や予測が出来ないものです。したがって、「景気を占えば」という表現がぴったりです。

しかし、合理主義や科学的な分析がもてはやされ、物事の予測が学問として扱われるようになると、本来は占いと同じレベルの見識であっても、「見通し」と言わなくては気が済まないようになります。江戸時代までの朝廷はまさにこの大きな占いをしていたわけでした。ところが、明治政府は縁起担ぎを廃止する改革を真っ先に取り上げることになります。

それにしても、明治の改元は思い切りのよい決意のスタートとなります。明治天皇が初めて江戸に向かわれる前に、改元が触れ出されたことを考えると、三世紀余も京都から遠くに出られたことがない天皇の世紀を宣言するようなもので、一世一元は改元の権威を取り戻し、天皇の権威を補強したと思われてなりません。

二、廃藩置県と尾張藩の消滅

江戸城の明け渡しが済み、徳川宗家と旧幕臣たちが江戸から静岡に移されると、明治天皇は早々と東京に行幸されました。伊勢路から尾張へ、護衛が多い行幸は、桑名から海上ではなく陸路となります。行幸の道筋は佐屋、万場、岩塚を経て熱田に向かい、明治元年(一八六八)九月二十六日、天皇は尾張藩の熱田西浜の御殿に御泊りになられました。

翌二十七日、天皇は熱田神宮に御参拝。浜新開において農民の収穫作業を御覧になられ、二十八日、鳴海宿の本陣下郷邸に御宿泊。この間、尾張藩の慶勝公は部隊を率いて先導と警護に当たりました。

十二月十七日、天皇は京都に還御されるため、再び熱田西浜御殿に御宿泊になり、十八日、佐屋村の加藤五左衛門方に御宿泊。十九日、桑名に渡御されました。天皇の護衛は約二千名で、尾張藩は先導と警護の任に当たっています。

この間、八月から十二月にかけて、尾張藩は組織を改編します。まず、南東北(西は犬山藩の領地のため欠)に各総管所を設置して、総管を任命。次いで、民政局を設置。暮れには藩の勘定奉行所内に国産掛を設け、関戸哲太郎、伊藤次郎左衛門、岡谷惣七を国産用達総裁としました。翌明治二年正月、尾張藩の実力者田宮如雲は藩の執政に任命されたのですが、二月には北地総管に転出。田宮に代わって、若い丹羽賢が尾張藩大参事に任命されました。

インフレで藩も庶民も困窮する中で、薩摩、長州、土佐等の諸藩が明治二年一月、版籍（土地と人民）奉還を朝廷に上表しました。尾張藩も二月半ばに、同じく版籍奉還を上書します。諸国の藩主たちから版籍奉還がぞくぞくと上書される頃、尾張の慶勝公は再び新政府の議定に就任したのですが、五月半ばには早々と退官しています。その直後、函館の五稜郭が陥落、戊辰戦争は終わりました。六月十七日、朝廷は諸藩の版籍奉還を許可し、最初の藩知事に旧藩主を任命しています。尾張藩は名古屋藩と改称されました。藩知事には幼い前藩主義宜《よしのり》が任命され、旧藩士の諸役は引き続き名古屋藩の諸役に任命されます。

版籍奉還の直前、尾張藩は城内の役所を引き払い、三之丸の旧竹腰邸の空家を政事堂としました。内戦が終わって世の中が落ち着くと、藩の役人は武官も文官も減らされます。広い城内の役所では維持費がかさむため、付家老の旧邸が役所に転用されたわけです。

この頃、尾張藩の慶勝、義宜の両公には永世禄一万五千石が朝廷

から下賜されました。それでも、藩主の家禄が藩実収入の十分の一に減少したため、家士の給禄をどうするかが大問題になります。名古屋藩発足の一ケ月後、幹部級が集まり協議したのですが、対策の立てようがなかったようです。藩士の数も給禄も激減するご時勢で、藩はリストラと財政難、庶民は生活難に苦しみました。藩は旧藩士たちに帰農を勧奨し、農業に従事する者が出ています。

なお、この明治二年の暮れ、尾張の慶勝公は戊辰の役で新国家に殉じた尾張藩の戦死者の霊十八名を祭祀するため、旌忠社《せいちゅうしゃ》（のち招魂社、現在の護国神社）を建立しています。

明治二年三月十六日、明治天皇は再び東京に向かわれる途中、熱田西浜御殿に御宿泊になり、熱田神宮に御参拝。先年お持ちになられた神剣を御奉納されました。秋には昭憲皇后が東京に向かわれる途中、熱田西浜御殿に御宿泊になられています。

先年来、明治政府の太政官は東京に行ったきりで、外国公使たちは引き続き東京に公館を置いていました。京都に代わって、東京が我が国の首都となる体制が、皇室と公卿たちの移動に伴い、次第に定着していきます。京都では遷都に反対する市中の運動が活発だったようですが、文明開化を目指す国全体の動きは、京都からの遷都を促してやみませんでした。

遷都先の候補地として大阪のほか名古屋も名前だけは挙がったようですが、衆目の見るところ、東京しかありませんでした。広大な江戸城と旧幕府の様々な諸機関の施設、空家になった諸侯や諸藩邸と幕府有司の役宅等は、新政府の移転先として申し分のない収容力があり、東京以外の都市ではそれだけの施設を新設する費用だけでも頭が痛い状況でした。

こう考えてくれば、江戸と江戸城を無血で引き渡すことは、新政府にとって当初から必要不可欠な条件であったわけです。また、その引き換えの条件となった徳川宗家の移転先にしても、もともと大半が幕府の直轄地だった駿河とその府中しかなかったわけです。慧眼な最後の若年寄大久保一翁と勝海舟はその辺を見抜いていて、薩摩藩の西郷との腹芸で江戸明け渡しの談判を際どいものに演出してまとめ、彼我双方の顔が立つような収拾を図ったと思われてなりません。

ともあれ、江戸城と江戸市中が戦禍を免れたことは、その点からも大きなメリットでした。慶勝公が早くから江戸の無血開城を目指されたのは、政治的な大局観として慧眼の最たるものでした。もっとも、京都の御所や朝廷の諸施設はその後も取り壊されることなく、天皇の御即位の大礼に使用されることになります。京都の市民にとって、皇室と公卿たちは便宜上、一時東の京都・東京に行ったかのような感じを与えた点で、実に賢い遷都でした。

三、名古屋藩から名古屋県へ

この頃、名古屋藩幹部の交替は頻繁で、明治二年秋、名古屋藩大参事の田宮如雲（六十二歳）は議会議長に転じ、のちに初代の名古屋市長となる中村修（二十六歳）が藩の大参事に任命されています。大変な若返りで、田宮等の勢威が定着したというよりも、貧乏所帯のお守り役になり手がなかったというのでしょう。

名古屋藩の差配役は争いの対象として魅力を失っていたと思われます。田宮も中村も金と権勢を失った斜陽の組織で、最後のご奉公を務める役回りとなります。米一石は九両との記録があり、インフレで庶民の生活は相変わらずの困窮が続きます。

明治三年は春先と初秋に、暴風雨で名古屋地方は大きな被害を受けます。四月には名古屋の地名を「名古屋」または「名護屋」と書いていたのを、以後は「名古屋」と統一するようにと、監察から告示されました。六月、名古屋藩の平民は、農業が十五万七千三百十九戸、七十二万四千五百六十九名。商業が二万八千六百三十四戸、九万千二百八十五名。堂宇四百八十八、僧尼七百三十一名。陰陽師八十七戸、三百七十三名。兵が十五大隊、七千二百名となっています。兵は民間から徴募した者が多く、僧兵隊というような部隊まであり、治安維持や警備のためばかりでなく、一つは失業対策の意図もあったようです。

幕末までは、あれほど軍備強化に消極的だった慶勝公は、この時期になると、値崩れした新式銃などを購入したり、僧兵の組織まで認めています。御一新でこれまでの神仏混淆の状態は御法度とされた上に、寺院の廃止と統合が奨励されました。

こうした事情から、慶勝公と田宮は、熱田神宮の境内にあった寺や領内の約百の寺の整理はやむなしとしたものの、他国にみられたような寺の廃絶を目指す動きを嫌悪されたようです。僧兵隊の編成などは、警備というよりも護法の見地での示威を許したと思われます。

余談ですが、朝廷に新設された神祇官は神道を国教化する意図を秘め、神仏習合を許した幕府の政策を敵視して、各地で寺院の廃絶を求める過激な行動がありました。寺院に伝わった多くの文化財も、この時期に大量に棄却焼却されています。こうした時流に乗じて、慢心した神官たちがそそのかす反乱まで起こり、神道の国教化は断念され、組織そのものも縮小、廃止されます。

神祇官の復活は昭和の二・二六事件のあと、林銑十郎陸軍大将の内閣が祭政一致を掲げて登場し、大々的に復活拡充されますが、敗戦とともに連合国の占領政策で再び国家機関としての神道は廃止されました。神道は宗教ではないとする説もありますが、特定の宗旨を国教とするのは、今も昔も近代国家では一般にタブーとされる課題です。

さて、名古屋藩の部隊は一部を残して、やがて発足する東京鎮台名古屋分営に吸収され、ほとんどが解散することになります。離職する兵たちに、帰田と帰農が勧奨されました。士農工商の序列もあり、士とか卒の転職先はもっぱら農と考えられ、それも多くは未開地の開墾に落ち着く時代でした。士族の子女を集めて織物をというような授産、殖産事業はのちのことになります。

明治三年十二月三日、名古屋藩知事の徳川義宜は辞職、父慶勝公が再び藩知事に復帰します。この時、慶勝公は青松葉事件の刑死者遺族の他家へのお預けを解き、家督相続を許して給禄を与えています。この名誉回復はいささか不十分で、のちに憲法発布の際、大審院から改めて罪障消滅が言い渡されます。明治新政府としての公式の名誉回復でした。

同じ頃、名古屋城が宮内省に献納されました。慶勝公の藩知事在任は半月足らずでしたが、この二つの措置は、尾張藩の閉幕を改めて示唆しています。十二月二十三日、尾張の支藩であった美濃高須藩が廃止となり、名古屋藩に合併した時、高須藩知事松平義生《よしなり》が名古屋藩知事に任命されています。

名古屋藩知事を元高須藩主に譲り、名古屋城も国に献上した慶勝公は、明治四年春、東京浅草瓦町に賜った邸に移って、のちに東京府の貴族に貫属（本籍）を替えられます。落ち着かない初期の明治政府は、従一位慶勝公を、来る廃藩置県に備え、徳川一門、華族の代表としてどうしても江戸にいて欲しかったようです。青松葉事件のクーデターで後味の良くない名古屋での居住は、慶勝公には気が重かったかもしれません。

それよりも尾張藩には多くの人物が残り、藩知事を辞めた慶勝公が地元に留まる意義は薄く、明治新政府を陰で支えることに、目立たない最後の使命感を覚えてのことであったと思われます。慶勝公が名古屋を去られた直後、尾張藩の維新の功臣、田宮如雲は六十四歳で死去しました。

この間、明治四年春先、金の鯱を引き降ろす前に、藩知事の慶勝公は藩内の豪商や豪農たちを城内に招きます。これまで度々調達金で苦労をかけたことでもあり、城内の建物等は悉くその方たちに任せると言い、士族の帰農の資金の拠出を呼び掛けたのですが、これは不調に終わりました。城も城内の建物も什器類も、使い道がなかったわけです。藩知事慶勝公の孤独な姿を彷彿とさせる一幕です。名古屋城は地元で使い道がないことを確認したようなもので、宮内省への献納に反対論がないようにとの配慮もうかがえます。

書画骨董等を含む藩の所蔵品の多くは、どうなったのか。市中では、困窮した士族たちが、同様に所蔵の書画骨董等を売却していたため、この時期、書画骨董の類はひどい値崩れを引き起こしていました。ある体制が瓦解すると、このようなひどい混乱で文化財までが本来の価値を失います。尾張藩は内戦に敗れたわけでもないのに、慶勝公と藩士たちを経済的に追いつめました。明治の初期、このような経緯で手放された我が国の大量の書画骨董は、遠く海を越えて諸外国の美術館の収蔵品になってゆきます。

明治四年七月十四日の廃藩置県の布告と同時に、名古屋藩知事松平義生（尾張藩支藩の元高須藩主）、元尾張藩士の名古屋藩大参事の中村修（初代名古屋市長）と志水忠平（二代目名古屋市長）は、いずれも免官となります。中村修は岡山県参事に転任。名古屋藩知事に代わる名古屋県令は空席となり、元尾張藩士の丹羽賢《まさる》が名古屋県参事としてしばらく代行しますが、晩秋には安濃津（津の古称）県参事に転出。後任には浦和県知事の間島冬道（尾張出身）が名古屋県参事に発令され、県令の代行を勤めることになります。ところが、それも半月足らずで宇和島県知事に転出、宇和島県参事の井関盛良が名古屋県権令《ごんれい》に発令されています。

この頃、県令以下の名古屋県官員録の筆頭には、参事丹羽淳太郎（賢）が、権参事には大津武五郎直行が名を連ねています。大津武五郎は青松葉事件で渡辺新左衛門が斬首された時、処刑の見届け役を勤めていました。

明治五年初頭の名古屋県庁の組織は、庶務、聴訟、租税、出納等で、東京にも派遣員を置いたようです。知事は県令（四等）、大参事は参事（六等）と改称され、大属（八等）、中属（十等）、少属（十二等）の各職位にはそれぞれ権の職位が加えられ、史生（十四等）、県掌（十五等）、更に等外が六段階に分かれていました。出勤は午前九時、退庁は午後三時、一と六の日が休日でした。

名古屋県の戸数は二十万五千九百八十八、人口九十一万七千四百九十七でした。明治五年四月、県下に区制が布かれます。名古屋城下と熱田は第一大区（更に九小区に分けられた）とし、区長を置くとされ、八月には吉田禄在が区長に任じられています。その他の県下は第二から第六の五区に分けられました。こうした区制は学制発布による小学校の開設を控えて、まず、その基盤になる言わば学区を編制したようなものでした。

ところが、最初に各区に置かれたお上の組織は、のちに警察となる屯所《とんしょ》でした。明治四年末、警備取締規則により、県庁の聴訟断獄係《ちょうそだんごくがかり》に属する屯所が名古屋に八ヶ所、熱田に二ヶ所が置かれ、締役《しめやく》と羅卒《らそつ》が区内を巡察警戒することになります。締役は「ズボンとマンテルを着用し、互いに申し合わせて締筋に専務致すべき事」と命じられ、区内の者は公事《くじ》訴訟に携わることのないようにと告諭されます。警察と司法機関の前身となる組織が、県庁内の仕事として発足した時期でした。締役の給与は月二円、米代にして約六斗（百キログラム）、酒ならば二斗（三十六リットル）、唐紙ならば一本弱の額でした。

四、不要になった名古屋城の保存、金鯱が戻るまで

廃藩置県に先立ち、明治四年三月、東京・大阪間に郵便の制度が実施されます。それまでの民間の町飛脚に代わって、東西を往来する官の飛脚の急便が、毎日出立することになり、差し立てる書状を集める書状取集所と切手売り捌き所が旧宿場の熱田の伝馬町に設けられました。名古屋ではなくて、熱田には飛脚、つま

り郵便の拠点があり。新政府も当面それを活用していくこととなります。

他方、前年の明治三年に売り出された人力車は世人の軽蔑の視線を集めたと伝えられましたが、その一年後には、熱田伝馬町に人力車を貸す商売が店開きします。明治四年末になると、名古屋区の人力車会所は二ヶ所、出張所は七十二ヶ所と記録され、駕籠に代わる乗り物として、最初の毛嫌いが嘘のように急速に普及したようです。

話が前後しますが、明治三年の暮れ、名古屋城の天守閣の頂きにある二匹の金の鯱を、飾りものにしておくよりも、金の鱗を剥がして、いささかなりともお上の御用に立てたいとの意見が出ました。そこで、名古屋藩庁では二匹の金の鯱を宮内省に献納することを申し出ます。翌年春には鯱を引き降ろすように内命があったようです。

名　古　屋　城

城のシンボルである鯱が不要になったということは、城の本丸と天守閣が不要になったということです。二匹の金の鯱は四月初旬には天守閣から降ろされ、箱詰めにして車二両に積み、各三十人で引き、堀川端の蔵前から船に移し、熱田で蒸気船知多丸に運び込み、東京の宮内省に納められました。不要になった城廓は、あとは取り壊しを待つだけになりました。

翌明治五年春、駐日独公使のフォン・ブラントが、当時取り壊しの話が出ていた名古屋と姫路の両城の保存を勧告したのが、事の始まりでした。財政難の政府と藩庁には取り壊しの費用が捻出できません。それが幸いしました。名古屋城は陸軍省に移管され、本丸は名古屋鎮台に利用されることになり、金の鯱を失っても名古屋城は保存されました。

陸軍省所管となった名古屋と姫路の両城が保存されたのは、中村重遠《しげとお》陸軍大佐（工兵、高知県出身）のお陰だとの説があります。中村重遠陸軍中佐は明治六年三月末、陸軍省第一課長に発令されましたが、同年暮れから熊本鎮台参謀長心得に転出。四年後の明治十年末、陸軍省第四局次長に戻り、翌明治十一年十一月二十一日、陸軍大佐に進級と同時に第四局副長となり、同十二月二十六日、工兵第一方面提理に転出していま す。姫路城史の記録によれば、その十二月二十六日、中村大佐が陸軍卿山県有朋中将に要請し、太政官に稟議した結果、翌年一月下旬、姫路城の保存が決まったとあります。郷土史家水谷盛光氏（元名古屋市中区長）は、中村大佐は稟議の提出者でなく、陸軍省の記録では確認できなかったとしています。

他方、降ろされた二匹の金鯱は、それぞれ内外各地の博覧会の出し物として、方々に旅をします。明治六年には、その一匹は遠くウィーンの万国博覧会に出品されています。明治十一年六月、地元財界の代表、伊藤次郎左衛門、関戸守彦、岡谷惣助が有志総代となり、名古屋城天守閣に金鯱を戻して欲しいと上申します。宮内省はこれを受け入れ、雌雄二匹の鯱は七年ぶりに、明治十一年十一月二十一日、陸軍省所管の名古屋城天守閣に戻す工事が行われました。奇しくも、前記の中村重遠陸軍中佐が、大佐に進級して第四局次長から同副長に補せられた日でした。

以上の経緯から推測するならば、中村工兵中佐は各鎮台所在の城内の建物を維持管理する陸軍省の担当部署にいたわけであり、取り壊しの費用がなかったこともあって、第四局の課長の時から現状維持の方針で臨んでいたものと思われます。その後、中村中佐が第四局に復帰したのち、名古屋の地元からの要請を受け、宮内省は金鯱を城の天守閣に戻すことになります。現場を管理する陸軍省の担当局としても、実質的に城の天守閣全体を保存する方策を、十一月二十四日、陸軍卿兼参議から陸軍参謀本部長に転補された山県中将に、その転補の前に話をつけていたものと考えられます。ちなみに、後任の陸軍卿は西郷従道（のち海軍に転じる）でした。

中村工兵中佐は、明治七年八月から約二年半、第四経営部司令官（のちの第四工兵方面提理《ていり》）を務めており、管轄下の師管の姫路城のことは知悉しており、のちに本省の工兵主管局に復帰した時、名古屋城の金鯱復旧の問題に絡み、名古屋と姫路の両城の保存を、転補直前の山県卿との間で決定し、事務手続きを後任に引き継いだものと考えられます。陸軍省の記録に残る後任者の稟議をもって、交代したばかりの第四局の後任者と西郷陸軍卿との間で、にわかにそのような決定が進めれたとするのは考え難い話です。

太平洋戦争の時、米軍の大空襲により、名古屋城の天守閣と金鯱は城下の街とともに焼失、のちに再建されます。戦災に遭わなかった姫路城は、先年、世界遺産に指定されました。技術者の中村工兵大佐ならではの優れた遺徳であり、それを引き出した名古屋と姫路の地元有志の素晴らしい働きを讃えたいところです。まさに維新後も引き続き「尾張名古屋は城でもつ」の土地柄を示した史話です。

五、廃藩置県前からの教育の改革

廃藩置県前の藩の財政は火の車という中で、明治三年六月、寺社奉行所跡に「名古屋藩学校」が開設されました。通称「洋学校」と呼ばれたそうです。英語、フランス語の両科で、生徒は三百八十名、士農工商の別なく子弟を受け入れています。外国人の教師二名も招きましたが、赴任は翌年以降になったようです。

前年正月には短い期間でしたが、幕末から洋学嫌いで通っていた田宮如雲が藩の執政に就いています。これからは人材育成のため、まず洋学となったわけで、大変な変わり身の速さです。刑死した開明派の渡辺新左衛門等の遺徳というのか、当時の尾張名古屋は時勢に遅れることがない進取の土地柄でした。

名古屋藩学校には藩士の子弟として、坪内雄蔵（のち逍遥）、加藤高明（のち首相）、八代六郎（のち海軍大将、海相）、長谷川辰之助（のち二葉亭四迷）等が入学しています。

前後して、藩の女学校が聖徳寺に開設され、間もなく三之丸の元家老滝川豊後守邸跡に移設されました。

この時期に藩の女学校が早々と発足していることに、新鮮な驚きを覚えます。

また、明治四年の廃藩置県の直前、旧尾張藩評定所に開設した公立病院に併せて、元の町役所に公立仮医学校が開設されました。これは翌年春に閉鎖されますが、間もなく西本願寺名古屋別院内に公立病院と医学講習所が開設され、外国人の医師兼教師を招き、仮解剖所まで設けられます。

前記の女学校は明治四年（一八七一）夏の廃藩置県で、藩校の明倫堂と兵学校（城代家老成瀬邸跡）とともに閉鎖されます。入れ替わりに、名古屋県は第一から第七までの初等教育の学校を、西光院、時習館（家老志水甲斐守の学問所）、元舟楫《しゅうしゅう》局、大光寺、長久寺、慶栄寺、元御馳走所に開設しました。

次いで秋には、名古屋藩の諸学校を改編する格好で、名古屋県英語学校、中学校（元家老成瀬邸）に続き、女学校（聖徳寺）が開設されています。明倫堂等の教官と生徒たちは、この小学校と中学校に移され、七歳以上の女子の教育は女学校で行われることになりました。

明治五年春、名古屋県が愛知県と改称された後、これらの小学校はその夏、学制の発布に伴い、古渡に開設された義校（生徒五百八十四名）と、続いて、第一義校（のち菅原小学校）、第二義校（家老志水甲斐守の学問所時習館を利用）、第三義校（鍋屋町大光寺内）に改編されます。義校の発足により、私塾と家塾が廃止され、六歳以上で就学しない者は届け出ることになり、私塾を開く者は官の許可が必要になりました。

愛知県令は「昨日の野蛮は今日の開化になる。今日の村童は他日の県令や参事の種子であるから、名古屋市街で賢い子弟を持つ者は速やかに義校を興隆させ、人材の輩出を早く実現するように」と、初等教育の効用をストレートに告諭しています。

翌明治六年春までに、愛知県内は十の中学区に分けられ、小中学校区の区割りと小学校の配置先が決められました。県下の中学区に取締役が置かれ、町村の学事を担当することになります。この年、名古屋市内の小学校は一挙に二十校余が新設されました。愛知県内の小学校は四十三校で、うち名古屋と隣の熱田が三十五校あり、発足時は大半が都市部に集中していました。小学校の等級は、下等八～一級（六歳半～九歳半）と、上等八～一級（十歳～十三歳半）で、下等の学課は、復読、読物、書取、問答、算術、習字、作文。上等の学課は、読物、輪読、作文、暗記、算術、習字、罫図と規則で定められます。最初は小学校という名称ではなく、義校、学校とか学校分校で発足し、のちに小学校と改称されたものが相当ありました。

これらの小学校の教員を養成するため明治六年十二月、久屋町に愛知県養成学校が開設され、のち明治九年、愛知県師範学校と改称されます。

明治七年春、名古屋県英語学校が廃止され、官立の外国語学校が発足しましたが、年末には愛知英語学校と改称されています。明治八年には、愛知県養成学校に付属小学校が併設されます。明治九年、諸学校の休日が一と六の日から日曜日に改められ、夏休みは三十日間と、七月から八月は午前七時から正午までの授業時間に改められました。小学校の教員の月給は二円五十銭から八円で、米一石が六円、酒一升が十銭との記録があります。県令は「学齢の輩は、赤貧罹疾を除く外、悉皆《しっかい》、就学取計方《とりはからいかた》」と布達を出し、就学を呼び掛けています。

明治十年、官立の愛知英語学校は県に移管され、愛知県中学校と改称されました。小学校の発足後、女子の初等教育は小学校に移されたため、明治十二年、愛知県女学校が廃止され、初等教育以後を扱う女子の中等教育の課程は愛知県師範学校女子教育部に改編されました。

六、戸籍法施行準備、名古屋鎮台の新設、公立病院の登場

廃藩置県の直後、名古屋県庁内に戸籍調新局が設置され、明治五年に施行される戸籍法で、新戸籍の作成事務に入りました。秋には、それまで寺社奉行が監督してきた旧来の宗門改人別帳が廃止されることになります。新戸籍は俗に壬申《じんしん》戸籍と呼ばれ、族称や犯罪歴まで記載し、いかにも前時代的な内容のものでした。

また、県庁内には聴訟断獄係が置かれ、のちの裁判所、検事局、警察、監獄の事務を担当することになります。間もなく聴訟断獄係は聴訟課と改められ、引き続き締役と羅卒が置かれます。

他方、廃藩置県に伴い、名古屋藩の藩兵の諸隊が廃止され、一部の人員と城廓、堡砦《はさい》、練兵場等は陸軍省に移管され、新設の東京鎮台第三分営に引き継がれました。のちに修身のモデルの人物として有名になる乃木希典陸軍少佐（日露戦争の旅順攻略の第三軍司令官、陸軍大将、明治天皇崩御後の御大葬の日に殉死）が東京鎮台第三分営大弐心得《だいにこころえ》（東京鎮台の副司令官心得で、分営の司令官代行）に発令されたのは明治五年二月末のことです。

若い独身の司令官代行は名古屋の花柳界のお姐《ねえ》さんたちの最大の標的となります。有名な料亭河文の玄関

先で、恋敵同士が鉢合わせをして、派手な喧嘩騒ぎになるなど、のちに高潔な武人として、また学習院院長として広く敬愛された教育者乃木大将の身辺からは、とても想像もつかないような夜ごとの歓楽でした。もっとも、本当の人格者というのは、こうした修練も積んだ末に、初めて成り立つのが本物だと思われてなりません。

間もなく徴兵令が施行され、身分の別なく成年男子に兵役の義務が課せられます。全国に六鎮台が置かれ、ばらばらだった諸藩の兵式が統一され、士官学校、幼年学校、教導団《きょうどうだん》が東京で発足しました。名古屋の東京鎮台第三分営は名古屋鎮台に改編されて、歩兵二個大隊、砲兵二個小隊、工兵一個小隊、輜重《しちょう》一隊の兵力編成を目指すことになりました（聯隊編成に至らず）。それまで名古屋藩は鹿児島藩など西国諸藩に多かったイギリス兵式で、御三家の水戸藩は福岡藩等とオランダ兵式、紀州藩はプロシャ兵式、彦根藩と高知藩等はフランス兵式でした。兵式の統一は国語（標準語）の統一と同じように大改革でした。

明治六年一月、鎮台司令官兼大弐心得（四月十五日、鎮台司令長官御用取計）に野崎貞澄陸軍中佐（鹿児島出身、のち中将）が発令され、同十一月二十四日には、鎮台司令長官心得に揖斐章陸軍大佐（静岡出身、明治七年四月十七日、名古屋鎮台参謀長、のち名古屋鎮台司令官在任中に死去、少将）が発令されました。部隊の兵力の整備が急速に進められていった経緯が、こうした司令官の階級と肩書からも端的に窺えます。

明治六年春、名古屋鎮台で徴兵令が施行されます。同時に、翌七年夏にかけて、竹中藤右衛門が請け負った二之丸に兵舎が新設されます。西欧の兵舎を見事にこなした意匠で、当時の木造の建造物としては画期的な設計に基づく新機軸の施工でした。

なお、この間に名古屋の歩兵第六聯隊が発足、軍旗が授与されるのは明治七年末、佐賀の乱に出征した後のことです。天皇から親授される軍旗は、旗手の初級士官を中心に小隊が護衛に当たるなど、聯隊団結の表章として大切にされ、日本陸軍の中核部隊の精神的象徴となります。

この頃、陸軍の鎮台だけでなく、郵便、電信、警察等の組織が発足したほか、朝廷の命令により、種痘所が元御馳走所跡に開設され、公立病院が西本願寺名古屋別院に開設される等、西洋医学の普及が計られました。公立病院の開設には民間から多額の寄付が集められ、貧富の別なく利用するようにと告諭が出されています。病院内に併設の医師養成機関となる医学講習所（のちの愛知医学校）には米国人の医師兼教師が招かれ、下前津の仮解剖所では、漢方医が多かった名古屋の医師たちに西欧医学の解剖が公開されています。

屠牛所が創設されたのも、牛乳を搾取する養牛舎が出来たのも、洋傘の張り直しが商いになったのも、同じくこの頃だと伝えられています。

七、勝海舟、大久保一翁等の新政府への出仕と青松葉事件の祟り

余談ですが、明治四年二月、駿河藩の廃藩置県の前に、中老の大久保一翁は老齢を理由に退職して、郊外の村に落ち着きました。隠居の身になって、やれやれという安堵感を歌に残しています。ところが、翌明治五年春、勝海舟が新政府の海軍大輔に発令されると同時に、一翁も二等出仕で文部省勤務に発令されました。

新政府の中核にあった岩倉卿、薩摩の大久保利通、長州の木戸孝允（桂小五郎）が、揃って西欧の制度研究のために出掛けた時のことで、留守の内閣は薩摩の西郷隆盛に預けられていました。前後して、尾張の慶勝公の実弟である元会津藩主松平容保《かたもり》と元桑名藩主松平定敬《さだあき》、元老中板倉勝静《かつきよ》の御預けの処罰が解かれています。函館の五稜郭で最後まで抵抗した榎本武揚、大鳥圭介等も、新政府の役職に登用されました。

大久保一翁の文部省勤務は約半月の腰掛けで、その後、一翁は東京府知事を三年間勤めたのち教部省少輔に転じ、一年後に教部省の廃止に伴い、元老院議官に発令されました。新政府に仕えた一翁は、かつてのような鋭い主張や発言がなくなり、もの静かで寡黙な勤めぶりに終始したようです。

対照的なのは勝海舟でした。やがて参議兼海軍卿となり、のちに枢密顧問官にまで昇進します。一翁に対する爵位が子爵だったのに対して、勝は一段上の伯爵でした。旧幕臣として最高位の顕官となり、饒舌だった勝に対して、ある種の嫌悪感なのか、福沢諭吉はその「痩せ我慢の説」の中で、旧幕臣でありながらその異例の出世を批判しました。江戸の無血引き渡しの功績を自負していた勝は、どこ吹く風の態度で、まったく気にしなかったようです。勝の言には誇張が多いというのが大方の見方でした。

一翁がその性に似合わず、消極的で控え目な態度で新政府に出仕を続けたのは、政府内における自分の存

在が、前将軍の慶喜公ほか旧幕臣たちの名誉の回復と栄典の授与に、無言の促進役となることを期待して、辛抱した結果ではなかったかと思われます。勝には自らの業績を吹聴するところがあり、福沢諭吉にすれば見苦しいと思ったようです。

この間、尾張藩士で青松葉事件の時、討っ手（斬首の役目）を勤めた者のうち、丹羽精五郎は明治二年、岩倉卿と大久保利通の暗殺を企てたとして、佃島監獄に投獄されました。

首魁の三重臣の討っ手については、いずれも刑死者の祟りを思わせるような結末が伝えられています。時期が不詳ですが、首魁の渡辺新左衛門の討っ手の新野久大夫は、乱心して我が子を道連れにして自殺。石川内蔵允の討っ手の水野敬次郎は、公卿の送致に随行した際に斬首されたとか。榊原勘解由の討っ手の渡辺鉞次郎は、愛知県第七区長（知多郡）の時、明治八年、大野の海岸で不可解な溺死をしたとか。いずれも不慮の最期が伝えられました。この祟りの話は段々と大袈裟なものになり、他の討っ手たちは北海道に渡って熊に食い殺されたというような誤伝まで生むことになります。

第二章　東西の中間、大県・愛知の誕生

一、尾張と三河で愛知県がスタート

明治五年四月二日、名古屋県は愛知県と改称され、名古屋県権令井関盛良が愛知県権令に任命されます。この段階での愛知県は、いまだ知多郡を除く尾張一円だけです。

前年の明治四年の秋、尾張国犬山県が廃止され、名古屋県に合併されたのですが、同時に隣の三河国額田県との均衡を図るためか、尾張国知多郡は名古屋県から分離され、額田県に編入されています。中小の諸藩が転化した三河国の各県は、逐次額田県に統合されたのち、明治五年秋、額田県は愛知県に編入され、額田県権令林厚徳は浜松県権令に転出しました。

前年の廃藩置県を機に、政府はそれまでの藩知事以下の幹部を地元の旧藩の出身者で占めていたのを改め、全国の各県の幹部に、他藩からの出身者を充てる大幅な人事交流を順次行うとともに、小さな県を整理して、県の規模を大きくまとめるようにしています。

それは、新戸籍の調製、徴兵令や学制の施行など、様々な行政事務の平準化を図ろうとするだけでなく、国の租税の大半を占める地租を改正して、租税の徴収を強化する前に、土地所有者の証書となる地券の発行など、全国的な統一事務に取り組むための体制整備を行う布石でした。

しかし、各県庁では、令、権令、参事、権参事等の幹部が不足しており、旧藩の幹部の中から起用する必要に迫られていました。前記の駿河藩の大久保一翁のような老齢の者までが、東京府知事に起用される事例もありましたが、多くは若手の起用により、欠員の県令以下の代行等を命じる事例が多くなった時期でした。

昇進を促進するために、異動の発令も頻々とあり、事実上、着任に至らないような短期間に、次の異動が発令される事例もあちこちにみられます。

陸海軍の幹部人事と言い、地方官吏の人事と言い、この頃はあちこちのボスたちの推挙、評価により、その時々にかなり恣意的な起用と人事異動がありました。こうした場当たり的な人事が、序々に客観的な評価を取り入れて改善されるのは、明治中頃以降のことになります。

他方、先年に名古屋県において布かれた区制が、この明治五年の夏、学制発布の前後に大幅に手直しされます。県下を六大区、九十小区に分け、大区には区長、三小区に権区長、五十六ヶ村に戸長、一町と一村に副長を、県令の任命により置くことになります。しかし、その範囲は小学校の開設に応じて適宜という状態で、空席も少なくなかったようです。県と同じく、総じて人材不足というところで、強いて席を埋めなかったようです。県下の中学区に、学区取締数名を置き、町村の学校事務を担当させました。この学区取締は、のち明治七年に大区長の準席という身分の扱いになります。

また、前年の明治四年末の警備取締規則による屯所が、名古屋城下と宿場町の熱田に十ヶ所設置されました。明治六年の半ばに屯所は取締分局と改められ、名古屋と熱田で五ヶ所となり、取締本局が名古屋におかれ、羅卒は番人と改称されます。取締分局は名古屋とその周辺に次第に増えていきますが、当初は名古屋と宿場町の熱田から始まったわけです。当時の街は犯罪も多く、制服の警官による巡邏が防犯と保安の起点でした。

その後、明治十一年秋、郡区町村編成法の公布に伴い、名古屋城下が名古屋区となった時、宿場町の熱田は大曽根とともに愛知郡の行政区に戻りました。明治前半の熱田は、東海道の街道筋の大きな宿場町として、引き続きその機能を保持していたので、警察や郵便等で便宜的に名古屋城下と同じ行政区とされても、実質的には名古屋から独立した別の大きな町で、一体の行政区域とするには、些《いささ》かなじみが悪かったようです。

二、太陽暦の採用と洋物商い紅葉屋の盛況

明治五年十二月三日にこれまでの大陰暦が廃止され、太陽暦が採用されることになりました。言わば日本国の日付を欧米の国際基準に合わせる措置で、この日が明治六年一月一日になります。

この明治六年春、愛知県庁内では礼式の変更が定められました。従来のように、腰を屈めての礼は廃止されることになります。立礼式となり、長官に対しては脱帽するなどとされました。秋には、これまでしばしば説諭したのに、断髪することなく、依然として昔の束髪《そくはつ》の慣習にこだわる者に対し、旧習を捨てるようにと県庁は示達します。束髪は時間を費やし、稼業《かぎょう》に遅滞を生じて不便という理由でした。

昔の髪形にこだわる者が相変わらず多い中で、この頃、県庁で懐中時計を持つ者が二名いたとの記録が名古屋印刷史にあります。

後に官吏や教師の必需品となる懐中時計ですが、社会全般が著しく時間にルーズだった当時では、まだ贅沢な装身具の域を出なかったようです。名古屋印刷史の著者が、愛知県庁内に懐中時計を所持していた者が

二名いたことを特に記録したのは、新しい輸入品に目がない土地柄を浮き彫りにしたかったのかもしれません。

話は幕末に遡りますが、洋学嫌いの幹部が目立った尾張藩の城下にあって、不思議なことに、洋物《ようもの》の商いは大繁盛でした。名古屋市中の洋物の問屋兼小売の紅葉屋《もみじや》は、早くから北国筋にまで聞こえた販路を展開していました。元来、名古屋は保守的・排他的で消極的な気風が商人の間まで強かったと言われたのですが、この洋物売りの繁盛ぶりは、そうした見方を覆していささか意外な感じがします。

名古屋人の間で強い保守的な気風は、江戸時代から茶の湯の趣味が盛んだったことに起因するとの説があります。地元の作家岡戸武平は、明治三十五年頃の大橋青波の「名古屋の気風」の一節を紹介し、四畳半の茶席以外にあまり快楽を求めず、先祖の遺業を守ったからこそ、今日まで家業の繁栄が続いたとして、この保守的な気風の利点を評価しています。

今日、名古屋とその周辺は、我が国で最も喫茶店の密度が高い地域です。この現象は、限られた濃い交際範囲を更に篤くして遊びを限定する点で、その昔の茶の湯の趣味の盛んだった質実な土地柄に通じる気風が、今も形を変えて残っているのかもしれません。

この保守的で閉鎖的な交友関係は、武士階級ばかりでなく商家にも強かった中で、洋物商いの紅葉屋の盛況は、最後の藩主の慶勝公の行動と同様に、地元でも藩外でも意外な存在として著しく注目されました。元は小間物などを商っていた紅葉屋は、明治維新の四年前の元治元年、名古屋の商人の憧れの街、鉄砲町に出店をして、横浜から仕入れた洋物雑貨を扱うようになってから、急速に売り上げを伸ばします。ちょうど長州征伐で尾張の慶勝公が総督を引き受けて奔走されていた頃の話で、尾張藩の部隊の洋式化が必要視された時期と重なります。

ところが、翌慶応元年十月、尾張藩の若い攘夷派の藩士田中国之輔、丹羽賢等は、多い時には一日千両の売り上げがあったという紅葉屋の商いに対して、外国に金銀を流して不要な洋物を買い込み、法外な儲けをする。そのために藩内が疲弊するのは許せないと憤慨しました。田中国之輔等は、藩に洋物販売の禁止を建白するとともに、紅葉屋に乗り込み、廃業を強要して威嚇、金五百両を巻き上げるような行動に出ました。

紅葉屋の主の富田重助は当時三十歳。長男ながら十五歳で養子に入った人で、実家は八開村の大地主の神野金平で、その実弟神野金之助はのちに名古屋財界の大立て者になります。廃業しなければ、ただでは済まさないと脅かされても、金平親子は一向にひるまず、横浜から仕入れをして、北国から近江、遠江まで広く販路を開拓していきました。

その翌年の慶応二年二月、尾張藩では横井右近、横井孫右衛門、大道寺主水等が逼塞を命じられた頃のことです。廃業を約束したことなどどこ吹く風で、商売繁盛の紅葉屋の態度に怒った田中国之輔等は紅葉屋を襲撃して店を破壊する挙に出ました。この行為は藩庁でも捨てておけなくなり、田中国之輔等は差し控えの処罰を受けることになります。

自分らは世間様のニーズに合わせて洋物の商いをしているだけで、藩から御下命の調達金はきちんと納めている。それなのに、洋物を売るなとは理不尽だというので、紅葉屋の後ろ盾の神野金平等は引き下がりません。そこで尾張藩は翌慶応三年、洋物の輸入に御為銀と称する税を徴収することにして、商いを公認することになりました。紅葉屋の盛況にあやかり、市内の洋物屋は十四軒にもなり、商売は拡大する一途だったようです。

当時のこうした洋物の販売の広がり具合からすれば、新しいものに飛び付かないで、質素で保守的と決めつけられた名古屋人の気質のとらえ方は眉唾ものというべきです。地元の土地柄に関する既存の固定観念にとらわれないで、いち早く洋物の商いを進めて名古屋の文明開化を促進し点で、神野一族の慧眼と剛胆さに、途方もない傑物がいたものだと感嘆するばかりです。

洋物の輸入販売に成功したのち、紅葉屋の神野金平は信州の生糸を買い付けて輸出し、こちらも大成功を収めました。外貨獲得政策の拡大を急ぐ明治新政府は旅費を負担して神野金平を東京に呼び、生糸輸出の商いについて教えを乞うことになります。

他方、紅葉屋襲撃で処罰された田中国之輔、丹羽賢は、間もなく慶勝公に従って上洛。明治新政府の発足に伴う政変に参加して活躍しました。朝廷の中山忠能《ただやす》卿は、尾張藩の家老成瀬以下を評定したメモを残していますが、田中国之輔については「勤王」ではなく、「若」とのみ記しています。後年、田中は政府の閣僚にまで出世しますが、この時期は、人を見分けることに明敏な公卿から見て、評定の対象外の若者だったようです。

三、渡辺錠太郎が小牧で出生した頃

明治七年四月十六日、愛知県の小牧町で、のちの昭和十一年二月二十六日、陸軍の青年将校たちが起こした「昭和維新」のクーデターで殺害されることになる陸軍教育総監渡辺錠太郎陸軍大将が、農家の長男として出生しています。これから先の尾張の出来事についてのお話は、この渡辺錠太郎の生い立ちと閲歴等を交えて、近代日本の最初の危機、いわゆる昭和維新が企てられた昭和初期まで、歴史の大きな話題を追ってみたいと思います。

明治と改元されてから五年余、新政府の体制と諸般の改革は進みましたが、新政府の基盤は財政難に加えて、政治面でもいまだそれほど強固なものではありませんでした。それなのに、維新で禄を離れた士族たちの失業救済策を兼ねるような方策として、明治六年には韓国を武力で制圧しようとする征韓論が薩摩藩出身の陸軍大将西郷隆盛、佐賀出身の江藤新平等から持ち出されます。

結局、この征韓論は閣議が認めるところにならず、これを不満とした西郷と江藤等は辞職して帰郷することになりました。翌明治七年二月、江藤新平は政府に反旗を翻し、佐賀で挙兵します。名古屋鎮台からは、この佐賀の乱を鎮圧するために将兵が派遣され、鎮台として初の戦死者を出しています。

同じ頃、台湾に漂着した漁民が虐殺される事件があり、棚上げになった征韓論に取って代わるかのように、西郷隆盛の弟の西郷従道陸軍中将兼陸軍大輔が台湾蕃地《ばんち》事務都督に発令され、台湾の征討に当たることになります。

この間、名古屋鎮台司令長官には明治七年四月、大阪鎮台司令長官の四条隆謌《たかうた》陸軍少将（京都、のち中将、侯爵）が転補されました。有名な七卿落ちで長州に逃れた公卿出身の四条陸軍少将は、のちに二年半、大阪鎮台司令長官を兼務しますが、五年余も名古屋鎮台司令長官（この間、司令官と改称）に在職。のちに、仙台鎮台司令官を最後に元老院議官に転じました。

この頃から、名古屋の市中では菜種油の照明に代えて、石油ランプが流行したとの記録があります。もっとも、これは商家など裕福な人々の間のことで、その後も近郊の農家などでは菜種油だったようです。小牧の農家に育った渡辺錠太郎は、夜の読書に難儀したようで、細かい字は翌日の昼間に読み直したと回想しています。筆者の少年期には、「蛍雪時代」という題名の雑誌があったように記憶していますが、蛍の光や雪灯りに書を読んだという故事にちなむものでした。明治初期の頃は夜は暗く、瞑想と記憶の反芻のみで、勉学は日中働かなくても暮らせる裕福な人々の特権のような時代でした。

四、明治初期、名古屋は三府に次ぐ大都会

明治七年、名古屋城内の土地と建物が陸軍省に移管されたため、愛知県庁は東本願寺名古屋別院内に仮庁舎を設けました。県庁の組織は庶務、聴訟、租税、出納、地券の各課と、東京と豊橋に出張所が置かれています。翌明治八年二月、大蔵省の通達によって愛知県の東京出張所が廃止されました。県は通達を出し、以後は寄留の者はもちろんのこと、一時東京に出てきた者も、その都度、東京府に届け出るようにと指示して

います。当時の県の東京出張所は昔の尾張藩の江戸藩邸ほどではないにしても、県民が上京した時にこうした届け出を受け付けるなど、まるでちょっとした領事館のような機能も果たしていたようです。

初期の愛知県庁の仕事は、大半が国の事務に当たるもので、我が国の府県制度は、藩の時よりも自治の権能が薄れ、中央集権体制下で諸行政の平準化を急いだようです。中央が任命した県令などそっちのけで、藩の時と同然のような割拠を続けていたのは、鹿児島県だけでした。島津公と西郷隆盛は公然と私兵を養い続け、政府はその懐柔に苦慮しています。

次に、この明治八年五月、愛知裁判所が設置されます。府県の名称が登場する以前は、朝廷の直轄地に裁判所が置かれました。裁判所とはのちの府県の前身で、尾張藩士で最初に裁判所に勤め知事となったのは、新政府に出仕した林左門で、笠松裁判所から笠松県知事として広大な旧代官領を治め、大水害の復旧救済に優れた業績を残しています。

愛知裁判所は、最初の裁判所と異なり、これまでの県庁の聴訟課から、今で言えば警察関係の職務を残して、民事刑事の裁判に関する司法事務部門が愛知裁判所に改編分離されたものでした。翌明治九年秋、名古屋裁判所と改称された時に、仮庁舎が裏門前町の万松寺内に開設されています。民事刑事の訴訟部門が、初めて県令が指揮する行政庁から分離されたわけです。

また、明治六年六月、警察職制を改めた際に羅卒を番人と改称したのですが、明治八年十二月、番人を巡査と改称しています。名古屋の取締本局も含めて、府県職制の実施に伴って、明治九年末の愛知県庁の組織は、第一から第六の各課となり、庶務、勧業、租税、警保、学務、出納を分掌することになります。旧藩時代にあった勧業が、富国の国策を背負って登場したほか、義務教育課程の庶務担当課が登場しています。

この年の夏、竪三ツ蔵町の監獄から出火した際、囚人たちが協力して消火に当たりました。その功労に対する減刑を求めて、囚人約三百名が県庁に押し掛けましたが、慰撫されて獄舎に戻ったと記録されています。当時の監獄は依然として県が管理する施設でした。

なお、この間に初代の愛知県の長官となった井関盛良《もりとめ》権令は、明治六年初夏、依願免官となり、若松県令の鷲尾隆聚《たかつむ》（京都府貴族）が県令に発令されましたが、九州からの着任に一ヶ月余もかかっています。鷲尾県令は在任二年余、明治八年秋に依願免官となり、二ヶ月の空席ののち、後任の県令に福島県令の安場保和《やすかず》（熊本藩士）が発令されました。

井関権令の時の明治五年夏、地券発行に先立つ検地が行われ、愛知県貴族と士族が拝借中の役寓《やくぐう》と開墾拝借地も検査されています。秋には地券発行に伴う心得が、県庁から布達されました。翌明治六年七月、鷲尾県令が着任する頃、地租改正条例が公布されました。当時の国の税収は地租が大半でした。

その他の国の機関では明治六年初夏、名古屋郵便役所と名古屋電信局が隣り合わせで開設されました。明治八年一月、名古屋の鉄砲町にあった駅逓司の名古屋郵便役所は、名古屋郵便局と改称、郵便為替の業務も開始します。翌明治九年、市内の往復郵便が始められ、郵便受取所が八ヶ所も設けられています。

さて、「男女とも肌を露わすこと深く相戒めること」という県令の布達があった頃のことです。その後更に県令の通達は、裸体で表を徘徊することを禁じたばかりか、室内でも外から見通せるところでは裸にならないようにという、ご念の入った禁令になります。夏の暑い季節に上半身を裸で作業していた者たちは、この文明開化の野暮なご禁令に腹を立てたようですが、取り締まりに当たる巡査も忙しい話です。もっとも、海の上は往来ではなく、巡査の目もないところでしたから、漁師や船乗りたちは相変わらず褌《ふんどし》一本の格好でした。

また、前年から、茶屋と料理屋渡世に乗じて、男女出遭宿（原文のまま）の営業をしてはいけないとか。種々名を付けて、売春まがいのことをしてはいけないとか。無提灯での夜歩きは差し止めだとか。騎馬、馬車、人力車については、無提灯は勝手にしてもよいとか。僧や尼が鉦太鼓を打ち鳴らし、お題目を唱えて往来を歩くことは、昼夜に拘らず禁止するとか。酌取り女の稼ぎは一切相成らぬとか。芸妓に売淫があれば取り糺して厳重に処罰するとか。その他、軍人でもないのに軍帽を被る者が目に付いたようで、士民とも陸海軍の記章付きの帽子を売買してはならぬとか。用水路の魚の殺生は禁止するとか。文明開化にともなう風俗取り締まりについて、県のご禁令やご注意のお達しがあれこれと出ています。

中でも、明治六年一月の家屋新築に関する県令の告諭は極め付けのご注意でしょう。「近来、東京はもっぱら洋風に倣い、煉瓦石等の家作進歩す。名古屋は三府（東京、京都、大坂）に次ぐ一都会につき、自今、家屋新造の輩は篤《とく》と注意し、差し向き市街商店は、漸々格子戸を除去し、家屋を照明し、人心をして快的たらしむること」とあります。明治の官員さんたちの文章と表現は、文盲が多かった時代なのですが、分かり易くユーモラスです。

五、名古屋の街の原形、銀行が登場する前

明治七年五月、尾張三河の両国の有志が発起して、愛知県主催の物産博覧会が東本願寺名古屋別院で開かれました。会期は三十日で、博覧会主事局が発刊した博覧会規則書に基づき、農産物の出展を主とした催しでした。

ところが、客寄せの目玉は、先に名古屋城の天守閣から降ろされた金の鯱でした。金の鯱はその後、南海、北陸と続いて巡業の旅に出ますが、名古屋初の博覧会、農産物中心の物産展は成功しました。

翌明治八年三月、愛知県は堀川納屋橋畔に、二反余（二千平米）の仮果樹栽培所を設けて、栽培主任を置きました。これが県営の農事試験場の始まりですが、仮設で敷地が手狭なため、西二葉町に七倍半の面積の敷地を購入して仮果樹栽培所を移転、愛知県栽培所を設置しています。城の大手から熱田に向かう道筋の中心街の外側は、いまだこうした施設が造られるほど、のんびりした都会でした。

それでも、都心に近い周辺部の村と町については、第一大区（名古屋）の行政区に早く編入して、名古屋の市街地の拡張に対応するように愛知県は取り計らいます。明治八年には周辺の杉、大曽根、栄の各村が、第一大区（名古屋）に編入されています。

翌明治九年夏、県管内の大区の編制割りを変更する際、名古屋と熱田を併せて、第一大区としました。同

時に、それまで空席だった第一大区の区長に吉田禄在が就任します。吉田は在任中に、市制施行前の名古屋の街作りにすぐれた先見で大胆な提案をして、後に大功労者と讃えられます。第三大区長には幕末に活躍した総庄屋の林金兵衛が就任し、優れた業績を残します。

明治五年夏の学制発布の頃、区長はまだ空席が多かったのですが、第一大区の区会所（区役所に当たる）は、名古屋城廓内の元付家老成瀬邸内に開設されたようです。その後、同じく元付家老竹腰邸内に移り、明治七年には事務所と改称され、東橘町栄国寺に、次いで門前町の性高院に、明治八年に更に裏門前町の万松寺の境内へと次々と移ります。この頃の区会所は寺院や旧藩の役宅等に転々と場所を移動しています。

第二大区（愛知郡）会所は、明治五年初秋、名古屋城廓内の元家老山澄邸内に設置されましたが、晩秋には本町の元尾張藩の町方役所跡に移り、のち平針村に、更に鳴海村へと移転しています。第二大区会所が移転したあとの本町の町方役所跡には、第三大区（春日井郡）会所が入ったとの記録があります。

話が前後しますが、明治の初めに新政府の国庫の金銭出納、支払い、逓送などの事務を担当した為替方には、三井組と小野組が命じられました。名古屋に最初に為替座を設けたのは三井組で、明治五年六月、愛知県出納課御用聞となります。この明治五年に、商業上の金融機関の設立と政府が発行した不換紙幣の償却処分を図るため、国立銀行条例が制定されますが、名古屋で最初の国立銀行ができるのは五年後のことになります。

政府の為替方の小野組は、愛知県に対しても食い込みを図ったようで、明治六年七月、愛知県為替方に三井組と小野組が指定されます。ところが、小野組は明治八年五月には早々と破綻し、愛知県は伊藤次郎左衛門に三井組とともに為替方を申し付けます。のちの阪本名古屋市長の実兄、永井松右衛門（のち代議士）が交銀支局を名古屋に設置して、銀行業務を開始したのは同じく明治八年の初夏でした。

翌明治九年、名古屋の三井組為替座は三井銀行名古屋支店と改称し、愛知県は為替方の三井組が三井銀行と改称する旨を布達しています。名古屋の財界の伊藤次郎左衛門、関戸守彦、岡谷惣助等九人が、名古屋で最初の第十一国立銀行の創立発起人となり、認可を受けたのは、明治十年二月のことになります。国立銀行は全国で百五十三行が続々と登場しましたが、明治十五年に日本銀行が発足後、明治三十一年までにいずれも普通銀行に順次転換しています。

こうした銀行の開設は、商取引の拡大に対応するだけでありませんでした。前後して金禄公債証書発行条例が公布され、貴族と士族の禄制の廃止に伴う退職一時金のような公債が旧藩主や藩士たちに交付されるため、それに対応する一面も見逃せません。

愛知県の為替方を命じられた伊藤次郎左衛門は、のちに国立銀行の創立発起人になったのですが、銀行業務に深入りせず、本業の呉服商（のち百貨店）に専念し、金融業からは撤退します。

為替方の三井組は若い御曹子を早々とロンドンに留学させ、新時代の銀行経営の研修に努め、後に情報の収集と分析に強い大財閥に成長しました。小野組の場合は、大切な御曹子を外国に留学させる危険を避け、代わりに縁戚や番頭の子弟をロンドンに送ったとの話もあります。そうしたセンスの差が時代の変化に対応できず、早々と破綻を招いたとの説があります。

　さて、金禄公債は譲渡が禁止されていましたが、生活費の赤字に悩む旧藩士たちの多くは、これを担保にして必要な費用を工面しようとしました。紅葉屋の共同経営者の神野金平は、いつかは売買が解禁されると考えたようで、条件付の売買予約の形で公債を担保にして貸付を拡げました。藩士たちが持ち切れないで手放した公債の取り引き価格は額面の半値以下にまで下落します。やがて売買が解禁された時、神野は莫大な利益を得ました。

　神野はこの利益をもとに、三重県下の未開の土地を取得して、大規模な開墾事業を進めたほか、今も地名に残る三河の豊橋海岸の大干拓地、神野新田の事業を長州の毛利家から引き継ぎ、莫大な投資を行って完成させています。いずれの事業も、昔ならば大名に匹敵するような収穫高を挙げ、多数の農家を育てることになります。

　また、先に神野一族が手掛けた生糸の輸出は、国の外

伊藤呉服店

貨獲得の奨励策として広められます。養蚕事業拡大の促進策として、県は名古屋市内に三千坪の桑園を造り、桑の品種改良の試験を始めます。翌明治十年に桑園の規模は倍の六千坪になっています。同時に、県立養蚕伝習場を臨時に東主税町の篠岡宅で開き、各郡から生徒を集め、遠く上野国（群馬県）から招いた教師から養蚕の講習を受けました。

更に、県有植物園内に製糸場を設けて、座繰製糸法の教授を開始し、士族の子女を対象とした授産場として、久屋町に織工場も設けられました。この時期、愛知県は養蚕から製糸まで、指導者の養成に努めています。

この養蚕を勧業として所掌する蚕糸課は、県庁ではあの太平洋戦争後も残っていました。時代遅れの組織として、地元出身の海部首相が「一に蚕糸、二に蚕糸」と大声で、行政改革のやり玉に挙げるまで存続していました。絹織物に対する執着は、ナイロン全盛の時代を迎えても、特産品として復活を期待して温存されていたわけです。

話は変わりますが、この間、名古屋の人力車は次第に増加し、明治六年に愛知県は人力車定則を布達して、県税を賦課します。明治九年には約六十台と増加し、商売の競争が激しくなります。暴走運転で事故の危険が出てきたようで、「疾駆して、先行人を逐迫するな」と、県庁からお達しが出ます。今日の「名古屋ばしり」の始まりでしょうか。

六、新聞・雑誌の言論統制と地租改正をめぐる騒動

我が国の新聞の元祖は、名古屋出身の柳川春三《しゅんさん》と言われています。痛快な人物で、慶応四年（明治元年）正月、前将軍慶喜が大阪から海路江戸に帰った時、幕府の開成所教授柳河春三は、老中の稲葉正邦に対して、納地辞官の処罰を不服として徹底抗戦の意見を具申しました。その後、柳河は我が国の新聞・雑誌の創始者となり、歴史に名を残すことになりますが、二年後の明治三年春、三十九歳の若さで東京で急死しました。

ちょうど訪れた宇都宮三郎（元尾張藩士、脱藩、炸薬調合の化学者）と昼食をとり、食べ終わると途端に絶命という最後でした。柳川は早くから江戸に出て、多数の洋書を翻訳、その語学力と翻訳の能力で幕府に起用されました。翻訳作業の早さは抜群で、その独身生活は奔放なものでした。福沢諭吉が台頭する前は、江戸で一、二を競う文化人と目されました。

新聞・雑誌は、庶民の識字率が低かった当時では、絵と振り仮名付きなどで発行されたのですが、文明開化を促進する最も効果的な手段として、その普及が官側から助成庇護される時期がありました。名古屋県庁内には新聞局が設置され、近く発行される予定の「名古屋新聞」の販売事務を担当することになります。井関権令は各区町村に対して発売ごとに必ず一冊子は購入して、各々「産業の基礎を補成」し、「開化の域に進歩」するようにと示達しました。のちには、県庁で読んだ後の新聞を民間に閲覧させるなど、庶民に新聞を読むことを奨励しました。

幕末にジャパン・タイムスは横浜の居留地で発行され、外国人の購読者が少数なのに、アジア各地、本国

などにも送られ、時の幕府も必ず入手してとなります。柳川はその翻訳を担当、新聞編集の知識を得ています。記事の内容は商船の出入港の予定、産品の価格、本国やアジア各地の出来事、公使等の声明やコメントなど、その情報に幕府も注目しています。こうした新聞の効用をいち早く理解した柳川は、のちに新聞の編集を始めます。

革命期の新政府は、開化と改革を促進するため、かなり激しい旧体制批判の告諭も行っていましたから、政府官員のコメントも収録する新聞の効用に着目して、その取材と販売に協力する態度をとりました。最初は社会の改革を前提とした批判や論議で、官と在野が対立する状態は少なかったようです。ところが、西南の役に先立ち、征韓論で薩摩の西郷隆盛等が下野した辺りから、中央政府に対する批判も多くなったようで、明治九年夏、国の治安を害するような新聞・雑誌の発行を禁止または停止する旨の布告が出されました。

他方、明治九年の秋は、収穫が不作でした。年末には上納の負担に悩む尾張北部の農民が一揆を起こしています。元来、尾張は豊かな土地柄で、藩政にも余裕があったため、江戸時代に一揆や騒動はありませんでした。十二月二十日、一揆の群衆は屯所、学校、戸長宅（村長）などを焼き払い、二十一日に名古屋に近づきます。この一揆を鎮圧するため名古屋鎮台が出動して、翌日までに平定しました。二十三日、地元の愛知新聞が安場県令を非難する事件が起きています。

翌明治十年は平年作でしたが、米価が下落して、地租が金納のため農民の困窮が続きます。翌明治十一年の初頭、春日井郡総代の林金兵衛は地租改正の評定に当たる県の官員たちの横暴を地租改正局に訴えるため哀願書を持参して上京、のちに岩倉卿宛てに提出することになります。

この秋、美濃路から名古屋に行幸された明治天皇は、県庁、鎮台ほか諸官庁、学校等をご視察になられました。その機会を捉えて春日井郡の農民は、官員の横暴と不作による窮状を直訴しようと企て、深夜に集まり、天皇が三階橋をご通過の時に実行しようとしました。総代の林金兵衛はその直訴をさえぎり、諫止して群衆を解散させたとの記録があります。

地租改正となると、林金兵衛は第三大区長を辞職して、地価詮評議員に転じて郡議長に就任。公平無私の人柄を買われ、課税評価の衡平を期しました。しかし、評価額は衡平でも、官員による課税と徴収が高圧的に過ぎ、民衆の怒りを招きます。

地租の金納による負担増加と、県官員の高圧的な態度に反抗する農民の騒動に、尾張の旧藩主慶勝公は心を痛めました。翌明治十二年春、慶勝公は農民を救済するために金五万円を貸し与え、数年にわたった農民の嘆願と騒動は林金兵衛の奔走もあり、先々の改定に際しては減税するとの内約を得て、ようやく鎮静することになります。慶勝公は長州征伐以来、度重なる林金兵衛の功績に報いるため多分の資金を貸し与えました。

七、西南の役、竹橋事件、名古屋ゆかりの秋山好古将軍

明治新政府は、外交、警察、教育、司法等の諸般の行政機関等の組織の充実と拡大、徴兵令の施行に伴う

陸海軍の軍備の充実、鉄道の敷設延長、港湾施設の整備、西洋医療施設と教育機関の新設等々、あれもこれもと忙しく、国庫の費用はかさむばかりでした。地租の改正による徴税の強化と、給与の削減しか打つ手がありませんでした。

一方、江戸時代三世紀の間よりも維新後の十年の方が、一揆が多くなったと言われたこの頃から、政府官僚の独善を批判する自由民権の運動が全国に広まります。西南戦争後の明治十一年秋、大阪で開催された大会に、愛知県下からも論客が参加しています。

さて、明治十年は西南戦争の年になります。鹿児島に帰っていた西郷隆盛は、地元の士族たちに擁立され、兵を率いて東上しようとします。明治政府は発足以来最大規模の内乱に出会い、その鎮圧に当たることになります。薩摩側は最盛期に宮崎、大分の民権派を含め四万数千を数え、政府軍の兵力は約六万二千に達します。

二月十一日、名古屋鎮台からも歩兵第六聯隊が出征し、十月一日凱旋しています。佐賀の乱とは違う大規模な戦争となり、歩兵第六聯隊は滝川忠教陸軍大尉以下百四十三名の戦死者を出します。政府軍の戦死傷は一万六千余、薩摩側は戦死傷二万余と甚大な犠牲者を出しました。

この時、のちに名古屋市長となる元名古屋藩小監察軍務参試補の青山朗も、聯隊とともに戦役に従事しました。五年後の明治十五年春、青山朗歩兵中佐は大阪の歩兵第八聯隊長となり、一時休職したのち、広島鎮台参謀長心得に復帰。二年半の在職中に大佐に進級して、再び休職。五年後に予備役編入の時、少将に進級しています。

元会津藩士の秋月悌次郎は、のちに熊本の第五高等学校で教鞭をとるのですが、教壇を去る前に、維新以後に続発した乱についてコメントしています。いずれも一流の人物が関与しているのに、ことごとく失敗した原因は、情に流され志を見失ったからだと総括しています。同僚のラフカディオ・ハーン（小泉八雲）は、秋月は神様のような人物だったと回想しています。

尾張の慶勝公の書に「慎忍」と大書された作品があります。秋月が指摘したように、志を見失い情に流されないための戒めを記されたものです。慶勝公は、自ら名声を求めようとする大謀を慎み、酷評を浴びせられたならば、大義を全うすることを見合わせ忍ぶことが、大きな責任を担う者には必要だと説くもので、井伊大老により隠居させられる前の書と見られ、井伊の乱暴で強引な施政に対する批判の書とされています。

西南の役までに、長州藩をはじめ各地で起こった士卒たちの反乱の原因は、動員された将兵の多くが戊辰戦争後に失業したためでした。遠く五稜郭まで遠征した諸藩の士卒は、いざ復員となると腰が重く、江戸から先の帰国はおいそれと捗りません。新政府の木戸孝允は、「兵の驕慢《きょうまん》は病後の薬毒《やくどく》の如し」と嘆いています。多病だった木戸は、薬の副作用に悩んでいたようで、改めて兵・軍隊というものの解散復員に当たり、予期しなかった軍備増強のデメリットにうんざりしています。

同じ長州藩出身の大村益次郎は、新しい陸軍の編成に当たり、各地で放埒な行動をしてきた士卒を親兵として大量に起用することをやめ、新たに徴募してと考えました。帰国した国元では大規模な藩兵の削減に出会い、過半の士卒はそこで失業しました、藩兵への人選の過程が不公平だとして、長州では大規模な内乱となり、折柄、帰国していた木戸も危ないところでした。反乱は藩内だけでは鎮圧できず、鎮台兵の出動でとなります。戊辰戦争の勝者も、この点では形無しの体たらくでした。

尾張藩では、帰国した士卒たちの解散復員に当たって、反乱に行き着くほどのトラブルはありませんでした。復員解散に少し間を置き旧藩士たちの就業先を確保するため、慶勝公等は先に帰農を奨励してきたのですが、元の領内だけでは適地を使い果たし間に合いません。

明治十年、慶勝公は北海道の開拓事業の調査に乗り出します。青松葉事件の時、藩の目付として刑死者の斬首に立ち会った吉田知行以下が、候補地の調査を行いました。翌明治十一年、慶勝公は吉田等の報告に基づき、開拓使（北海道の長官）に候補地の無償払い下げを申請しました。吉田が隊長となって、旧藩士等の士族二十五戸、男女八十五人は北海道の八雲に移住、開拓が開始されます。

慶勝公はこの開拓事業を支え、のちに我が国で最初の自作農創設の事業を続けます。その功績に対してのちに藍綬褒章が授けられました。何千という士卒の中で、北海道に渡ったのはわずかな家族でした。問題はそんな苦労をしても、新生活を築こうとする熱意を後押ししたことで、この先、相当思い切った変身をしなければ、多少の功績くらいで甘い地位や生活は得られないことを、大方に告げる意図だったと思われます。尾張では藩公以下の幹部は質素であったことと、官途に就かなかったことが、大方の不満をなだめることになったと思われます。

西南戦争を起こした失業した旧士卒だけでなく、新政府の軍隊の士卒たちも、財政不如意で給与を減らされたり、西南の役に対する報償がまったくないのに不満を募らせたようです。明治十一年八月二十三日、東京竹橋の近衛砲兵聯隊と近衛歩兵聯隊の二百五十名余は待遇を不満として、大隊長等四名を殺害し反乱を起こしました。事件は東京鎮台の部隊で直ちに鎮圧されました。陸軍当局は、鎮台営所犯罪処置条例（明治八年十二月制定）に基づき、陸軍裁判所において海陸軍刑律（明治五年二月制定）により兵卒五十三名に死刑を宣告。判決言い渡しと同時に、越中島刑場において銃殺が執行されました。何とも無惨なことで、軍律の緩い軍隊の恐ろしさを、如実に現した反乱事件でした。

明治初期の政府最大の危機は、西南の役の内乱でしたが、その直後に皇居守衛の部隊が起こした反乱事件は、いわゆる「朝野を震憾させる」ものでした。再発防止のため厳しい処断になりました。維新以来次々と起きた反乱で、とかく不安定だった明治政府はこの事件の後、ようやく落ち着くことになります。

尾張では農民の一揆だけで、士族の反乱はありませんでした。元来が豊かな土地柄でしたが、慶勝公の帰農奨励策の成果は、対象人数に限りがあり限定的だったと思われます。しかし、藩公をはじめ上層部が権勢欲に走るところがなく、派閥や依怙贔屓《えこひいき》がなかったことが、鬱積した不満を醸成させなかったことによると思われます。

さて、明治十年の春、第二大区の愛知師範学校が廃止され、愛知県師範学校に統合されます。この頃、愛知県師範学校の付属小学校の訓導から陸軍に転じた秋山好古《よしふる》（愛媛県出身）は、騎兵将校となります。秋山は明治二十年からフランスに留学。帰国後間もなく、明治二十六年には騎兵第一大隊長、次いで騎兵実施学校長等を経て、我が国陸軍の近代騎兵部隊の創設に当たりました。

のちに日露戦争の時、騎兵第一旅団長であった秋山少将は、精鋭部隊を率いて満州に出征。遠くから眺めると、あたかも「森が動くようだ」と例えられたロシア軍のコサック騎兵の大集団と激戦になります。当時、世界最強と言われたこの敵の騎兵と互角の戦いに持ち込んだことが、陸戦における我が軍の勝利に大きく貢献することになります。

戦後、秋山は騎兵監、近衛師団長、朝鮮駐劄《ちゅうさつ》軍司令官等を経て、大将に進級。軍事参議官兼教育総監になりました。騎兵が花形の時代に、終始その中核にあった生涯でした。のちに、これからの尾張の話題の中心となる愛知県出身の渡辺錠太郎少将が第一次大戦の戦訓をもとに、騎兵不要論に加担するする頃、大正九年、秋山は予備役に編入されることになります。

第三章　在野に人材豊富、名古屋の地

一、愛知県庁の新築、大工棟梁伊藤平左衛門の名声

明治十年、それまで東本願寺名古屋別院懸所に仮住まいをしていた愛知県庁は、南久屋町の新庁舎に移転します。この愛知県庁の建築を手掛けた伊藤平左衛門守道は、五年前の明治五年、四十四歳の時に弟子一人を連れて、洋風建築を見学に東京に出かけました。

名古屋に戻ると、煉瓦造りの家屋をはじめ、洋風の建築を手掛けることになります。遠州浜松と見付村(現在の磐田市)の小学校を手始めに、名古屋鎮台病院、愛知英語学校、岐阜師範学校、愛知県庁と、木造の洋風建築に次々と取り組みました。明治十三年からは、京都の東本願寺の大師堂の造営に、十五年間も費やしています。

この間、来日したフランス人がその現場を見て、棟梁の伊藤平左衛門を絶賛、伊藤は世界にその名を知られる大建築家となります。明治三十三年にパリの万国博覧会に日本建築の貴族の別邸の設計図を出品、金杯の栄誉を受けています。明治二十九年、伊藤は帝室技芸員に選ばれています。何とも素晴らしい棟梁でした。

県庁の新築移転に前後して、同じく西本願寺名古屋別院内にあった愛知病院と医学所も、天王崎の新築先に移転します。前後して、県庁の付近の県栽培所ではインド産の茶ほかの苗木の栽培が開始され、布池町には県営の種牛飼育場が設けられました。

更に、大阪府の雇い工師、オランダ人のヨハネス・デレーケを招き、木曽、庄内、矢田の各河川の治水計画について、調査を依頼しています。

同じくこの明治十年、愛知県は消防規則を布達。名古屋区民の成年男子（二十〜四十歳）に消防の義務を負わせます。区内に東西南北と中の五組（各八十名）の消防夫を設け、警察の指揮ドに入れて、名古屋の消防組織とし、その費用を戸別に賦課しています。更に、医務取締を置き、衛生面の総括と監督を強化しています。

また、この明治十年、名古屋郵便局では貯金の預かりを開始しました。国は資金源としてこの郵便貯金を奨励し、愛知県庁は郵便局での貯金の預かりの施行について、その方法を公示して周知を図りました。愛知県最初の国立銀行も、この年の春に設立されました。この頃までに、各種の商業協同組合が出揃い、米穀の取引業者を束ねる名古屋米会所も設立されます。前記のように、士族を対象とした授産場（織工場）が民間の同志により久屋町に設けられますが、翌明治十一年には士族の婦女子約二百名を対象として、愛知物産組と称する織物工場も発足しています。

二、郡区町村編成法の公布と名古屋区の誕生

明治十一年秋、それまでは単なる名称にすぎなかった郡が、府県の下の行政区と定められ、従来の行政区分の大区が廃止され、各大区会所が郡役所に改められます。愛知県第一大区の名古屋城下と熱田は、名古屋区と愛知郡熱田町となり、熱田は再び名古屋とは別の行政区に分離されます。愛知郡役所は熱田伝馬町正覚寺に仮設されます。熱田町が分離した後の名古屋区の戸数は三万五千余、人口は十一万五千余と、行政区と

してはかなり減少しています。

第一大区会所はその夏、西本願寺名古屋別院内に移転したのち、名古屋区役所と改称され、年末には南外堀町の松井小十郎の旧邸に移転しました。名古屋区長には引き続き第一大区長の吉田禄在が任命されています。

さて、この頃の名古屋では帽子を被る者はほとんどなく、洋服を着ている者も稀であったと言います。名古屋鎮台の将兵たちや、数年まえからズボンやマントを着用していた締役=警察の幹部などは、その服装だけでもひどく目立つ存在だったと思われます。郡部では、この状態は更に続き、十数年後、渡辺錠太郎青年が小牧の同郷の陸軍士官の制服姿に、立派だなあと一目で憧れたという逸話は実に良く理解できるところです。

他方、パリ万国博覧会に出品した瀬戸の陶器が好評で、引き合いが増えてきました。七宝焼の名古屋七宝社も販路の開拓のため市場調査に乗り出し、社主以下が渡欧しています。輸出向けの販売を行う開洋社が名古屋で設立されています。知多郡亀崎の清酒がフランスに輸出されて、酒造業が活況を呈したのも同じ明治十一年のことでした。

翌明治十二年、安場愛知県令は、都築弥四郎の雄大な構想を引き継ぎ、明治用水の工事に着手します。これは、全国でも珍しい大規模な灌漑工事で、三河西部の碧海、西加茂、幡豆の三郡にまたがる平地林を、のちに日本のデンマークと呼ばれるような肥沃な農地に変えることになる偉大な業績でした。地租の取り立てでは、国家のために強面ぶりを発揮して批判を受けた安場県令でしたが、産業の育成と授産事業ではまったく目覚ましい働きをしています。

明治十二年春、愛知病院長が転出したあとには、陸軍一等軍医正横井信之が嘱託という形で就任し、病院長心得に若い後藤新平（岩手県出身）が着任するまで、つなぎの役を勤めました。西洋医学を社会全体に普及させるため、現役の陸海軍の軍医官が公立病院等に派遣された時代でした。二年半後、明治十四年秋、公立医学所は愛知医学校と改名され、後藤新平が病院長と校長を兼務することになります。

この間、数の上では小数派の西洋医学を履修した医師達が、新時代の主流になる勢いを見て、明治十二年初頭、村瀬豆州等の漢方医約三百名は、神楽町に漢方博愛病院を設立し、専門皇漢医学校も経営します。しかし、西洋医学の普及は、陸海軍の軍医官たちの伝染病対策や外科手術の卓越した技量を通じて、多数派の漢方医を急速に圧倒してゆきました。

明治十三年、東春日井郡長に林金兵衛が就任しました。林郡長は郡内四十二ヶ村に倹約示談の書を作り、奢侈を戒め、質素倹約の模範を目指したと言います。他方、教育、産業、水利、交通の諸般の開発に努め、成績顕著だったと伝えられます。名古屋区長吉田禄在と並び、近郊郡部では模範的な郡長と賞賛されました。

同年六月、林郡長は天皇の郡内通過に備え、道筋の道路、坂道、橋梁を整備します。天皇の郡内ご通過に際しては、供奉を仰せつけられました。鳥羽・伏見の戦いの際に御所を守って以来、朝廷に忠誠を誓った林金兵衛は、今は郡長として奉迎を取り仕切る地方官になっていました。人生最良の記念すべき日だったと思われます。

三、自由民権運動へ、政党活動の登場

この間、明治十三年六月、元岐阜奉行、名古屋藩権小参事から藩庁縣を勤めた荒川定英《さだひで》は愛国交親社を結成して、自由民権論を大いに広めることになります。この夏、荒川定英等は国会開設の請願のため、総代を東京に派遣しました。翌明治十四年秋、先に民選議院の開設を建議した土佐の板垣退助は全国の有志を集め、東京で自由党の結成大会を開催。荒川定英は内藤魯一《ろいち》等とともに参加しています。

元岐阜奉行だった荒川定英は、困惑した村方の陳情でさえまず会って話を聞くだけでも、なにがしかの袖の下が当たり前という時代の藩の地方官僚でした。それが維新の変遷を経て、反政府の野党の一翼となる。これもご時世ですが、板垣にしても土佐藩の元領袖として、自由民権を標榜した党派を結成してというのは、戊辰戦争で得るところがなかった郷党の手前もという事情もあり、やはり政治的反発が先立つ感じです。

いずれにせよ、薩摩長州主体の政府にとって、過激な自由民権の急速な広がりは脅威でした。そこで、軍隊を政府から切り離し、天皇が直率する組織にしておかなくてはという機運が、この自由民権運動の行き過ぎた主張を懸念して生まれることになります。抽象的で未熟な政治活動は、収拾のつかないアナーキーをもたらしかねません。のちに登場する軍人勅諭は、その懸念に対する最初の大きな布石でした。

翌明治十五年の春、遊説中の板垣は岐阜において刺客に襲撃され負傷します。名古屋から後藤新平病院長

が呼ばれました。二人引きの人力車で、後藤は内藤魯一とともに急行します。翌朝十時頃、板垣の治療に駆け付けました。

ところが、病院長だというのに若僧だったので、あれで大丈夫かとなり、後藤は待たされます。内藤魯一があれこれと説得し、岐阜の病院長の立ち会いのもとで、ようやく診察と治療に漕ぎ着けました。

傷が肺に達しているからしゃべるなと、板垣は指示されていたようです。ところが、後藤は入念に診察して、その虞《おそれ》がないことを告げ、話をしてよいと言い、大阪へは一週間もすれば行けると励ましました。若い後藤は臆することなく板垣に声をかけ、負傷は男子の本望でしょうなどと、板垣を持ち上げたとか。「板垣死すとも、自由は死なず」との発言が、えらく有名になったとか。板垣が後藤を評して、あれは政治家向きの男だと言ったとか。様々な逸話があります。後藤新平はのちに政治家になり、閣僚から東京市長、満鉄総裁などを閲歴し、東京大震災の復興対策や、対ソ外交などに尽力することになります。

他方、板垣を刺した青年は、名古屋付近の田代村の出で、知多郡下の小学校の教員でした。青年は徒刑に処せられて北海道に送られます。のちに大赦で釈放されたのですが、帰郷の途中の船上から投身自殺をしました。青年は暗殺の動機となった自負と熱情が消えた時、生きる意義と気力を失ったようです。加害者の自殺という結末からも、これという背景のない個人的な動機による暗殺未遂だったことがうかがわれます。

板垣が遭難した明治十五年の秋、立憲政党の政談会が名古屋の大須門前の花笑亭で開かれ、オッペケペ節で有名な川上音二郎（福岡出身）等が弁士となっています。翌明治十六年春には、末広座において矢野文雄、尾崎行雄（神奈川県出身、のち閣僚、東京市長）等が政談演説会を開きました。この演説会は、自由党名古屋支部の内藤魯一等によって散々に妨害された挙げ句、その夜、秋琴楼で開かれた懇親会に、内藤等は糞尿の桶を投げ込み、乱暴を働きました。改進党の尾崎行雄等はこれに怯むことなく、秋には再び政談会を大須真本座で開いています。

自由党名古屋支部の内藤魯一は、もとは奥州福島藩士で、同士二十人とともに脱藩して官軍に投じ、そこで板垣と知り合います。会津敗戦後に福島藩は内藤等の嘆願で東北の僻地でなく三河重原（現在の知立市）に転封となります。官軍幹部を勤めた土佐藩の板垣とは、戦場で肩を並べた旧知の間柄でした。内藤はこの年の初夏、東京における大政談演説会に出席し、星亨《ほしとおる》（東京出身、のち衆議院議長、閣僚）、大井憲太郎（大分県出身）等に伍して、熱弁を振るっています。内藤はのちに愛知県議会の議長になりますが、その言動は与党に安住できない直情径行の性格が強く、中央政界の権謀術数には不向きと感じたようで、地方の政治家で終わっています。

翌明治十七年夏、民権の拡張を主張する愛国党の富田勘兵衛等は、平田橋で巡査等を殺害。富田はのちに処刑されました。この秋、大阪での大会の帰途、内藤魯一は大津警察署に拘引されるなど、自由党に対する官憲の厳しい圧迫が始まります。

政府与党と在野の各政党の激しい抗争は、相争う当事者間ではほとんど意識されなかったことでしたが、隣の清国の要路からみれば、日本国内はひどい対立と反目で分裂状態にあり、これでは戦争になった場合、日本は国論が統一出来ないばかりか、自壊する公算が大きいとする見方が強くなります。こうして日本を侮った清国は、のちに一方的な条約の不履行に踏み切り、日清間に戦争を惹き起こすような誤った情勢判断に踏み込むことになります。与野党の対立も、度が過ぎると他国に侮られることになるのは、昔も今も同じではないでしょうか。

余談ですが、自由民権運動に前後して明治十四年のはじめ、憲兵が創設されました。憲兵は陸軍省のほか、内務、海軍、司法の各省にも兼ねて隷属し、国内の安寧を司り軍人の非違に関する軍事警察のほか、行政警察と司法警察の機能を併せ持つことになります。単に陸海軍内部の警察権能だけでなく、警察と検察にまで睨みを利かせられる存在でした。

四、名古屋まつりの復活、林金兵衛の死去

さて、旧藩士に対する授産事業は相変わらず模索試行の中で、様々な事業が続けられました。明治十三年春、安場愛知県令は元老院議官に転出し、後任の県令には、大書記官国貞廉平《れんぺい》が昇格します。明治十三年秋、国貞県令は窯業の権威者の派遣を政府に求めました。元尾張藩士だった宇都宮三郎が来名して、三河部の旧各藩の藩士たちの授産事業について、県令が諮問しています。

この春、明治用水の幹流工事が竣工。松方正義内務卿が出席して竣工式が挙行されました。また、第三回の愛知県物産博覧会が開かれ、秋には愛知県勧業課が勧業雑誌を発刊するなど、新産業の育成、耕地の拡大が引き続き図られています。しかし、この明治十三年は各地の水害と害虫の被害により、米価が倍に暴騰しています。

明治十三年夏、名古屋区は初めて区会議員の選挙を実施し、区役所は栄町南大津町の角の新築庁舎に移転しました。愛知郡役所も、正覚寺から熱田神宮前の新庁舎に移転します。愛知郡大曽根町、新出来町等が名古屋区に編入されたのも、この年の秋でした。吉田禄在名古屋区長は、この夏以降、病気の林金兵衛に代わり、東春日井郡長を一時兼務しています。

民間では、熱田の宿場と隣接の春日井郡の一部を含む地域で、名古屋商法会議所の設置が進められました。明治十四年春、参議兼外務卿井上馨が来名。吉田禄在宅に二泊して、県会本会議を傍聴、名古屋区役所を視察して、県会議員たちを招待しています。吉田区長は熱田湾の築港計画を井上卿に具申しています。

また、同じ明治十三年、愛知県小学校の規則が改められ、初等、中等、高等の各科に分けられ、前二者は各三年、後者は二年の修業年限となりました。小学校教員の検定試験が実施され、翌明治十四年、就学督促規則を制定し、就学調査簿と小学校生徒の出席簿が作製されています。愛知県庁で第四課が警察本署と改称されたのも、この年のことでした。

国の機関としては、この明治十四年初夏、裁判所構成法により、名古屋裁判所に検事が置かれました。上

名古屋控訴院

等裁判所として名古屋控訴院が本町に設置され、名古屋裁判所は始審裁判所として東外堀町に移転、区裁判所は治安裁判所として始審裁判所内に併設されています。裁判所が県庁から分離される以前は、巡回裁判所により、県令または参事が判事を兼務していたのですが、それが嘘のような司法部門の分離と拡充でした。それでもなお、名古屋監獄署の費用は再び地方支弁になるとか、司法卿は組織の新設整備に見合う予算が不足し、やり繰りに難儀しています。

他方、明治十三年頃、愛知、三重、静岡の各県の豪商豪農が名古屋に集まって、東海道線の貫通促進の請願を話し合っています。翌明治十四年、英国国会議員ペインが来名した際には、いまだ鉄道がなかったため、愛知県庁の属官が四日市港まで出迎えに赴いています。

更に、この明治十四年、江戸時代に城主の祖先の祭りとして、永い間、城下をあげての盛大な年中行事だった「名古屋まつり」がようやく復活しました。維新後、城内にあった東照宮が城外に移転したことなどもあり、中断していたとのことですが、本当のところは、廃藩置県などの激変した社会で士族等の生活苦が続き、町全体としてまつりを動かす主催者側に余裕がなかったと言うべきでしょう。

復活した「名古屋まつり」では神輿渡御が再び登場し、旧藩士たちは甲冑と素袍《すおう》（武士の礼服）で行列に参加しています。昔の武士達が庶民にその心意気を見せる祭りのメインイベントは今に続く名古屋まつりの形の原点で、庶民と武士との間が近い名古屋の伝統的な土地柄を示しています。

明治十四年三月、前東春日井郡長の林金兵衛が病気で他界しました。享年五十七歳、激動の幕末から維新にかけて、それこそ懸命に働いた人物の死去に多くの人が痛惜、その後毎年秋に、碑前において追悼の会が催されたと伝えられます。長州征伐での人馬調達、御所の警備、草薙隊を率い韮崎への出兵、田宮如雲と各務原の開墾等、早くから地元の壮丁を募り有事に備え、藩と地元のために働きます。

二十二歳の時、幕府の海防強化のため鳥羽に派遣され、その後安政五年に庄屋となり、藩主の命で地方の紛争を調停。長州征伐では藩命で軍備と人員を調達。篤学で胆略をたくわえ質素で、慶勝公と田宮如雲の信任が篤く、長州征伐の時、林金兵衛は従軍願書を差し出しましたが、その才を惜しむ藩はこれを許さず、人馬調達、軍資募集など後方支援に当てています。

戊辰戦争後は主として救済や公共事業に尽力して、民生の安定に努めました。総庄屋として東春日井郡を代表する郡長となり、その存在を広く知られた尾張の人物として、これから更にという時期での他界は尾張にとって大きなマイナスで、残念至極というほかありません。

五、種痘の実施、少年時代の賢い渡辺錠太郎

さて、明治七年春、小牧の農家に生まれた渡辺錠太郎は翌年、重い天然痘を患いました。当時、天然痘が流行した地域では、その都度、多くの幼児が命を奪われました。

幕末の越前藩は橋本左内（安政の大獄で刑死）の献策で早々と種痘を実施しました。ワクチンがなかった時代の種痘は多くの子供に次々と接種して、子供連れの長旅となって困難を極めました。その上、いざ接種となると、藩主慶永《よしなが》公の命令でも肝心の藩士達さえ後込みする有様です。慶永公は真っ先に自分の世子に接種させ、藩士の子弟の参加を促したと伝えられます。

錠太郎少年を襲った天然痘が流行した翌年明治九年、名古屋では各小区ごとに、寺院を借りて仮設の種痘所が開かれます。医師が交代で出張し、接種を励行しました。錠太郎少年はこうした予防接種の恩恵をいまだ受けられなかったのですが、幸運にも命を取り留めました。もっとも、接種は有料で六銭余、人力車の運賃が二十町まで一銭でしたから、庶民にとってはかなり大きな負担でした。不安なうえに高いため、種痘の普及は出だしが良くなかったと思われます。

名古屋でこの接種料が無料とされたのは明治十一年で、費用は名古屋区の支弁とされています。財政難の

中で少子化を防ぐため、政府は無理な負担を強行しています。

天然痘から回復した錠太郎少年は抜群の物覚えの良さを発揮しました。三歳の時には、家業の副業の煙草刻みの作業の合間に、母親が口ずさむ百人一首の歌をすっかり暗唱したとか。四歳の頃、天神様の話を聞いて感心し、ところ嫌わず「天神」の文字を落書したとか。小学校に入る前から文字を覚えて、教わった文字を書き留めていたとか。いささかオーバーな話があれこれと伝えられています。

農業の傍ら刻み煙草を売っていた生家は家業が忙しく、小学校に入って三年くらいの錠太郎少年は家業の手伝いに明け暮れ、休日になるとまとまった仕入れの金を持って、片道十六キロの名古屋の問屋まで徒歩で往復しました。帰りは大きな煙草の荷を背負って、歩きながら手にした本を読んだと言います。昔の小学校によく見られた銅像、二宮金次郎を地で行くような話です。

もっとも、読むものは母親が生家から持参したという古い木版や活版で、真田三代記、岩見重太郎、鎮西八郎為朝とか、のちの講談本の類でしたが、少年は十歳の頃には読み尽くし、内容を暗記してしまったとの話です。

錠太郎少年は、こうした話を覚えて、近所の幼い子たちに聞かせたほか、お伊勢参りの船の中では、退屈する船客たちに話を講釈して聞かせたとの逸話もあります。明治十七年、少年の伊勢参りは十一歳の時のことで、近くの親友とともに、名古屋の堀川納屋橋から船で伊勢湾にとなります。そんな子供同士に、長旅を許した親たちも太っ腹な話ですが、少年たちも怖いもの知らずのおおらかさです。

名古屋の堀川から四日市への船便は、明治五年夏から官許を受けた業者が出していました。行きは船酔いで、元気がなかった錠太郎少年でしたが、帰りは船の中で尼子一族の勇士の長い話を続け、乗り合わせ客たちを感心させたとのことです。

錠太郎少年は、生家の事情のため、小学校三年で中途退学をして、家業を手伝うことになります。当時は義務教育ではなかったので、こうしたことは珍しくなかったわけです。子供がなかった母方の伯父渡辺庄兵衛は、錠太郎少年を養子にと考えます。ところが、配偶者の義理の伯母は、自分の身内から養子をと考えていたようで、夫の甥を養子にという話に不満だったようです。生家もそれが心配なのか、養子の話に実父は二の足を踏んだようです。

伯父渡辺庄兵衛の再三にわたる頼み込みで、錠太郎少年は岩倉の渡辺家に移り、岩倉の小学校に再入学しました。しかし、養子の入籍は見合わせたようで、その後も小牧の生家に帰って家業を手伝うことが多く、まあ岩倉には、とりあえず試しに行っていたという格好でした。

岩倉の渡辺家は七、八反程度の自作農で、副業に油類の小売りをしていました。錠太郎少年は昼は農作業に従事し、夜は遅くまで独学に励みました。隣り町から転入してきて遊び友達がない錠太郎に、近所の素封家の少年山川弥三郎が近付き、以後、生涯を通じての友人になります。山川家には蔵書が多く、錠太郎は手当たり次第に借り出して読むことになります。

明治二十一年、錠太郎少年は十四歳で、岩倉の小学校を卒業します。正式に養子として入籍をという話は、実父の躊躇でぐずつくうちに、義理の伯母との間で気まずいことがあったようで、錠太郎少年は実家に帰ってしまいます。

小牧に帰った錠太郎少年は、毎日刻み煙草の行商に近くの村を回ります。粗末な着物に饅頭笠を被り、草鞋《わらじ》履き、商売物を入れた函を、大きな風呂敷に包んで背負う。そんな商売の間にも、本を懐にして、頭は分からない個所を消化することで、歩きながら勉強する生活だったようです。

小牧の高等小学校一年で級長をしていた山中氏は、行商の途中で校門から入ってきた錠太郎少年に、教えて欲しいことがあると呼び止められます。地面に異分母の引き算の式を書き、これはどう解くのかというのでした。錠太郎少年は一度で理解できたようで、「有難う」と言い、すぐに立ち去ったと言います。

錠太郎少年は小牧在の高等小学校の生徒や中学生から、一年遅れの教科書を借りて、各学科を残らずノートにして独学で追い掛け、分からない所は教えを乞うたようです。その上、岩倉町内の貸本屋から、在庫のほとんどの本を借り出し、中でも官立諸学校の試験問題集は残らず書き写していたと、貸本屋の主人は回顧しています。

忙しい農家の仕事の合間に、何が面白くてそんなに根をつめるのかと、養親たちは思ったようです。「小学校四年でも、中学卒業の学力をつけて進学したい。自分には学資がないから、陸軍の士官学校に行きたい」と、錠太郎少年は親友の山川少年に志を打ち明けています。

その頃、生家に学資がない優秀な少年たちにとっては、学費が要らない上級学校は救いでした。その多くた。

は陸海軍の将校養成の学校で、貧しい家の優秀な子弟たちが、そのために職業軍人の道を選択した時代でした。

士官や将校はもっぱら貴族の子弟たちとしていた西欧の君主国などと違い、門閥、身分、貧富の差を無視した我が国の士官候補生採用の制度は、貴族制度を持つ当時の君主国としては大変革新的なものでした。その成果は、維新からわずか半世紀足らずで現れます。幕末に味わった外国の脅威が嘘のように、我が国は世界の列強から一目置かれる優秀な軍隊を持つまでになりました。

こうした勉学は、「百姓に学問は要らない」とする当時の風潮と、農家の働き手として期待する養親たちの意向を、密かに覆すような志でした。働き者の錠太郎少年でしたが、のちに養親とも折れあいが悪くなったようです。実子がないため、跡取りとして期待した養子が、どうしても職業軍人になるというのでは、そこはただごとでは収まりません。今の若い方々にはとても理解できないことでしょうが、庶民の生活がきびしかった昔は、学費が要らない学校であっても、親は進学を許さなかったわけです。優秀な資質と能力を持ちながら、家族の生活のために家業を継ぐことが第一で、進学を断念することは当然と考えられた時代は昭和初期まで続いていきます。

第四章　「富国強兵」下での教育・文化

一、尾張慶勝公の逝去と刑死者の法要を営む宇都宮三郎

前記の渡辺錠太郎少年がお伊勢参りの船旅をしたのは十一歳の時、つまり明治十七年で、徴兵年齢に到達して、憧れの陸軍士官学校に入学するのは明治二十七年。我が国が初めて外国に宣戦を布告した年になります。この日清戦争までの十年間の名古屋の出来事を、これからざっと追って見ましょう。

まず明治十六年一月、名古屋区長吉田禄在は、熱田築港を要望する上申書を国貞愛知県令に提出するとともに、区内東部に新水路を開さくする建議をしました。熱田築港の建議は、その春県会で修正可決されます。県の財政を傾ける大事業の構想が始まりました。のちに名古屋を大産業都市に導く遠大な計画でした。三月に国貞県令は豊臣秀吉公生誕の地、中村を視察した際、案内に当たった地元の有志等と諮り、豊国神社の創立を計画しています。

この明治十六年夏、明治維新の実現に偉大な足跡を残した名君、尾張藩主の徳川慶勝公が東京で逝去されました。享年六十歳。幕末の動乱期に支藩高須の松平家から尾張徳川家に迎えられてから、明治十三年に隠居されるまで三十一年。その間、安政五年夏から二年余にわたって幽閉され、土を踏みたいというご希望も、畳を剥いで床下の土を踏めと幕吏に命じられる生活を送られました。

慶勝公が尾張の藩政改革、幕政改革、朝廷中心の新政権の樹立へと国事に奔走され、明治維新の実現に大きく貢献されたことは、先に「尾張藩幕末風雲録」に記したとおりです。特に、尾張藩の藩政改革では、公ご自身の費用をわずか千分の一にまで節減され、藩士の給禄を減ずるなどのほか、藩の土地や施設の売却、

災害や海防の費用の支出増など、困窮した藩財政の立て直しに当たられました。藩の財政収支の内容を借入先の豪商豪農たちに打ち明けて、負債の棒引きや棚上げに協力を求めたことは特筆されるべきことです。今の官公庁でも企業でも、こうした手の内を明かすことは、信用問題としてタブー視されるというのに、あの時代にすでにそれを実行されたのですから、その度量の大きさに感嘆するばかりです。

文久三年秋、三男義宜公が六歳で襲封されたため、のちに慶勝公は藩政を再び見られることになりますが、幼い身で藩主となり、江戸攻めの官軍の先鋒まで務められた義宜公は、明治八年（一八七五）の暮れに先立たれました。慶勝公は再び尾張徳川家を相続されましたが、高松の松平頼聡《よりとし》の次男義礼《よしあきら》を養子に迎え、明治十三年に家督を義礼公に譲り隠居されました。公私ともに多事多端、波乱と苦難のご生涯でした。

ご逝去の翌明治十七年、義礼公に侯爵の爵位が授与されました。義礼公はこの秋から一年間、元尾張藩執政志水忠平を伴い、欧米の視察に出掛けられています。

他方、旧藩主の慶勝公が逝去されてから二年後の夏、前出の宇都宮三郎は名古屋の万松寺において、慶勝公の命令で罪人として処刑された家老渡辺新左衛門以下十四士の名誉回復を図る法要を営みます。新左衛門と石川内蔵允は三郎を引き立てた元の上司でした。蘭学を志して脱藩し、数奇な遍歴をした化学者の宇都宮三郎は保身第一の平凡な技術系官僚ではなかったわけで、薩長政府の高官でありながら、佐幕派と目された元上司を含む十四士の追悼法要を広く呼びかけました。

なお、この明治十六年の秋、尾張藩士の子弟である梶常吉が他界しました。梶は七宝焼を発明した功績で、賞勲局から銀盃を受けています。オランダの技術を導入した独特の釉薬による精巧華麗な焼き物は、すでに幕末の頃に尾張藩主から将軍への献上物になり、全国にその名を知られていきました。東春日井郡瀬戸町に、舜陶館（のちの陶磁器参考館）が出来たのも、公立名古屋博物館が愛知県博物館に改められたのも、この秋のことでした。

二、広小路通りの延伸、東海道線の部分的開通

明治十六年秋、名古屋区長吉田禄在は名古屋区道路改修委員長を命じられて、新しい目抜き通りの広小路の拡幅と延長に乗り出し、市内の幹線道路の整備を始めます。この間、県庁に農商課が設置され、この頃から小作地農が増えてゆく情勢に対応してとなります。それまで大地主任せだった営農対策に、役所が関与する時代が到来します。

翌明治十七年、国貞愛知県令は警察費と土木復旧費の予算を県会で削減され、大いに憤激します。県令は再議を求めましたが、県会は承知せず、土木復旧費を更に削減するなど、県令も議会も気骨の応酬のような年になります。国貞県令は在任中に常陸の国の住職で書家の中村常山を招請して、知事官房に勤務させるなど、相応の文人でした。翌十八年一月、四十六歳で死去。政秀寺に立派な墓が出来たのですが、宴会の座席順のことで争いになり、一軍人に斬り殺されたという説があります。席順とは重いものでした。

酒の上のことというので、加害者が処罰されたとの記事も見つかりません。何しろ東京では、酔って帰宅

した軍人首相が出迎えた夫人の応対に腹を立て、その場で斬り殺したと言われた時代です。外形だけは西欧風の立派な装いになっても、根は殺伐とした気風の強い世相で、文明開化もうわべだけで、無教養の荒々しい腕力がまかり通る時代だったわけです。

後任の長州出身の勝間田稔県令は三月下旬、県議会で着任の挨拶をします。美辞麗句を並べたとの記録があります。その成果なのか、前任の国貞県令への手向けなのか、民の疲弊を理由に、予算削減の議決を繰り返してきた県議会が早々と警察庁舎の建築費の予算を増額したとあります。

この間、東海道線は、名古屋付近を部分的に開通させ、そこから東西を目指して工事が進められていきます。明治十九年三月に熱田駅（当時は停車場、ステンショと呼ばれました）、四月に名古屋駅、五月に清洲まで開通。六月には尾張一宮駅と、汽車ポッポが走るこ

名古屋停車場

とになりました。

当時の名古屋停車場は今よりやや南の笹島交差点付近にありました。新駅の開業を前に、鉄道建設局は地元の名古屋区に対し、広小路通りを真っすぐに延長して駅に接続させることを、条件として持ち出しました。これは地元の名古屋にとっても必要な事業だったのですが、その費用がありません。区長の吉田は勝間田県令を委員長にして、募金活動を展開します。小学校の校長の月給が三円二十銭という頃に、市内の各戸から十銭、二十銭という募金をして建設費を捻出、駅前広場と広小路の接続が実現しました。

名古屋区役所は吏員を総動員して募金を行ったのですが、士族出身の年配の吏員が区長の吉田にひどい叱責を受け、切腹自殺する事件が起きます。その吏員が寄付を求めに訪れた先の商家はもともと鉄道反対論者で、鉄道は悪人を呼ぶなど悪い影響ばかりだと、吉田の区政を罵倒しました。

その顛末を聞いた吉田は激怒します。「自分はこの事業が成功しなければ、切腹する覚悟である。おまえも士族ならばその覚悟でやれ。大体、小人の言うことなど気にかけるとはなんだ」となったようです。その晩、白装束で切腹した吏員は、文明開化と御一新で世の中が逆転する時代で、今更武士の士族のという時代ではないという落塊の思いと、小人に侮られたという厭世の気落ちとで、吉田の叱責に抗議するよりも、今で言えば生きる意欲を失い、キレたのではないでしょうか。

南アフリカのある作家は、幼い頃一家で初めて田舎から都会に移る時、駅に近づいてくる蒸気機関車の威力に驚き、恐怖にかられて駅から逃げ出し、父親が追いつくまでに一キロほど走ったと回顧しています。我が国ではこんな話をあまり聞いたことがありません。

我が国で最初の鉄道は街道筋の町中でなく、新橋・横浜間の海岸と海中の築堤を走らせたのですが、鉄道を見たことがない地方の人々にとって、見たことがない鉄道は不安と危険を覚える怪物でした。自分たちの町や村に通すのをためらう、今で言えば嫌悪施設だったわけです。鉄道の名のとおり、鉄板を並べた上を鉄の輪を付けた箱車が走るので、周辺の住家は振動と騒音で耐え難いというような話が、まことしやかに伝えられます。いわゆる食わず嫌いでの類で、頭から毛嫌いし反対するような人々をこの上もなく刺激しました。

今では想像もつかないことですが、東海道線の路線の決定に当たって、旧宿場などでは鉄道に反対する空気が強く、鉄道が通らなかったために急速に寂れることになったという話が数多く伝えられます。愛知県下では三河から鳴海までの路線は旧街道の宿場を避けていますが、その主たる理由は勾配のきつい山地を避け、矢作川の架橋地点にかかわった設計の結果で、地元の意向とはほとんど無縁のことでした。

余談ですが、すでに明治五年には、鉄道建設のために雇われた英国人の技師が東海道の路線の調査を開始しており、吉田が愛知県第一区長に就任した明治九年頃には、すでに東海道線の建設は決まっていました。ところが、沿岸部を走る路線は、外敵からの攻撃に弱いというので、中山道で大垣に出る路線がよいと、陸軍から異論が出たと言います。尾張藩時代に木曽谷の管理を役目としていた区長の吉田は、当時の手づくりの地図を持参して、鉄道建設局長に木曽谷での鉄道建設が困難であることを示し、東海道線にするようにと力説したと言われます。後日、現地を調査した鉄道建設局の技師たちは吉田の地図の正確なのに感心したとのことです。

名古屋停車場はこうして開業しました。当時の名古屋は遠浅の海岸で港がありませんでした。名古屋から先の東西に伸びる鉄道建設用の資材は知多半島東岸の武豊に陸揚げするほかなく、海路から搬入するルートとして武豊港から名古屋までの路線が三月一日に開通しています。開業当時の名古屋停車場の職員は、わずか三十二名。開業から半年後、汽車待合茶屋なるものを名古屋停車場前に旅館の主が開店、大いに繁盛したと伝えられます。運転間隔が大きく、列車待ちの時間がどうしても長くなるので、待合茶屋とは良い発想です。

他方、停車場に乗客を運ぶ名古屋の人力車は全盛期に入り、六百五十台に達したと言います。鉄道の開通は悪人を呼ぶという反対論に配慮したわけでもないでしょうが、愛知県庁内に警察本部が置かれ、市内に四警察署が設置されたのも、この年のことです。

武豊線には、東海道線との分岐点の大府に停車場が造られ、木曾川までの部分が開通。名古屋を挟んで、東は岡崎、豊橋を経て浜松まで、西は木曾川を越えて岐阜、大垣へと路線の敷設が進められていきました。

三、名古屋に陸軍第三師団が出来るまで

鉄道の建設は陸軍部隊の迅速な移動を目的とした点で、治安維持と国防上の重点施策の一つでした。肝心の陸軍部隊の組織の増強も着々と進められます。

話を明治六年の六鎮台の設置にまで遡りますと、北海道を含めて第一から第七までの軍管に六鎮台を置き、各軍管には二～三の師管を配下に、全体で歩兵二十四個聯隊（四十二大隊）、騎兵三大隊、砲兵十六中隊、海岸砲兵九隊、工兵十小隊、輜重六隊となり、国内守勢の兵力でした。平時は三万十六百八十名、戦時は四万六千三百五十名の定員で、軍管は戦時に一軍（一師）を興す予定でした。

別に禁闕《きんけつ》（皇居）守備の近衛部隊がありましたが、これは戦時の動員を予定しない部隊でした。また、第七軍管の北海道は陸軍中将を兼ねる開拓使長官の下に、憲兵の任務も兼ねた屯田兵が配置され、守備の方法がまったく別で、鎮台は置かれませんでした。屯田兵は一大隊（二中隊）程度の兵力に過ぎませんでした。

明治七年、佐賀の乱には徴兵令による兵が加わり、武士に比べ遜色のない働きをしました。軍紀と訓練次第でいけるとなったようです。明治九年、武士の帯刀が禁止され、この年は熊本と萩に反乱が起きましたが、鎮台により苦もなく平定されました。

乱の鎮圧に派遣する兵力と同時に、派遣された軍を統括する機関の整備が問題になります。佐賀の乱の時、参議兼内務卿と、征討総督の皇族に与えられた権限が重なり、現地で命令が二元となり混乱しました。そのため、明治十年の西南戦争では、征討総督の皇族に一切の軍事と人事を委ねることになります。

二度にわたりドイツに派遣された桂太郎陸軍少佐（後に名古屋の第三師団長、大将、首相）は早くから陸軍省内の参謀部の分離を主張していましたが、明治十一年、参謀局を軍令機関として独立させる建議が山県陸軍卿から太政官に上申され、参謀本部が発足することになります。

他方、沿海の防御については、海軍の軍艦と並んで、陸軍の海岸砲台を増強することが、幕末と同じく国防の要と目される軸でした。東京湾、長崎、鹿児島、下関、函館、豊予（豊後水道）、由良（紀伊水道）の各所に、要塞砲台が建設されることになります。砲台・要塞と各鎮台の施設の築造に当たる部隊は、機密保持のためか、経営部、工兵方面、臨時建築署、臨時砲台建築部、工兵方面と、頻繁にその名称を変更しています。愛知県の沿岸は、砲台要塞の築造を必要としなかったため、庶民が立ち入り禁止となる軍の施設は名古屋の鎮台とその演習場に限られ、海岸砲台と海軍根拠地には縁の薄い土地柄でした。

明治十五年夏、今で言う有事立法に当たる戒厳令と徴発令が制定されました。戒厳令は非常時に地方行政事務と司法事務を、その地の司令官に与えるもので、徴発令は非常時に軍に必要な需品ほかを徴発できる権限を、鎮台司令長官や旅団長等に与えるものでした。戒厳令は関東大震災と二・二六事件のみ、徴発令は実行されなかったのですが、内乱や戦争に対応する制度でした。

陸海軍の本格的な軍備拡張計画が始まります。右大臣岩倉具視卿はまず海軍の軍備拡張を先行させ、次いで陸軍軍備の拡充を急ぐこととし、その費用をまかなうため増税を決定しました。また、必要な要員を確保するため、免役条件が多かった徴兵令を逐次改正して、各県庁に兵事課を設置し、徴兵事務の組織を強化しています。徴兵制度がない今日ではこの兵事課はまったく馴染みのない組織ですが、太平洋戦争が終わるまで各県、各郡市、町村にまで設置されています。各常設部隊の編成は本籍地主義の徴兵に依拠していました。

陸軍部隊は明治十八年から十年間で、歩兵聯隊二十八（各三大隊、大隊は各四中隊）、騎兵大隊七（各三中隊）、野砲兵聯隊七（各野砲二と山砲一大隊、大隊は各二中隊）、工兵と輜重兵は各七大隊（各二中隊）、屯田兵は歩兵四大隊と騎兵・砲兵・工兵各一大隊の整備が計画され、兵力が倍増することになりました。

明治十八年五月二十一日、中部監軍部長（有事の際の師団長）心得黒川通軌《みちのり》陸軍少将（愛媛）が、中将に進級して、名古屋鎮台司令官（有事の際の師団長）に発令されます。それまでは有事の際、鎮台司令官は旅団長となることが決められていました。この変更に伴い、旅団長は二個聯隊を指揮する常設の機関となり、師団長の下に各二個の旅団司令部が配置されます。名古屋鎮台には、名古屋と金沢にそれぞれ歩兵旅団長が置かれました。なお、監軍部長は有事の際には、二個師団を統括する軍団長の役割も与えられました。名古屋の歩兵第五旅団長には、黒木為楨陸軍少将（鹿児島）が発令されています。

明治二十一年五月十四日、鎮台条例が廃止され、師団司令部条例に変わります。名古屋鎮台司令官の黒川通軌陸軍中将は第三師団長に発令されました。

この間、太政官制度が廃止される約四年前、明治十五年一月四日、軍人勅諭が出されています。勅諭は我が国の軍隊の由来を説くことから始まり、忠節、礼儀、武勇、信義、質素の五ヶ条を挙げ、軍人精神の根源を形成する説示となります。また、同じ年の十月三十日、国民道徳の規範を説示した教育勅語はこの軍人勅諭と表裏一体の作用を持ち、「良民は良兵」の認識を志向して、富国強兵の国是を推進する上で、以後、昭和二十年（一九四五）の敗戦で陸海軍が解体されるまで、軍隊と国民の精神的基盤を形成することになります。

なお、この軍人勅諭は軍人が政治に関与することを戒めるとともに、我が国の軍隊は天皇が統率することを宣言しています。維新以来、行政を宰領する太政大臣が徴兵された軍隊を統率指揮してきたのを改め、天皇が直率されることとし、いわゆる統帥権の独立が図られました。

その動機はこの頃盛んになった自由民権運動が、太政官政府を脅かしたことにあります。万が一、自由民権派が徴兵された軍隊を掌握して指揮することになる場合を案じて、軍隊の指揮権を太政官政府から切り離し、天皇直率としました。

こうして早々と政府から切り離された統帥権は昭和初期になると政府を支配する勢いになり、のちに統帥権の独立が国を滅ぼしたと評されることになります。しかし、当初は統帥権の独立に伴う短所や弊害はほとんど意識されませんでした。これは天皇を補佐した元老（憲法上の地位でない）の見識と力量が、国家の大事の岐路に際しては、政府と軍首脳が対立しないように、憲法や諸制度を超えた介入を行い、それが有効であったからでした。藩閥政権のひとつの利点だったと思われます。

昭和初期になると、維新の動乱を体験した元老たちがほとんど世を去り、加えて激しい軍備拡張競争と国家総動員体制が進む中で、この統帥権独立の主張は高度国防国家建設を目指して極端となり、軍人首班の内閣でさえも、陸軍中枢の下僚の忌避にあえば瓦解する有様でした。元老に代わる司令塔不在の中で、下克上の風潮に揺らぐ短命な内閣が続いたのち、大戦争に突入して敗戦の憂き目をみることになります。その遠因は自由民権運動に脅かされたこの時期の制度改定に始まります。

四、国内の治安維持から外敵への守りに

こうした経緯のもとで、明治四年の暮れ、兵部省は軍の重点を国内の治安維持から外敵に備える守勢の軍備に志向します。特に、沿海の防御に重点を置くこととし、帝政ロシアを仮想敵国として、その東方政策に対する国防を急ぐことになります。

話が遡りますが、安政元年（一八五四）秋、ロシアとの国境は択捉《エトロフ》・得撫《ウルップ》両島を境とし、樺太は日露両国に属するとする条約が締結されていました。その後、樺太の国境を北緯五十度とする折衝は、不成功のまま推移します。明治二年と同六年、南樺太函泊の漁場は二度にわたりロシア兵に荒らされました。我が国は、明治五年春、米国のアラスカ買収に倣って、北緯五十度以北の樺太の買収を申し出たのですが、ロシアは北千島と樺太南部との交換を逆提案するなど、話がつきませんでした。

開拓使長官の黒田清隆陸軍中将は樺太への出兵まで言い出しました。しかし、当時の国力ではロシアと事を構えるわけにいきません。結局、日本は南樺太から移民を引き揚げ、明治八年春、樺太と千島を交換する条約をロシアと締結しています。

黒田清隆

ところが、ロシアの南下政策による脅威とは別に、清国との関係がおかしくなります。清国との紛争は明治四年十一月、琉球の島民六十九名が台湾南端に漂着して、五十四名が殺害された事件で、我が国は清国に

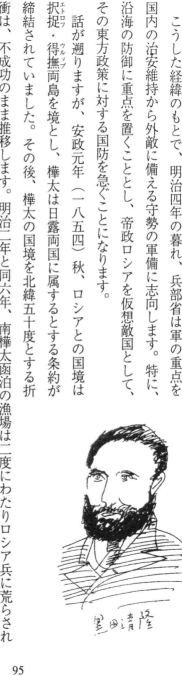

大使を送り抗議することから始まりました。清国は台湾の土人は化外（統治の及ばない所）の民であるとして、我が国の抗議に取り合いません。

更に明治六年春、岡山県民四名が台湾南東岸に漂着して、掠奪を受ける事件が起きました。清国と交渉しても埒があかないので、明治七年春、日本政府は陸軍中将西郷従道を台湾蕃地事務都督とし、熊本鎮台の兵と募集した兵を併せて三千名を軍艦三隻で台湾に派遣し、台湾の蕃族《ばんぞく》を直接征伐することになります。

この武力行使に対して、米国公使は本国からの訓令として局外中立を宣言。米国船の傭船契約を解除させ、英国公使もこれに同調しました。政府は両国の態度に驚き、台湾への出征を止めるように長崎に使者を送りました。ところが、西郷従道は政府の命令に反対して、清国から抗議があれば、西郷等は脱走した賊徒だと言えばよいと言い、強硬に台湾蕃地の征伐を主張しました。

結局、政府は再び出征を実行することになり、西郷等の部隊は台湾全島を平定しました。その後の外交交渉の結果、明治七年秋の北京条約で、日本は清国にわずかな賠償金を支払わせてこの事件は落着しました。

この征台が決定された時、西郷等は台湾の一角を占領するように主張し、木戸等は「征韓論」を否決した時と同じく、内政の整備が先決だとして反対しました。岩倉と大久保は、「征韓論」の否決で下野した者たちが、政府に対して反乱を起こすのを恐れて、征台という際どい賭けに出た事件でした。陸軍の強硬派が外征を強行して政府を引きずる図式は、後の満州事変で始まったことではなく、維新後のこの時期に早々と始まっています。

他方、明治八年夏、漢江の河口近くで測量をしていた我が国の軍艦が、韓国の砲台から砲撃される事件が起きました。政府は韓国との開戦を決意し、韓国の謝罪を求めて大使を派遣します。韓国は恫喝に屈して謝罪し、日韓修好条約を締結しました。清国はその影響下にあった韓国が無断で日本と結んだ条約の破棄を求めましたが、日本はそれに応じないまま推移していきます。

韓国の宮廷は後ろ盾を日本と清国のいずれにするかで割れ、政変が何度も起きました。清国は明治維新以来、日本が欧米列強の文明を見境なく取り入れ、鹿鳴館などの施設まで造って欧米の使節に媚びる夜会などを開き、国政全般を欧風に改革するのを見て、強い反感を持ちました。清国を源とする文明を取り入れてきた日本が、そのルーツを価値がないものとして捨て去り、欧米の文明に乗り換える。その軽薄な物真似に、清国は激しい軽蔑と嫌悪を抱きます。

そんな日本がいまだ清国に対して敬意を抱き続けている韓国を、自分たちに代わって支配するなど、以ての外のことでした。日本の武力進出を抑えるため、清国はロシアの南下政策を巧みに背景にし、イギリスを味方にして、韓国に対する宗主権を確立し、日本が韓国に進出するのを防ぐ方針を列国に認めさせようとします。

ところが、ロシアの南下政策は次第に英国と対立するようになります。明治十七年六月、ロシアは韓国と修好通商条約を締結して、朝鮮沿岸に不凍港を求めました。当時、アフガニスタンの境界をめぐりロシアと紛糾していた英国は、ウラジオストック軍港のロシア極東艦隊が南下することを恐れ、明治十八年五月、朝鮮南岸の巨文島を占領して、韓国に租借を申し入れます。

それでも、清国はロシアを韓国に引き入れ、ロシアの南下政策は朝鮮を舞台にして、清国と組んで日本を牽制する格好になりました。ロシア艦隊はしばしば朝鮮の近海に現れ、ロシアがそのうち対馬を占領するとの噂と懸念が我が国で生まれることになります。

五、遅れる海軍の軍備

こうした清国との対立を改善するため、参議伊藤博文が大使として派遣され、折衝を重ねました。その結果、日清両国は朝鮮から撤兵して、互いに韓国に対する軍事顧問団の派遣を見合わせ、出兵する場合は事前に照会し合うことになり、天津条約が締結されました。

この明治十八年、清国はドイツから七千トン級の戦艦定遠、鎮遠の二隻のほかに、二千トン級の巡洋艦済遠を購入し、翌明治十九年には北洋水師を編成、アジア最強の軍艦を持つ海軍を造りました。日本海軍は明治十一年に英国で竣工した二千トン級の二等戦艦扶桑ほか二隻が主力で、清国の北洋水師に対抗するには劣勢となります。

そこで、フランスに四千トン級の松島、厳島の両艦を発注し、横須賀造船所において同型艦橋立の建造に着手しました。三景艦と呼ばれた各艦一門の大口径の主砲三門だけが、清国の大きな戦艦二隻に対抗できる戦力で、これでも日本海軍の劣勢は補えませんでした。

海軍の軍備の強化は、明治六年に陸軍が全国に六鎮台を置いた頃、まず横浜に提督府を置くことから始まります。明治九年には海軍職制章程を定め、鎮守府を置くことになり、提督府を廃止して、横浜に東海鎮守府を設置します。海軍は横浜と長崎に、東西二つの鎮守府を置くことを考えたのですが、明治十七年の末、京城で二度目の政変が起きて軍艦金剛以下五隻が派遣された頃になって、ようやく鎮守府条例と海軍造船所条例ができる有様で、鎮守府の下に海軍造船所を置き、国産の艦艇の製造を急ぐことになりました。

東海鎮守府は横浜から横須賀に移転し、横須賀鎮守府と改称されます。また、明治十九年、海軍条令ができ、陸軍と同じく軍政と軍令を別組織にしたのですが、海軍の軍令機関は陸軍に従属していました。なお、国の周辺海域は五海軍区に分けられ、第一を横須賀、第二を呉、第三を佐世保の各鎮守府の担当としたほか、舞鶴、室蘭に鎮守府を予定しました。呉と佐世保の両鎮守府が開設されるのは明治二十二年のことになります。この頃、横須賀造船所は横須賀鎮守府造船部に改められました。愛知県は第一海軍区に属し、横須賀鎮守府の管轄となります。

この間、明治十八年暮れ、太政官制が廃止されて内閣制となり、海軍卿不在中に海軍卿を命じられていた陸軍中将の西郷従道伯爵が参議兼議定官から引き続き初代の海軍大臣に任命されました。海軍大臣の二代目はやはり陸軍中将の大山巌、三代目は陸軍中将の西郷従道が再登場。四代目になってやっと海軍中将の樺山資紀《すけのり》が就任します。維新後二十年年近く経っても、海軍は貧弱な小所帯で、必要な将官の適格者は不足していました。

提督に相応しい人材は、旧幕府海軍にいたのですが、総裁以下が脱走して官軍と戦ったため、新生海軍の上層部はいまだ育っていませんでした。

乗船経験が多かった薩摩出身の陸軍将官たちが海軍大臣以下を占めることになりました。樺山海相は先に明治十七年、少将の時に陸軍から海軍に転官し、のち海軍次官の時、第二と第三の鎮守府建設委員長を兼務しました。樺山は海軍大臣に就任する前に、大臣伝令使になったばかりの山本権兵衛海軍少佐を連れて、約一年間、欧米の視察に出かけています。

陸軍と張り合い、軍令機関の分離独立を求めたり、呉と佐世保に鎮守府を開設してみても、海軍の軍艦の増強は遅れ、清国の北洋水師に対する劣勢は補えませんでした。明治二十四年六月、樺山海相は高千穂艦長の山本権兵衛海軍大佐を大臣官房主事に抜擢します。

山本大佐は約六万トンの海軍の兵力を数年内に倍増させる計画と、海軍の軍令機関を陸軍から分離させる交渉のほか、海軍部内の現役士官の半数以上に当たる約百名の将官以下を整理して、海軍兵学校出身の若い士官たちを幹部に登用する荒業に出ました。以後の日清・日露の両戦争における海軍の勝利は、この大幅な人事刷新にあったと言われています。

山本海軍大佐が海軍省の官房主事に起用されて一ヶ月後、清国の北洋水師の丁汝昌《ていじょうしょう》提督は、巨艦の定遠以下を率いて、日本に対する示威のため、横浜ほかの諸港に来航しました。示威に驕った清国水兵達は長崎市中で乱暴を働き、日本の巡査を殺傷しています。

尾張は幕末に師崎と内海に小規模な海岸砲台を設けただけで軍港がなく、沿海の防備や海軍に、問題意識をそれほど持たない土地柄でしたので、この頃までの地元史に海軍の話題はほとんどありません。のちに海軍大臣になる八代六郎は、海軍兵学校第八期で、山本権兵衛に遅れること七年で、この頃は三十代前半でした。山本による大幅な人事刷新がなければ、こののちの八代の進級と昇進は遅れていたのではないでしょうか。もっとも、そうなれば日本の海軍全体の強化もまた遅れていたのでしょうが。

蛇足ですが、初期の陸海軍には中佐の階級がありませんでした。尾張の代表格千賀信立のランク付けは陸軍少佐で、佐官級が全般に足りない組織でした。次に海軍を背負う山本権兵衛海軍少佐は、帰朝後に高雄艦長心得の時に大佐に進級、浪速、高千穂の両艦長を経て、欧米視察から四年弱で海軍省大臣官房主事となり、人事と企画を掌握する立場に就きました。

六、県立商業学校の発足、私立の中学校と女学校の増加

話が前後しますが、ここで中等、高等教育機関が拡充されていった経緯を追ってみましょう。明治十六年(一八八三)初頭、愛知県病院長兼医学講習所長の後藤新平は内務省衛生局に転出しましたが、その年の春、自らが育てた医学講習所を甲種医学校と位置づけています。翌明治十七年には、民間の有志が名古屋薬学校を開校します。のちの名古屋薬学専門学校の前身ですが、入学する者が少なくて一時休校となり、明治十九年に再び開校されたとか。時代を先取りするマイナーな部門の教育機関の経営は苦戦が続きます。

明治十七年初夏、南外堀町に愛知県立商業学校が開校しました。本科、予科、速成科、専科で、定員千三百名と大規模な公立の実業学校でした。同じ年に修業年限一年余の私立愛知簿記学校が大津町に開校しています。いずれも、名古屋の商業の発展を背景にしたものです。

愛知県立商業学校は翌明治十八年一月には早くも夜間部を設け、働きながら勉学する青少年に修学の機会を提供しました。のち明治二十三年に名古屋市立に移管され、明治三十四年、市立名古屋商業学校と改称されますが、名古屋の官民の組織に、昭和に至るまで事務系の中堅職員となる人材を多数送り込み、地域の発展に大きな貢献をしています。

明治十九年夏、愛知県師範学校は愛知県尋常師範学校と改称されます。新たに、中学校、高等女学校、師範学校の教員を養成する高等師範学校の発足にともなう改称でした。また、秋には中学校が尋常中学校と改称されました。これも新たに帝国大学の予科教育機関として、高等中学校（のちの旧制高等学校の前身）が発足するための改称でした。更に、小学校も高等と尋常の二等に分けられます。各四年の修業年限で、尋常四年が義務教育課程となりました。

明治二十年、愛知県博物館（のちの愛知県商工陳列館）が開設された頃、愛知県立獣医養成所が東新町に開設されます。募集定員二十名と小規模な組織でしたが、陸上輸送は牛と馬の荷車や馬車等の時代で、陸軍でも戦場での輸送力は馬が主体でしたから、獣医を組織的に養成することが官民ともに必要でした。

また、同じ明治二十年の春、名古屋第一高等小学校（修業四年）が伏見町に発足します。愛知県尋常師範学校は南武平町の新築校舎に移転。その跡に、愛知県尋常中学校が移転し、定員を四百名に改めます。私立英和学校（修業五年）が、長久寺町に開校したのも、この年でした。翌明治二十一年秋、私立東海中学校が車道町に、私立清流女学校が主税町に、それぞれ開校しています。

天皇・皇后両陛下の御真影が師範学校、医学校、中学校、商業学校に下付されたのも、明治二十年秋のことでした。世界の君主国では、国家の元首に当たる両陛下に対して、敬意を表す習慣を当然とした時代でした。

明治二十二年、名古屋市制の施行の年に、私立金城女学校（修業七年）が竪杉ノ町に開設され、後に名古屋市長となる予備役陸軍少将青山朗が私立武揚学校（修業五年）を南白壁町に開設しています。浄土宗第四教区学校（修業四年）も、この年開設されます。翌明治二十三年には、漢学の成美学校（修業四年）が西万町に、私立有隣学校（修業三年）が裏門前町に、それぞれ設立されています。

欧米の知識を礼賛する時流で、実学中心の中等高等教育の学校がぞくぞくと登場するなかで、漢学や仏教系の私学も設立されます。あまりにも急激な洋風化の風潮に対して、これを懸念する人々が反発した努力でした。しかし、既述の漢方医たちの学校と同様に、欧米の合理主義に立ち向かう学問としての漢学や国学は、就職に結びつかない迂遠な分野の学問としてどうしても先細りになってゆきます。

それでも、教科書の行き過ぎた記述を直し、いわゆる和魂洋才を目指す姿勢を引き出す機縁になりました。東洋の政治倫理と哲学を身につける努力は、各個人の私的研鑽の中で細々と続けられ、教育機関で組織的にという流れは地方では消滅します。

あの無謀な大戦争を主導した陸海軍の将帥と中堅は、戦争は基本的に愚策とする東洋哲学のコアを軽視し、それに代わる賢い戦争観も構築できませんでした。戦闘のシュミレーションの中でひたすら軍備の強化を求め、戦争の是非を大局的に捉える視点もないままに、軍人政治を展開しました。ベトナム戦争後に、米軍の大学教育に孫子が導入されていますが、戦争も事業も立ち上げと拡大の段階よりも、その先の休戦から収拾の難しさを教えることは大切です。我が国の近代の高等教育に、四書五経に代わる哲学がなかったことが、あの大戦争の原因とする指摘は無碍《むげ》に否定できない重みを感じます。

話が脱線しましたが、明治半ばの名古屋の中等学校は、名古屋市内の子弟だけでなく、周辺や近県の子弟も入学してとなります。濃尾震災前の明治二十三年、名古屋市内の下宿は月一円程度でした。なにしろ、教員と巡査の初任給がわずか数円の時代でしたから、中等教育を受けさせるのに、名古屋に下宿して進学というのは、いかに豊かな土地柄とはいえ、授業料を含めると父兄には大変な負担だったと思われます。

商工業の実学と女子の中等教育の拡充の速さに、特に目を見張るものがあります。中産層が増加する尾張名古屋は、教育への関心がとりわけ高い土地柄だったと痛感されます。

明治二十四年秋の濃尾の大震災で、閉鎖になった私立学校もあったようで、しばらく私立学校の開設は低調になりますが、この年、私立簿記数学学校が南桑名町に設置されています。震災にもかかわらず、名古屋の近郊では、翌明治二十五年に高等小学校が次々と開校しています。また、県立愛知医学校に予科が設置されました。

明治二十七年初夏、名古屋市立第二高等小学校が開校。明治二十八年暮れ、曹洞宗第三中学校が愛知郡千種町に、曹洞宗第八中学校が布池町に、それぞれ開校しています。愛知医学校内に、産婆養成所と看護婦養成所が付属したのは、同じ明治二十七年の夏のことでした。

七、尾張出身者の文学者、坪内逍遥

他方、いわゆる実利実学を離れた学問については全国的に急速に東京一極集中になっていきます。幕藩時代の儒学や国学などを中心とした学問は、江戸幕府の大学頭が主宰する学校だけに、権威が集中したわけではありません。各地で独自の地歩を占める学者と塾がありました。西欧から学んだ語学や技術についても、幕末になると、蘭学以外の大量の知識も導入され、学生は江戸だけに集中したわけではありません。しかし、維新後は旧幕府の開成校の後身となる東京帝国大学を中心に、明治政府が必要とする人材が、急速に東京に吸収されて、諸藩で傑出した人材は学問、文芸の世界でも、東京に多くが移っていきました。

明治の初め、尾張出身で在京の代表的な文化人は、開成校教授の蘭学者柳河春三《やながわしゅんさん》でした。柳河は我が国の新聞・雑誌の元祖と言われる存在になりましたが、ほどなく死去します。

明治十四年、柳河の没後十年の追悼会が東京芝公園内の紅葉館で開かれました。発起人は、西周《にしあまね》、桂川甫周《ほしゅう》、津田真道《まみち》、福沢諭吉、福地源一郎、松田玄瑞等の著名な人物で、柳河の存在と影響の大きさを表すものです。

この発起人の中に、元尾張藩士の宇都宮三郎が名を連ねています。化学を専門にして政府の要職にあった宇都宮三郎ですが、その交際範囲が広く、専門外の文化人までに及ぶのには驚きます。もっとも、柳河亡きあとの明治初期に在京の尾張出身の著名な文化人となると、他に見あたらなかったわけで、宇都宮三郎はピンチヒッターの役を引き受けた格好になります。

当時、尾張出身で上京した者の中には、地元の名古屋でも、儒学、国学、漢詩等で著名な相応の人物もいました。しかし、過去の歴史と文化を学ぶよりも、一途に西欧文化を吸収し、万事が改革で忙しい時代でしたから、新時代の風潮に無関係なこうした伝統的で懐古趣味に近い専門分野の学識は、成り上がりの顕官の個人秘書などに重用され、肝心の学識を世に伝える存在としては、瞬く間に傍流になってゆきます。

柳河の次に注目された尾張出身の著名人は、明治十八年に、「小説神髄」を刊行した文学士坪内逍遥になります。尾張藩美濃太田の代官所手代だった坪内の父親は、維新後に名古屋の郊外に移り住みます。明治五年、十五歳の逍遥はまず漢籍を学ぶために私立学校に入り、次に名古屋藩の洋学校に入って英語を勉強しました。この愛知英語学校での成績が抜群だったため、選ばれた逍遥と加藤高明（後に首相）は

明治九年上京して、東京開成学校（翌年東京医学校と合併し東京大学と改称）に入学することになりました。大学在学中に逍遥は翻訳に夢中になり、スコットの小説の訳本を発刊するなど語学と文才を発揮したのですが、父親の死去なども重なり、卒業は一年遅れになります。

卒業後、逍遥は既存の勧善懲悪をテーマにした我が国の文学を批判して、真の芸術と言うべき小説は人間性をありのままに描くべきだと論じ、それまでの我が国の文壇を一変させるような一石を投じました。

この新理論に感化されて、同郷の二葉亭四迷のほか、尾崎紅葉、幸田露伴、山田美妙などが、続々と新作品を生み出すのですが、肝心の逍遥自身は演劇の方に熱中し、早稲田大学の講義のほか、自宅でシェークスピアを講義するなど、創作活動は二の次になります。

また、逍遥は「早稲田文学」を創刊して、対立する森鴎外（陸軍軍医森林太郎）と激しい論戦になります。逍遥は文学博士となり、明治三十四年、早稲田中学の校長に昇進しました。一生を陸軍軍医の高官と作家の二足草鞋で過ごした森鴎外とは違い、逍遙には組織の管理者というものが性に合わなかったようです。逍遥はやがて校長を辞任し、早稲田大学教授として講義の傍ら、翻訳と演劇に没頭しますが、のちに大学教授も辞めて、文筆活動と演劇に専念することになります。

この逍遥という号は、今では死語になった散歩の古語です。我が国にはなかった慣習を幕末に外国人が持ち込み、それを自分の雅号にした文学者までいると、半ば揶揄するような話を時々耳にします。この散歩の由来は、幕府が神奈川を開港し、横浜村に外国人居住地が出来た頃に遡ります。長崎の出島に閉じ籠もって、出歩けなくても我慢したオランダ人たちと違い、幕末の外国人たちは条約上の権利としてあちこちと出歩きたがります。

攘夷派の志士が跋扈《ばっこ》する中で、幕府にとっては厄介千万な話です。当時の役人たちには、あてもなく歩く「散歩」ということが、どうもピンときません。その上、何のためか大きなホールの建物などを欲しがり、女性同伴の夜会とか舞踏会などを開くという風習もまったく理解できませんでした。どうもそこは遊廓の設置が必要なわけで、彼らはそれを暗に求めているのではないかと、見当違いの思いやりまで出てくる始末でした。

維新後の名古屋でも、明治七年末、外国人教師数名の管内遊歩については、鎮台がある名古屋城廓内と一部の地以外は、「尾三両国一般差支無く、右通行の場合、不都合なき様致可事」と、わざわざ県令のお達しが出たほどでした。

明治の学生たちが、散歩を逍遥と言ったことから、そのような話が生まれたのではないかと思われます。しかし、坪内逍遥の場合には、もう少し深い意味があるように思います。男たちが立身と昇進を最大の目標とした時代に、あえて心を世俗の欲の外に置くというもので、やがて大学教授も辞めて、文学と演劇の探求に没頭する男の志を表しているように思われてなりません。

八、尾張出身の作家 二葉亭四迷、渡辺霞亭、大口六兵衛

この逍遥に励まされて、明治二十年（一八八七）、ロシアの小説を翻案した「浮雲」の最初の一巻を発刊した二葉亭四迷が二十四歳で文壇に登場します。本名長谷川辰之助のペンネームは逍遥と違った趣向で、俗っぽく実にユニークなものでした。

父親が幕末に尾張藩江戸詰めの藩士でしたから、辰之助は江戸の藩邸で生まれました。五歳くらいの時に名古屋の母親の実家に戻り、九歳で愛知英語学校のフランス語科に入ります。三年後、父親が転勤で名古屋を去り、成人になる頃に東京に出て、外国語学校のロシア語科に入りましたが、学校の改編を機に退学し、ロシアの小説の翻訳を始めて、小説を書くことになりました。

奇妙なペンネームの由来は、江戸っ子が好む口癖の一つ、てめえなんか「くたばってしめえ」をもじったという説があります。とても駄洒落が好きだったようで、色々と逸話があります。

やがて、内閣官報局の出仕となり、次いで明治三十二年から四年間、外国語学校教授を勤めたりで、「浮雲」の第三巻以後、四迷の文筆活動は中断します。四迷は日露戦争の前に辞職して北京に渡りますが、健康を害して帰京。その後、大阪朝日新聞の東京駐在員になった頃から、再び創作に取り組みます。「其面影」、「平凡」などを朝日新聞や早稲田文学に発表し、後世に名を残しました。

日露戦争が終わってから明治四十一年夏、特派員としてロシアの首都ペテルブルグに駐在しましたが、間

もなく病いのためロンドンから船で帰国する途中、インド洋で死去しました。色々な点で逍遙とは対照的な人物ですが、若い頃の逍遥が四迷の才能を認めて、後押しした度量は立派です。その度量があったからこそ、個性の強い新しい日本の演劇界の人材を逍遥は育てることが出来たのだと思います。

二葉亭四迷が大阪朝日新聞の社員となり、同紙上に小説を連載した頃、社会部長をしていたのが尾張出身の渡辺霞亭《かてい》でした。霞亭の父親は青松葉事件で刑死した家老渡辺新左衛門の分家の藩士でした。読書家の霞亭は医者の書生や小学校の助教をしながら、名古屋一番の貸本屋大惣から様々な本を借りて、教養を身につけました。しかし、同じように大惣に出入りしていた坪内逍遥と違って、霞亭は外国語や外国文学に興味がなかったようです。

この貸本屋大惣というのは、知多郡大野の出身の惣吉の経営で、店の名は大野屋でしたが、通称大惣で有名でした。幕末から明治初期にかけ、今で言えば尾張の中央図書館のような役割を果たします。当時の名古屋と尾張の文化水準を、他の諸藩に比べて遜色のない優れたレベルにした点で、多くの識者がその存在と功績に注目しています。

図書館学に通じた方々の間では、大惣の名は今でも全国的に良く知られています。尾張の人々の教養を高め、短慮で過激な行動に走る人物を輩出させなかった点で、大惣の存在は隠れた功績があったと言えます。

大惣から借りた歴史小説に魅せられた霞亭は作家を志望して新聞記者になり、東京朝日新聞に入社、二足草鞋の生活に入ります。器用な文才にたけた霞亭は、社会部長にまで昇進して、やがて大阪朝日新聞の社会部長に転じることになります。

ところが、この間、勤め先が忙しく作家活動の方はお預けになりがちでした。その後、社会部長を辞職して客員となり、明治四十年春、碧瑠璃園《へきるりえん》のペンネームで代表作の「渡辺崋山」を連載し、読者から賞賛を得ます。

名古屋の作家岡戸武平は、時代の犠牲となって自刃した渡辺崋山を、青松葉事件で刑死した縁戚の渡辺新左衛門のことに重ね合わせたような作品で、霞亭が異常な情熱を注いで書いた結果だと指摘しています。その通りではないかと思います。江戸文学に精通し、流麗な文章で知られた霞亭にはほかにも代表作として「大石内蔵助」、「栗山大膳」などの歴史小説があります。いずれも、激変する情勢の中で志を貫き、歴史の犠牲となった忠義の士を扱った題材でした。

しかし、霞亭が名古屋に戻らなかったのは、青松葉事件にこだわる心情があったからだという説については、それは考え過ぎではないかと思います。東京や大阪と違って、名古屋の文化人の層の薄さが原因で、特に明治三十九年に大口六兵衛が死去したのちは、名古屋に帰っても会いたい人物がいないという思いが強かったのではないかと思われてなりません。

「死んでゆく先様次第どうなるか、とんとしらぬが仏なりけり」。六十歳で他界した大口六兵衛の辞世の句です。幕末から明治初期、江戸から東京の初めに、戯作者、新聞記者として、機知に富むユーモアと風刺で有名だった仮名垣魯文《かながきろぶん》に模して、六兵衛は名古屋の魯文と言われたようです。門前町の甘酒屋の主人なのに店は家族に任せて、六兵衛は愛知日報の記者となり、雑多な記事も劇評も書き、芝居の台本も手掛ける器用な人物でした。「転愚叢談《てんぐそうだん》」と題する雑誌を出し、御洒落会《おしゃれかい》と称するサークルに、画家、書家、歌人、文士などを集め、例会を開いて歓談を楽しみました。若い日の霞亭もそのメンバーで、交遊を通じてユーモアのセンスを磨いたようです。

のちに新聞記者として霞亭が成功したのも、六兵衛の影響が大きかったと思われます。二十歳になる霞亭が名古屋を離れる頃の明治十五年、「転愚叢談」は打ち止めになります。明治三十九年の六兵衛の没後も、御洒落会は続けられたようですが、やがて消滅します。こうした層の薄さ、取り巻き以外に後継者の広がりが期待できない土地柄は、地方文化の宿命のような面があります。それを嘆く向きが、名古屋は「文化不毛」などという批評をもたらすことになります。

しかし、そこには東京でお墨付きを得た既成の権威を崇める以外に、自らは独自の評価の物差しを持つことなく、新人や後進の誰彼を育てようとはしない、こうした類の口さがない年配者の視線とスタンスを感じます。小説・絵画・楽曲を自分の感性で捉えるのではなく、既存の権威が発した批評を尺度として接する。そうした批評の受け売りが、鳥なき里のこうもりのように罷り通る。まさにそれこそが、文化だけではなく、精神の「不毛」の正体なのではないかと感じられます。

執筆中の渡辺霞亭

もっとも、様々な通信機器の発達で、今では東西とは別の文化圏を築く必要性は著しく遠のきましたから、文化不毛の批判も色あせた感じです。しかし、マスコミ中心の消耗品のような情報文化が渦巻く中では、年配の教育者的立場にある方々としては、幕末から明治初期のような尾張の学者を見習い、独自の自負と学識の中で自分を見失うことなく、落ち着いた気風の文化を目指して欲しいと思うばかりです。

第五章　陸海軍聯合大演習と濃尾大地震

一、名古屋市制の施行を目前にして

坪内逍遙が「小説神髄」を著してデビューした頃、市制施行を目前にした名古屋では、様々な新事業が興され、日刊新聞も増え、活版印刷業も拡がります。明治十九年秋、勝間田県知事（七月、地方官官制の改正により県令から知事に改称）の主宰で、来名した芳川顕正《あきまさ》内務次官一行の歓迎会が開かれました。その時、名古屋区役所会議室に移動式発電機を持ち込み、白熱灯四十個、門前町に弧光灯（アーク灯）一個が点灯され、来会者を驚嘆させたとの記録があります。これが名古屋最初の電灯だと言われています。

吉田禄在区長は翌日、内務次官一行のために議事堂前の馬場で打毬会《だきゅうかい》を開きました。新時代の電灯と騎馬で毬を打つ大陸伝来の古典的競技である打毬によるもてなしの組み合わせは、まさに名古屋ならではの文明開化の取り合わせです。

また、師走六日の夜、名古屋区役所において技師小菅廉を招き、学術幻灯会が開催され、知事、区長以下多数が参加しています。同じ年末、内務省土木局長が来名、木曽三川の分流工事の起工に先立ち、関係三県知事と費用負担ほか諸般の打ち合わせをしました。宝暦年間に薩摩藩が治水事業に取り組んで以来の大規模なもので、国庫負担は三百十二万円余、地方負担は八十九万円余でした。

この頃、名古屋株式取引所が南伊勢町に開設されたとか。知多郡半田の製酢家の中埜又左衛門が丸三ビールを醸造して売り出したとか。当時の知多郡の酒造は年間五万三千石余で、前年より二万七千石余も激減したとか。鳴海絞の注文が大阪方面から多く活況を呈したとか。その仲買商の谷徳三郎が工夫した名古屋産の木綿が本場の真岡木綿を凌ぐものになり、販路を拡大したとか。木綿織業者が共同して絣《かすり》株式会社を創ったとか。印刷工が増える中で、その賃金は一日十～十五銭程度だったとか。名古屋とその周辺の諸産業の急速な発展が窺われます。

そのほか、尋常小学校四年が義務教育になり、尋常師範学校、尋常中学校、高等女学校の教育免許規則が定められたとか。県立の獣医養成所が東新町に開設されたとか。名古屋教育会書籍室（鶴舞中央図書館の前身）が鶴舞公園の池の畔に創立されたとか。

官民ともに、明治十九年は話題の尽きない賑やかな年でした。警察組織も前記のように拡充されたのですが、県下における犯罪は、強盗三百四十四件で逮捕四十一名、窃盗二万五千五百七十一件で逮捕二千三百七十八名と、検挙率では芳しくない成績でした。商業の盛んな土地はどうしても犯罪が多く、今も昔も相変わ

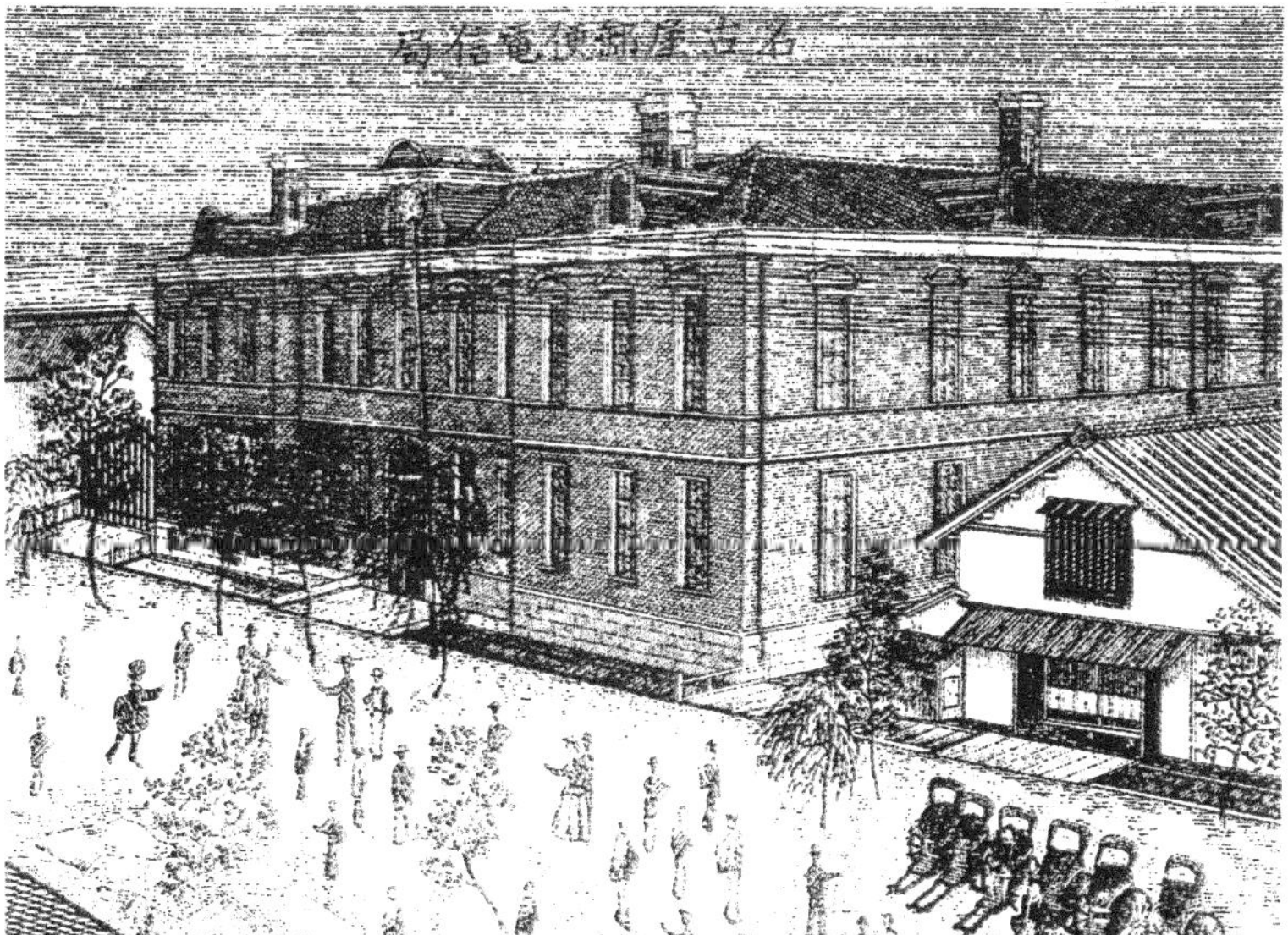

名古屋郵便電信局

らずのようです。

翌明治二十年二月二十一日、天皇皇后両陛下は京都より御還幸。竣工前の木曾川鉄橋の仮橋を渡御され、北方（旧丹羽郡北方村）から東海道線に御乗車、東本願寺名古屋別院に御宿泊。翌日、名古屋鎮台において観兵式が挙行されます。二十三日、武豊港にて陸海軍の連合演習を御統監になられたのち、軍艦で御帰京になられました。

この観兵式の際、花火を上げる時に失火して、鎮台の作事場に燃え移る騒ぎがありました。晴れの日にとんでもない失態と不始末ですが、関係者の責任が問われて辞職したとか、引責自殺したなどという話はありません。式後に東広見において打毬会が催され、天覧に供されたとの記事があります。天皇の御前だからといっても後の二十世紀前半とは違い、明治はおおらかでのびやかだった様子が窺われます。

明治二十年三月末、名古屋市内に近年稀な大火事があり、三百二十戸を焼失し、勝間田知事が被害地を視察しました。六月、名古屋の郵便と電信の両局が統合改称され、栄町への新築移転が計画されます。七月、新規に登場する乗合馬車の取締規則が公布され、同時に、人力車と宿屋の取締規則も公布されました。宿屋は旅人宿、下宿屋、木賃宿に区分され、前者は客室二十坪以上で、後二者は十五坪以上。木賃宿の営業は指定区域内に限定され、移転が命じられています。屋外の集会および列伍《れつご》運動は事前の届け出と許可制になりました。

また、熱田港は百トン以上または甲板の長さ百尺以上の汽船の出入りが、港湾汽船取締規則で禁止されます。熱田港は遠浅の地形の湾の奥に位置しており、外洋遠く航海する大型汽船は沖合に停泊して、小舟で運ばれてくる貨物を積み込むなど不便な状態で、貿易港としての機能はありませんでした。同じ頃、目抜きの栄町通りに、街路樹の柳が植えられ、田代町に名古屋測候所が開設されています。「気に入らぬ風もあろうに柳かな」で、風雨にも強い柳は銀座と各地の中心街だけでなく、夜の巷の歓楽街にもとなります。

同じくこの三月、愛知県小学校授業料規則が定められ、高等小学校は十銭から一円まで、尋常小学校は五銭から五十銭の範囲で、区長と郡長が定める額とされました。金銭で支払えない者は物品または労力で代えるとされています。同時に、愛知県小学校試験規則が定められ、一学年内に三回の試験を行い、その優劣で席次が定められます。さしずめ偏差値重視の教育の起源というところでしょう。

余談ですが、明治の初め、海軍兵学校の外国人教師による学業成績の判定で、後年提督になった生徒の多くが成績不良のため見込みなしとなりました。この試験成績重視が尊重されていたら、後に日露戦争で活躍した提督達も、その芽を摘まれていたわけです。明治の学校教育は試験成績本位の外国人教師の尺度どおりではありませんでした。

一般の学校でも偏差値本位とまではいかなかったようです。もっとも、自分たちが落第と判定した生徒たちが候補生に採用されるのを見て、憤慨して辞職した外国人教師もいたようで、当時の我が国の教育行政では外国人教師の試験出題と採点評価に対し半信半疑の状態にあったと思われます。

他方、この頃になって地方の官庁にも高官送迎用の馬車が設備され、知事と区長の巡視にも使用されるようになりました。明治の初め、新政府は東京の高官と官公庁の長に送迎用の馬車を早々と用意しています。大きな駕籠の使用を飛び越え、西欧の馬車の導入でした。戦功本位の抜擢で顕官の地位に就いた人士の中には、優越感から病みつきになり、用もないのにあちこちと乗り回し、大方の失笑を買う者が様々な回想の片隅に現れます。

外国との接点が少ない尾張名古屋では、国の体面を繕うために、まず馬車をという視点はなく、慶勝公のように乗馬で足りるとなりました。中央から来訪する高官の送迎用も兼ね、知事と名古屋市長にも専用馬車となりました。

県下の各種車両数は人力車八千五百九十六、乗合馬車百三十二、牛馬車百四十九、その他の車四万八千八十三と記録されています。米国から初めて自動車が輸入されたのですが、値段は二〜三百円と高価でした。

この秋、名古屋電灯株式会社の事務所が門前町阿弥陀寺内に設置されます。先年、移動式の発電機で電灯を披露した丹羽正道は電灯事業の調査と発電機を購入するため、青松葉事件の時に討っ手を務めた丹羽精五郎とともに渡米します。半年の旅費は三千円でした。

ほかに新規の事業として、セメント工場の前身となる会社、掛け時計製造工場の会社、新聞紙の共同印刷会社、肥料・海産物の合資会社が開業しています。西洋料理店英風軒が二軒目の店舗を開業。和楽器製造の鈴木政吉がヴァイオリンの製造工場に着手。農家の副業で夏帽子の原料、麦藁真田製造が熱田付近で盛況になったほか、前年の知多沿海漁業組合に続き、名古屋酒類醸造組合、七宝商工組合、麦藁真田組合等の業者組合がぞくぞくと発足しています。こうした組合の盛況は各分野の生産活動の安定した発展を示唆し、料理飲食等の業界を刺激する現象でした。

二、毛利新田の着手と名古屋区最後の年

名古屋が中心の話題ばかりの中で、この明治二十年、本店が赤間関《あかまがせき》（現下関）にあった第百十国立銀行（毛利家の金禄公債で設立）頭取の毛利祥久《よしひさ》（元長州藩家老）は、三河豊橋の南の遠浅の海岸を、技師を連れて視察しました。勝間田県知事は千町歩以上にわたる干潟の多い海面を干拓する新田開発の事業が、土木課の職員から有望だと聞いて、出身地の長州の知己に伝えたようです。同郷の知事がいるため、出願の手続きにも都合がよく、地元の牟呂《むろ》用水を延長させれば、新田の水利もできると判り、十二万円余の投資計画で干拓工事が進められることになります。

ところが、豊川の舟運の回漕《かいそう》業者から、牟呂用水を新田に利用させると水位が下がり、舟の運行が出来なくなるとの訴えがあり、勝間田知事は同郷の者に利益を図るものだと、新聞も記事にするなどして横槍が入ります。しかし、地元の郡長らの仲介で円満に解決し、毛利新田の干拓は進められました。

この頃の大きな用水路は、舟運の回漕業者が通船していました。先年、尾張東部の灌漑のため木曾川から庄内川まで導水できた木津用水路でも、愛知県は名古屋の堀川までつながる舟運について、明治十九年に業者に通船を許可しています。

明治二十一年は名古屋区の最後の年になります。十一月に十二年も在任した吉田禄在区長が依願退職しました。名古屋の作家岡戸武平氏は、城下町名古屋の発展に貢献した人物として、尾張藩の初代藩主徳川義直公、第七代藩主の宗春公に次いで、この吉田禄在区長を挙げています。名古屋の町作りに、それほど目覚ましい大活躍をした人だと言えるでしょう。

明治二十一年一月七日、勝間田知事主催の新年宴会が名古屋区役所で開催されましたが、珍しいことに海軍軍楽隊が演奏したとの記録があります。我が国に西洋の楽曲をもたらしたグループの一つですが、これも文明開化のデモンストレーションの一つではなかったかと思われます。

また、春先に、篤志家の寄付により西本願寺名古屋別院に開設された恵愛医院の開院式が名古屋鎮台司令官、知事、区長等を来賓として、陸軍一等軍医の土岐頼徳《よりのり》（岐阜出身、のち軍医総監＝中将、第二軍軍医部長）の主催で行われました。平和で腕試しの機会が少ない鎮台の軍医たちはこの施療病院で重症の患者を治療することで腕を磨いたようです。特に、外科担当の軍医の手術と処置は優秀だと、世間の評判になったと伝えられています。

これは当時我が国最高の医療集団として、陸軍が示したデモンストレーションの一つでした。いわゆる、縄張りにとらわれることなく、国民のために尽くす。明治の軍人と官僚たちのおおらかさが伝わる良い話だと思います。

昭和初期になると、東京築地の海軍軍医学校は隣接する東京市築地病院を付属病院として、医師免許を持つ普通科学生の実習教育に当たります。病院の施設は東京都が提供、医師は軍医学校の教官と学生、薬剤等の費用も海軍が負担。手遅れで重症の多い施療病院で、軍医たちは腕を磨きました。これは名古屋での施療病院の事例を拡大したものでした。

明治二十一年春、長州出身の勝間田知事は、東京向島の八百松に愛知県出身の学士たちを集め、愛知県の特質を述べて一同の奮起を促しました。知事が述べた愛知県の特質とは、内容が不明ですが、我が国の真ん中に位置する大県なのに、官界に入る人材が少ないとして発破をかけたのではないかと推察されます。

この頃、東京では尾張藩士の間島冬道（御歌所寄人）、中村修（後の初代名古屋市長）等が発起人となり、尾張出身者で学資の乏しい東京の書生たちに奨学資金を与えるため、有志の拠出金で愛育社を設立しました。社長には徳川義礼《よしあきら》侯爵、副社長に成瀬正肥《まさみつ》子爵が就任し、幕末の尾張・犬山両藩主の連携が再現します。この愛育社は「愛知学芸雑誌」を創刊、尾張各地と東京を結ぶ文化活動も開始します。

この明治二十一年春、市制町村制が施行され、これ以後、大字単位の町村の分合と改称が進められます。翌明治二十二年二月、名古屋区は市制施行地に内務大臣から指定されます。年末に辞任した吉田禄在名古屋区長の後任には元愛知県六等属で東春日井郡長の服部直衡《なおひら》が就任し、名古屋市誕生までの一年間を在任しました。市制発足後、服部区長は市参事会と市会の職務の取り扱いを命じられましたが、市会の成立後に中島郡長に転出しています。

この年の秋までに、東海道線は大府から東へ浜松まで開通。翌二十二年春、静岡・浜松間が開通し、新橋

（汐留）から神戸までの全線が、夏までに単線で開通することになります。この頃、名古屋市内に自転車が普及しはじめ、一台につき二十銭の自転車税が賦課されました。

庶民に標準時を知らせるため、名古屋鎮台では正午に号砲を打つようになりました。正午はその後長く「ドン」と呼ばれ、号砲は昼食と昼休みの合図になります。

この年の初夏、尾張藩における維新の功臣田宮如雲の碑が徳林寺の境内に建立されたとの記録があります。西洋文明を導入する慌ただしい文明開化の中で、幕末はどんどん遠ざかり、田宮やその政敵で処刑された人々を追憶する者も少なくなります。

特に、青松葉事件の陰の演出者と目される田宮については、理不尽なクーデターをとがめる人士も多く、その隠れた功績に気づく人士は総じて少なかったと思われます。そんな風潮の中で、田宮を敬慕する人々はその思いを碑に託して、後世に残すことに最後の執念を傾注しました。

名古屋区最後の職業別人口は官員三百六十一、兵員百二、教員百三十八、神官二十三、僧侶四百二十、医師百七十三、農業二千七十九、工業一万七千六百二十三、商業一万六千七百五十五、漁業七、相撲三、俳優二百五十四、芸人四百三、雑業三万三千五百二十六、無職五万七千六百六十五、芸妓二十八、娼妓四百六十六でした。

この頃から名古屋では、製造業が頭を出す兆しがあり、サービス業全体としては官公庁、寺社、学校から色気のある分野も含めて、相当の規模であったことが窺えます。もっとも、農商工の合計に雑業が匹敵する状況で、大都市化への移行を示唆する反面、半端仕事の稼ぎが多く、深刻な生活難だった時代を示しています。前記の兵員百二名は将校のみで、兵営内の軍人の数は公表されていませんが、師団の所在地では、軍隊に関する消費が地元の経済に大きな比重を占めていた面も見逃せません。

三、名古屋市の誕生と毛利新田の難航

明治二十二年二月、名古屋区が市制施行地に指定された直後、大日本帝国憲法が発布されました。その大赦により、幕末の青松葉事件で処刑された人々の罪科の消滅が言い渡されることになります。今更という感じですが、明治政府として幕末の事件に幕を引くためで、この言い渡しは先に名古屋藩知事の慶勝公による復権と違い、国としての行為として重みのあるものでした。三月、芳川顕正内務次官が熱田神宮の改造に関する調査で来名、元仮皇居内の賢所と神嘉殿の建物が皇室から熱田神宮に寄付されることになりました。

四月中旬、待望の静岡・浜松間が開通して、東海道線が新橋から神戸までつながりました。その直前に、有名な福沢諭吉が来名しています。県会議員と県の吏員は諭吉から西洋事情の講演を聞いたとの記録があります。官途に無縁の諭吉でしたが、相変わらず文明開化の伝道師として政官に対して存在感を示す記事です。

市制施行の前、九月中旬、愛知県下の沿岸は高潮を伴う風水害で、家屋一万三千八百五十戸を喪失し、死者八百七十五名の被害を出しました。家財や建物の大損害だけではなく、「蒼海死屍をもって埋め、港湾流財をもって満たす、古今未曽有の惨状」と県会臨時郡部会は決議案に記し、政府に借入金を申請しました。

天皇皇后両陛下から見舞いの御下賜金がありました。

尾張では熱田付近も高潮で被害を受けたのですが、三河湾では高潮による津波が起こり、大変な被害になりました。締め切り工事が終わったばかりの豊橋南の毛利新田では、堤防が跡形もなく破壊されます。事務所と土工数十名が流されて、ほとんどが行方不明になりました。それでも、干拓工事は再興され、翌年秋には植え付けが開始されるなど、災害をはね返して事業は強行されました。

他方、この頃、名古屋の第三師団では常備兵力が増加し、練兵場が手狭になりました。名古屋鎮台発足の時には、接収の対象外だった城廓外の尾張徳川家の所有地の御深井《おふけ》四十三町歩も、陸軍省は北練兵場として入手する必要にせまられます。

そこで、小牧山の二十町歩余の国有地が尾張徳川家に四千円弱で譲渡され、その土地代金と不等価交換の格好で、陸軍省は御深井の四十三町歩を取得しました。国からの支出を避ける賢い不等価交換で、尾張徳川家の国に対する忠誠を示す快挙でした。

この年、名古屋電灯会社は市内の百二十戸、灯数四百余に初めて電灯を付けました。東京の一万三千灯弱、大阪と京都の各九百灯、神戸の千灯にはいずれも及びませんが、新興都市名古屋としては、まあ遜色のない出だしでした。

明治二十二年十二月、名古屋市の初代市長に、元尾張藩の大参事を勤めたことがある中村修が就任します。明治維新の実現に功績があった諸藩の地元では、いまだその功労者が地元代表として担がれる時代でした。

中村を初代市長にという推薦には、慶勝公の遺志を引き継ぐ尾張徳川家の意向もあったようです。

ところが、就任の要請に訪れた地元の代表たちに向かい、中村は「青松葉事件で自分たちが家老の渡辺新左衛門等を斬ったことなど、郷里に対する功績ではない」と言い、就任を固辞しました。この断り話はのちに端折られて、初代の名古屋市長は渡辺新左衛門を手にかけ、斬首したとの誤伝まで生むことになります。

中村が関与した事績は青松葉事件のクーデターだけではありません。京都から離れられない田宮如雲に代わり、慶勝公を補佐して、官軍に味方する様々な部隊の動員、各任務に充てる幹部の人選、江戸までの道筋を官軍に味方させる勤王の勧誘、江戸の無血引き渡しを実現する様々な布石など、幅広い策略に関与しています。しかし、中村としては、多岐にわたる功績の数々よりも、その功績の基盤となった渡辺新左衛門等の処刑だけが痛恨事として意識され、手柄顔をする気分ではなかったはずです。

旧藩主筋からの推薦を断り続けることは、慶勝公の功績を否定することにもなりかねません。結局、中村修は就任することになりますが、同じ元藩士でも、吉田禄在名古屋区長のような人物の功績に比べれば、旧藩時代の昔の維新の功績などと言われても、ピンと来なかったのではないかと思われます。

また、維新後に藩の大参事を勤めた閲歴があると言っても、地方議会がない頃の藩政の話であり、古い武士タイプの中村は自らミスキャ

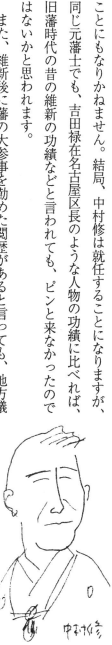

ストだと思ったに違いありません。就任わずか八ヶ月余で、明治二十三年九月、中村は辞任しました。維新後の元尾張藩の執政で、先に尾張徳川家の義礼公に随行して一年間、欧米を視察してきた志水忠平が二代目の市長に就任しています。

「徳余って、才足らず」と中村を評した向きもあります。しかし、「才余って、徳足りず」の人物が要路に増え続けたその後の世相から見れば、初代名古屋市長中村修のモラルと出処進退は、藩主の慶勝公譲りの爽やかなものであったと、つくづく痛感されるところです。

明治二十二年、名古屋市の戸数は四万数千、人口は約十五万、面積は約千三百七十三町、東西一里九丁(約五キロ)、南北一里十四丁(六キロ弱)。栄町交差点西南の市役所の開庁は、翌明治二十三年春で、議事堂を含み約七百坪。庶務、戸籍、学校、衛生、土木、地理、税務、収入の七課で、市参事会と議会事務局に相当する議事課も設置されています。この議事課は、他課との折れ合いが悪く、殴り合いの騒ぎの挙げ句、秋にはストライキまで起こしました。市参事会は諭旨《ゆし》に応じない吏員は解職すると決議して、手に負えない者の追放を図っています。

四、我が国初の陸海軍聯合大演習と帝国議会の開会

さて、明治二十三年の春、前年初夏に制定された陸海軍聯合大演習条例により、陸軍一個師団以上と海軍一鎮守府以上を動員して、我が国で初めての陸海軍聯合大演習が名古屋と愛知県武豊港付近において行われ

ました。この陸海軍聯合大演習を御統監なさるため、三月二十八日、天皇は夕刻名古屋に御到着。東本願寺名古屋別院に御宿泊になり、翌二十九日は県下の半田町小栗富次郎方に御宿泊されています。

大演習終了後の四月三日、第三師団長黒川通軌《みちのり》中将以下の部隊が、名古屋城において天皇の御前で大観兵式を行います。その夜、東本願寺名古屋別院で盛大な夜会が開かれ、翌日は京都に向けてお発ちになられました。草創期の我が国の陸海軍史において、愛知県で初の陸海合同の演習が行われたことは、特筆される出来事でした。格別尚武の気風は強くないのに、軍人（士族）に対する親近感がある土地柄を反映したものでしょうか。

余談ですが、公卿の頂点に立たれる天皇家は、古来武装して軍隊を親率されるしきたりは少なく、皇族で武人になられた方も数えるほどでした。富国強兵政策のため軍服姿で閲兵される天皇のお姿に、天皇家と国の前途を危惧した高位の女官がいたとの話もあります。

他方、この明治二十三年七月、初めての衆議院議員の選挙が行われ、愛知県第一区の名古屋市から、前名古屋市議会議長の堀部勝四郎が当選しました。愛知県下の三河地区の選挙区では、なんと愛知県からの分離独立を主張する候補者二名が当選しています。分離独立を求めた理由は、何かにつけ尾張の後塵を拝するのが我慢できないとし、県立中学一つないという状態を挙げていました。分県論は三河地区の大勢ではなく、県立中学校も順次開設され、やがて消滅しました。

初の帝国議会は十一月二十八日開院式が行われ、その祝賀のため諸官庁は三日間休みになります。名古屋でも二十九日祝賀会が県会議事堂で開かれ、街では花笠行列や様々な出し物で、盛況を極めたと言います。

しかし、初の帝国議会の開会を前にして、政府に反抗する関西二十二州の有志懇親会が夏の終わりに名古屋で開かれ、内閣に対して辞職勧告の決議を行っています。諸新聞の中にはこの記事を掲載して、処罰された者が多かったと言います。初代の名古屋市長中村修が辞職する前後のことで、こうした出来事を見ても、幕末と維新は遠くなったと痛感させられる風潮でした。

この年の秋、豊田佐吉が木製の人力織機を発明し、暮れには私鉄の関西鉄道の名古屋・四日市間が開通しています。様々な業種で新会社の設立が続く中で、名古屋株式取引所は業績不振のため解散となりました。

しかし、年末に名古屋商業会議所が設立を認可され、翌年夏、初代会頭に衆議院議員の堀部勝四郎が就任しています。変わったところでは、北海道の入植事業を支援していた尾張徳川家がこの明治二十三年、北海道炭鉱鉄道会社の設立発起人になっています。

五、濃尾地震で尾張名古屋は空前の大被害

名古屋市市役所の開庁式が開かれる前、明治二十三年一月、柔らかい人付き合いで名古屋の文明開化を促進した勝間田知事は、愛媛県知事の白根専一と相互に入れ代わりで転任。白根知事は在任四ヶ月余で内務次官に転出し、石川県知事の岩村高俊（石川県出身）が後任になります。なお、知事の交代と前後し、前年の市制町村制に続き、府県制郡制が施行され、地方の制度が整えられました。

明治二十四年初頭、二代目の名古屋市長志水忠平は全吏員を集めて、施政方針を発表します。黙って従えというのではなく、事前の説明を重視した点で一歩進んだ態度ですが、旧藩主慶勝公の藩政運営の故事に倣った姿勢なのかもしれません。こうした志水市長の態度は吏員だけでなく市民の間にも好感が持たれたようで、二年後に辞任が噂された時、留任を求める運動が起きています。志水市長も前任の中村と同じく、もう尾張藩士の出番ではないと考えていたようで、明治二十七年一月初頭、周囲に相談することなく突然辞表を提出して、間もなく退任することになります。

しかし、二代目の志水市長の辞任を促したのは、この明治二十四年十月二十八日に起きた濃尾大地震による被害対策の疲れが、その根底にあったように思われてなりません。安政の大地震から三十六年、明治維新後初の大震災で、志水市長は様々な課題で悩み、意気を阻喪したと思われます。

子供の頃、正月の歌に「年の初めの例《ためし》とて、終わりなき世の目出度さを、門松立てて門ごとに、祝う今日こそ楽しけれ」という歌詞がありました。それを途中から、「尾張名古屋の大地震、門松でんぐりかえして門ごとに、芋を食うこそ楽しけれ」と、ふざける替え歌がありました。親たちは正月早々縁起でもないと顔をしかめましたが、「終わり」を「尾張」に引っ掛けたところから、とんでもなく脱線するのが面白く、悪童たちがよく歌ったことを思い出します。

明治二十五年一月三日、名古屋では再び強烈な地震があり、余震が千回も続いたというのですから、戯れ歌の話だけではなかったようです。それにしても、昭和の初期まで、名古屋以外の土地の人々の記憶と戯れ歌に残るほど、濃尾大震災と翌年初の強震はショッキングな出来事だったわけです。

本震は午前六時四十分頃、比較的緩慢な微震に続き、ごうごうという鳴動とともに激震となりました。震災は広く各地に及び、中でも愛知・岐阜両県下は大きな被害を受けます。全壊家屋十四万二千余戸、死者七千二百名余。愛知県では、全壊家屋三万四千余戸、半壊二万五千余戸、死者二千三百余名、重軽傷者はその倍という被害でした。そのほか、至るところで道路の亀裂、橋の損壊、河川の氾濫、地下水の噴出があり、惨憺たる状態になりました。

第三師団長の桂太郎陸軍中将（山口、のち大将、首相）が指揮する第五旅団司令部、歩兵第六聯隊、歩兵第十九聯隊、騎兵、工兵等その他の特科部隊は、直ちに被災者の救護活動に出動しました。名古屋医師会と愛知病院は負傷者の救護に大活躍し、天皇は侍医三名を直ちに応援に派遣されました。

余震はその日だけでも二十一回。翌明治二十五年一月、強烈な余震に見舞われるまで、千回以上に及びました。被災の当日、濃尾地方の東海道線は名古屋・岐阜間が不通になりましたが、濃尾地方の被災者に対する救援物資の輸送を無料とすることが即決されています。我が国で最初の措置で、以後の先例になりました。また、郵便物の熱田・四日市間の輸送は、直ちに汽船会社に運送が委託されています。

震災の翌日、天皇皇后両陛下から愛知県に御下賜金がありました。上京中の岩村知事は急きょ帰庁、臨時諮問会を議事堂前の仮小屋で開き、罹災者の救護対策を協議しています。諸物価の値上りを押さえるため、名古屋警察署は臨時に人力車の賃金を定めて、物価統制の一策としたほか、夜警とか防犯と防火対策の強化に当たります。

被災から四日目、松方正義首相が名古屋に駆け付けます。首相は元名古屋区長の吉田禄在邸に宿泊。愛知県会議長の内藤魯一等は両陛下からの度重なる御下賜金などに感謝して、首相に挨拶しました。短い滞在でしたが、財政家として著名な松方首相が来名し、震災の状況を視察したことは、広範な被災地を国家全体で救済支援する態勢が採られ、罹災民救済の災害復旧に必要な財政措置を即決したわけで、被災地にとってこの上もなく心強いものでした。

尾張一円にわたる被災地の視察に、天皇が派遣された北条侍従は一週間を費やしています。東京帝国大学の雇い教師ドイツ人バルトンと、佐藤、岡田の両教授ほかが、震災の調査に来名しています。国から罹災民救済に支出された額は、翌年早々までに四十五万円余に達しています。

冬を前にして、倒壊家屋が多かったため、材木と大工の工賃が急騰しました。皇室は御料林の材木を払い下げることを、知事を通じて市郡の役所に示達しています。寒さを凌ぐ罹災者の救済は急ピッチで進められ、不通だった東海道線の愛知県下の部分は十二月二十日に開通しています。

話の順序が逆になりますが、震災前の明治二十四年の春先、地元の真宗三派から、県立愛知病院と医学校の払い下げを求める請願書が知事に提出され、大問題になりました。三月中旬、名古屋市内の全開業医が集まって反対を決議し、知事と県会議長に陳情します。この反対運動で、病院と医学校の払い下げは立ち消えになりました。

この反対運動を契機に、名古屋市医会と愛知県連合医会が誕生しています。この組織は二ヶ月ほどのちの濃尾大震災の救誰活動に、早速その力を発揮しました。もっとも、名古屋の医師団体とその連合会が生まれたのは明治十八年夏のことで、吉田禄在名古屋区長の尽力の結果だと言われます。

この頃までに、衛生取締規則が出来て各町内に衛生委員を選ばせたとか。私立の病院が出来たり、愛知病院では看護人を男性から婦人に代えたとか。薬学専門学校が発足したりして、漢方医から西洋医学への転換だけでなく、洋式の医療の分野でも大きな変化が生じており、吉田禄在区長は開業医の連帯と協同を図ったようです。

それにしても、男の看護人を全部首にして、婦人と入れ替えたという話はいささか乱暴で、その動機がよく分かりません。看護婦という名称が生まれたのは、のちに明治二十七年夏、愛知病院の中に産婆養成所・看護婦養成所が付設された頃なのかもしれません。以後、男の職業としての看護人は、陸海軍部隊の看護科の兵員と精神病院の職員の一部に限られることになります。

余談ですが、名古屋の医療部門での最初の組合は入歯師組合でした。明治初年の頃から、名古屋には優れた技術の入歯師（口中医と呼ばれていた）がおり、とても繁盛していたようで、同業者の間で早くから組合が出来ていたと言います。後進を養成する愛知歯科医学校が当時の名古屋停車場付近に設立され、名古屋市歯科医会が創立されたのは明治二十七年、日清戦争の頃になります。

また、この明治二十四年の夏、濃尾大震災の前に、愛知活版職工組合が結成され、事務所を鶴重町に置いたと記録されています。名古屋で初めての労働組合でした。

翌明治二十五年初頭、震災の復旧対策の最中に、県知事が交代、前知事は非職となります。和歌山県知事から着任した後任の千田貞暁《さだあき》知事は、選挙干渉のような言辞を吐いて注目されます
二月下旬、第二回の衆議院議員の選挙があり、各地で選挙干渉に関する騒動が起きます。千田知事は在任半年で転出。先に知事を勤めたことがある安場福岡県知事が再び発令されましたが、赴任しなかったため非職となり、静岡県知事の時任為基《ときとうためもと》が後任に発令されました。この年は震災の復旧が着々と進む中で、野党に対する政府による選挙干渉の活動が目立った一年でした。

また、二月初め、第三師団長桂太郎中将の指揮下にあった歩兵第五旅団長乃木希典少将が休職となっています。乃木少将が二度目の名古屋勤務に発令されたのは明治二十三年夏のことでしたが、翌年初夏に師団長桂中将が上司として着任しました。

のちに政治家として成功する万事要領のよい桂師団長と、謹厳で剛直な将官に変身していた乃木旅団長とはことごとく反りが合わず、互いに反発の末の発令だったようです。もっとも、年末に乃木少将は歩兵第一旅団長に発令され、日清戦争には旅団とともに出征することになります。

六、独学の渡辺錠太郎青年、念願の陸軍士官学校に入学

明治二十四年秋、濃尾大震災の時、小牧の実家に戻っていた十七歳の渡辺錠太郎少年は、まず近くの西林寺に駆け付けました。住職や知己たちは、真っ先に見舞いに訪れた錠太郎に、心強く思ったと回顧しています。寺の人たちの無事を確認した錠太郎は、それから岩倉の養親のところに急行しました。岩倉ではほとんどの家屋が倒壊しており、錠太郎は溝に落ちていた伯父を助け出し、当座の仮住まい作りに懸命になります。

こうした働きに、義理の伯母も気持ちが解けたらしく、錠太郎少年は正式に渡辺家に入籍することになったようだと伝えられます。しかし、見方を変えれば、男気《おとこぎ》がある錠太郎少年は叔父夫婦が豊かな時は養子の入籍をためらい、震災で家屋を失い伯父夫婦が苦境に立った時に、初めて養子になって助けようと思ったのではないでしょうか。入籍したといっても、小牧の実家と岩倉とを頻繁に往復する生活は相変わらずで、小牧の西林寺の住職以下のグループや岩倉の親友山川氏と付き合い、引き続き独学の読書に余念がなかったようです。

特に、山川氏の蔵書の中の頼山陽の「日本外史」は、表紙がよれよれになるほど読み込まれていたと言います。その頃の農家は、足踏みの米つきをしていた時代でした。錠太郎少年は音読に適した美文調の「日本外史」を片手に、単調な作業を退屈することなく読み続けたと言います。

尾張西部の幕末の犬山藩の領地には頼山陽の門弟がいて、明治になっても子弟の教育に従事し、その影響が大きい土地柄でした。山川氏の蔵書を通じて、頼山陽の「日本外史」がのちの陸軍大将渡辺錠太郎を育て

る糧になったとは、歴史の因縁というか奇縁というか。美文調の書物が訴える不思議な影響力を感じます。

渡辺錠太郎が陸軍士官学校を志した動機として、二人の軍人の話が伝えられています。一人は小牧西林寺の住職の実弟大澤月峯陸軍少尉（歩兵、愛知出身、士候二期）で、明治二十六年頃、軍服姿で西林寺を訪れた姿を見て、錠太郎の陸軍士官学校への憧れは熱望に変わったようです。大澤少尉はのちに陸軍大学（第十五期）を卒業、島根県浜田の歩兵第二十一聯隊長を四年余も勤め、予備後に発令される際に功績で陸軍少将に進級しています。

もう一人の軍人は小牧の生家の向かいの家の次男、鈴木彦三郎（砲兵、愛知県出身、士候七期）で、休暇で帰宅した時に、錠太郎は陸軍士官学校への入学について尋ねたようです。中学卒業後、受験勉強に一年もかけた鈴木彦三郎は、小学校四年だけの独学で受験とは無理だと諭したのですが、錠太郎はかえって発奮したとのことです。

鈴木彦三郎はのちに、野砲兵第二十聯隊長、近衛野砲兵聯隊長を勤め、少将に進級して、対馬要塞司令官で軍歴を終わっています。それからまもなく、錠太郎は陸軍士官学校に入校したのですから、鈴木彦三郎がいまだ見習士官になる前で、聯隊付の士官候補生だった頃の話だと思われます。

さて、明治二十六年初夏、錠太郎の養母が死去して、ようやく老境に入った養父は独りになります。翌年は日清戦争で、名古屋の第三師団も出征する頃のことです。錠太郎が抱いていた陸軍士官学校への進学の志など、養父にはとても理解できる心境でなかったようでした。何とも時期が悪かったと言うか、徴兵適齢期を迎える錠太郎は、どのみち間もなく軍隊に入ることになります。それならば、自分の学識を生かして陸軍士官学校の士官候補生として、地元の聯隊に行きたいと考え、錠太郎は遮二無二受験を目指したわけです。

錠太郎は陸軍士官学校への願書に添える戸籍謄本の交付を、岩倉町の役場に請求します。謄本の使用目的を聞いた吏員は、小学校四年だけの学歴で陸軍士官学校を受験すると聞いて、驚きあきれました。そんな大それた話はとなり、町長まで出て来て、受験を断念するようにとのお説教になります。それでも、中学卒業と同等の学力があれば、受験できるはずだと錠太郎は粘りました。町役場も県庁も、いずれも願書を受け付けて経由をする立場で、錠太郎の受験の願書など、恥ずかしくて陸軍当局に出せないという騒ぎになります。

ここで、小牧の西林寺での輪読会のグループの福田氏等が立ち上がります。町役場も県庁も駄目なら、東京の陸軍当局に掛け合えばよいとなり、福田氏等二人が上京。参謀本部の某少佐から、中学卒業と同等の学力があれば、受験できるとする一札を書いてもらい、それを添付して、問題の願書は無事に県庁を経由して陸軍当局に提出されました。

受験の当日、制服姿の中学卒業生たちの間で、粗末な着物姿の錠太郎青年の姿は、異様な存在だったようです。この学歴のない青年が、第三師団管区でトップの成績となり、陸軍士官学校に合格するとは、岩倉町の町長以下、思いもよらないことだったと思います。小牧の友人たちは雀躍《じゃくやく》するほど喜んだようですが、岩倉町の町長以下は面子を潰されたような格好になりました。陸軍士官学校に合格したということは、徴兵された期間だけ御奉公するのとは違い、一生を職業軍人として過ごすことですから、男やもめの養父を残して、家の後継ぎもしないという錠太郎の志は大変な親不孝として非難されることになります。

本来ならば、このようなチャンピオンを出した町は、地元の名誉として、盛大に祝って送り出すのが通例だというのに、岩倉町の町長以下は冷淡な態度になります。親友の山川兄弟は、岩倉町の町長以下を説得して祝賀会を開いたのですが、肝心の錠太郎は出席しませんでした。

入営の当日、錠太郎は養父宅に帰宅して、養父と友人等に隣の西春村の境まで見送られます。山川弥三郎は郡境まで見送り出来なかったことについて、「沿道冷淡至極、諸々内情ありて」と記し、また、「町民の名誉なるも、人は人の光栄を妬《ねた》む故に」と後日、錠太郎宛の手紙に記しています。

こういう気風を見るにつけ、尾張は猪突猛進型の西国諸藩と違い、明治初期にはある意味でかなり都会化が進んでおり、錠太郎の受験の成功をストレートに喜べなかったようです。

当時は、いきなり士官学校に入校というのではなく、まず士官候補生として数ヶ月を地元の歩兵聯隊附として勤務してからとなっていました。正規の聯隊は日清戦争で出征中だったので、錠太郎は歩兵第十九聯隊（後年に敦賀に移転）補充隊に入営することになります。

七、毛利新田の挫折と尾張藩士たちの挽歌

さて、濃尾大震災の翌年、明治二十五年九月四日、暴風雨のため愛知県下では、家屋と建物約三千余が倒壊または半壊しました。とりわけ三河の海岸部の被害は甚大で、豊橋南の毛利新田は堤が決壊し、収穫前の

田はもとの海面に戻りました。何回も堤防を修復して、四十一万円余も投入し、すでに百戸余が入植、五百町歩余も植え付けをしたというのに、元の木阿弥です。毛利祥久は事業を断念して引退、毛利新田は売りに出されました。

この話を聞いて名古屋の神野金之助は値段次第でこれを買い取り、この事業を完成させたいと考えます。神野は問題は築堤の出来次第だと考えました。そこで、三河新川の服部長七を伴って、神野は毛利新田を下見しました。服部長七はセメントがなかった時代に、石灰と花崗岩を混ぜた人造石を開発し、県下高浜の新田や、宇品の防波堤、生野銀山の貯水池の堤防等の施工に成功しています。自分が開発した長七たたきと呼ばれた人造石を使えば、波にさらわれることはないと、長七は太鼓判を押します。

当時、セメント工場はすでに操業しており、濃尾震災においてセメントを使用した施設の被害が少なかったことから、その効用は注目されていましたが、水中での基盤工事に向く強度はありませんでした。この長七たたきは、同じくその明治二十七年暮れに決議される熱田＝名古屋築港の建設工事でも、のちに防波堤の築造に大活躍することになります。

満潮時には舟が通る毛利新田を見て、神野金之助の父金平は、手付け保証金をフイにしても、断念した方が得策ではないかとまで思い直したようですが、服部長七と金之助の説得で新田の事業を推進します。明治二十六年秋までに、一日数千人の人夫を動員して、築堤と締め切りの工事は完成。樋門と護岸の工事に続き、新田の整地も進められ、三年後には千町歩余の美田となりました。神野家の投資は約七十万円。のちに約二百戸が入植、一万石以上の収穫を見る大事業になりました。

長州出身の品川弥二郎内相は後に、神野親子を顕彰する碑文を書くのですが、「我が国始まって以来の一大事業と言っても、言い過ぎではない」と、その偉業を讃えています。国家の干拓事業ならばまだしも、一私人の事業としては、まさに仰天するような執念の大事業で、それを支えた当時の地元技術者の力も実に偉大なものです。

続いて翌明治二十六年は年初から暴風雨で、庄内川の堤防が十九ヶ所も決壊、家屋千戸が倒壊流失、約一万四千戸が浸水するなど、冬の大水害が起きます。二月初め、名古屋で積雪約四十センチの大雪もありました。

この年の初夏に、名古屋城本丸が陸軍省から宮内省に移管となり、名称を名古屋離宮と告示されました。この夏、名古屋商業会議所は電話の増設を申請するため、約六百戸に加入を勧誘しました。他方、名古屋の電灯数は二千六百灯余になり、秋には金沢の劇場からの注文で、技術者を十ヶ月間派遣して、電灯を点灯。多大の賞讃を受けたと言います。

秋には小学校の教育費の国庫補助を主張する国家教育社が第三回全国大会を東本願寺別院で開きました。時任知事は県下の小学校教員の出席を禁止したのですが、会場は立錐《りっすい》の余地もないほど満員の盛況だったと伝えられます。

同じ明治二十六年秋、二代目の名古屋市長志水忠平は濃尾震災に関する吏員の公金費消の問題で、名古屋市議会において辞職勧告を受けました。志水市長はこれ以後、登庁しなくなり、辞職が噂されるようになります。これに対して、市会と市民の一部は留任運動を始めました。三ヶ月余ののち、慰留に成功したと見たのか、市会の有志は祝賀会を開き、四ヶ月の引き籠もりののち、志水市長は登庁するようになります。

しかし、二ヶ月も経たない翌明治二十七年初めに、志水市長は突然辞表を提出し、一ヶ月後に愛知県書記官柳本直太郎（元福井藩士）が三代目の名古屋市長に就任します。志水市長は濃尾震災の応急対策に奔走した疲れのほか、尾張徳川家の当主義礼をめぐる紛争に巻き込まれ、気落ちしていたようです。後継ぎの義宜公に先立たれて、尾張徳川家の家督を再度相続した慶勝公は高松の松平家から継嗣として義礼を迎え、家督を譲りました。ところが、その後に出生した慶勝公の実子義恕《よしくみ》を、慶勝公の後継ぎに擁立する動きもあって、義礼公は震災の前から東京を去り、名古屋に来ていたのですが、尾張徳川家の地位を去る意向もあったようで、家令の中村修等以下の諫めも聞かず、気持ちも荒れていたようです。

当時、旧尾張藩内の士族は、維新後に加えられた卒家（兵卒）の者約五千を合わせて、約一万弱と言われたのですが、尾張徳川家の当主の排斥や擁立に走る者は、どちらも数十名から二百名程度のことで、大方はまとまりもなかったようです。この尾張徳川家の紛糾は新聞種になり、当主周辺の人物に非難が集中する有様でした。かつて一年にわたる外遊に随行した志水市長に対する辞職勧告にも、こうした世評が絡んでのことなのか、いずれにしても志水市長としては、世間から引退の潮時と考えたようです。

この紛糾の解決には、徳川宗家の当主家達《いえさと》公以下縁者の当主たちも乗り出し、結局は義礼公の現状維持と家令の交代で落着しました。けれども、肝心の尾張徳川家の当主が、こうした紛糾の渦の中にいたのでは、地元に対する影響力どころではありません。志水市長の引退を機に、名古屋市長の後継者の人選等、地元政界に関する尾張徳川家の意向などは、その力を大きく失ったことは否定できません。

尾張徳川家の当主はこの夏、東京から名古屋に貫属《かんぞく》（原籍）を移し、以後は名古屋に居住されることになります。その挨拶代わりとして、向こう五年間、名古屋市基本財産に一万円が寄付されることになります。

ともあれ、明治も半ばを過ぎて、軍隊と府県の幹部の人事を中心に、幅広い全国的な人事交流があり、尾張藩の旧士族という出身の利点は、衆議院議員と地方議会の議員選挙等を除き、急速に色あせて行く時代になってきたようです。遠く北海道の八雲に移住して開墾に当たった藩士の一団を除いて、旧尾張藩士が結束して行動する場面は、その姿を消してゆくことになります。

時代の大きな変わり目では、それが当然なのです。新しい舞台になったら、それまでの主役たちはさっさと退く。この明治の時代の老人たちの恬淡とした出処進退は実に見事です。幕末から明治維新、幻に終わった昭和維新から太平洋戦争の敗戦と、二つの危機に続き、我が国は今、第三の危機にあると言われます。過去の二つの危機が、なんとか乗り越えられた原因の一つに、危機を招いたそれまでの世代の老人たちがいずれも急速に次のステージから降り、覇気のある若手に後事を託したことが挙げられます。

今三度目の危機に当面して、覇気のある若手が極めて少ないと言われます。しかし、だからと言って、それをいいことにして、社会の各界の上層にある老人たちが、いつまでも居座る姿は感心できません。こうした老人に頼る風潮は、慶勝公が嫌った自主性に乏しいごますり組が次のステージに居座る公算が大きく、次の有能な世代を育てることが難しくなります。それこそが現在当面する危機の実態ではないかと思います。

この年、直税百円以上の納税者は、名古屋市が四十四名、愛知郡九十名、東春日井郡五十五名、西春日井郡四十六名と、周辺郡部の方が多く、豪商よりも大地主の豪農の方が頭数では上だったようです。名古屋の商工業はいまだ発展途上で、地域全体としては農業主体の経済社会でした。賃金の水準は、最高が大工と製薬の一日四十五銭、活版植字職の一日四十銭、洋服仕立の一日三十五銭など、職人が上位を占めます。農作業では、養蚕が一日二十銭でしたが、日雇いが一日十八銭のほか、年雇いの作男が一月一円五十銭、下男が一月一円と、一日に直すと数銭程度で、一般に低いものでした。女性はこれら男子の賃金の五～六割程度でした。

このほか、明治二十六年の珍しい記事としては、初秋に名古屋停車場内に初めて公衆電話が設置されたこと、真夏にオーストリアの皇子が外国の皇族として初めて来名されご宿泊とあります。

第六章　日清戦争とその後の名古屋

一、戦争への道―対露軍備から対清軍備へ

明治二十四年は維新後最大の濃尾大震災のほかに、アジア各国を歴訪中のロシアの皇太子ニコライが五月に滋賀県大津で沿道警備の巡査に襲われ負傷される事件が起き、政府にとっては災難が重なります。皇太子はのちの皇帝ニコライ二世で、ロシア革命で家族一同とともに銃殺される悲運に遭うのですが、この時、もしもロシア皇太子が殺害されていたらと思うと、慄然とする出来事でした。

日本政府は事件に驚き慌て、犯人の巡査を死刑にするようにと、松方首相以下が裁判に圧力をかけました。ロシアの公使は無期徒刑という打診に不満を表明します。大審院長児島惟謙《これかた》は政治と世論の圧力に屈することなく、謀殺未遂として無期徒刑としました。外からの圧力をはね除け、司法の独立を守った見事な行動で、児島は歴史に名を残しました。

しかし、事件が落着したのは、ロシアの皇太子と政府が先進文明国の度量で、日本政府の陳謝を受け容れ、それ以上の問題に発展させなかったためです。でなければ、司法権の独立は守れても、国の危機を招くような事態もあったわけで、「法が守れても国が滅びる」と児島に迫った首相等の懸念は、実に深刻なものでした。

その頃までに、日本の陸軍は対露軍備を対清向けに転換して、要塞砲台等の強化を図るとともに外征部隊の兵力の整備に入ることになります。他方、不平等条約の改正に取り組んでいた日本政府は、英国が対露仏の国際関係の要であったので、英国との折衝を強めていました。そこへ、英国と清国との間で同盟が成立す

るという観測まで加わったので、陸奥外相は英国に対する懸念から対清政策は極力穏便を旨とし、清国に戦いを挑むことに反対でした。それでも、維新の動乱期を果敢にくぐり抜けてきた山県をはじめとする陸軍参謀本部の幹部たちは諸般の形勢から、清国との武力衝突は早晩避けられないとの主戦論に立ち、戦争の準備に入っていました。

そうした空気を背景にして、この頃、東シベリヤから朝鮮国境方面などの探検が組織的な情報活動というよりも、個人的な冒険旅行の格好で、陸海軍の将校によって行われています。まず、明治二十四年暮れ、人事の交代期に当たり、帰国を命じられた独駐在武官の福島安正陸軍少佐（長野、のち大将、参謀次長）は、ベルリンからシベリヤを経て、単騎で大陸横断の旅行をしました。初代の独駐在武官だった第三師団長桂太郎中将は、後に明治二十六年六月二十七日、帰国した福島少佐を迎えて、名古屋の秋琴楼において盛大な歓迎会を主催しています。

また、尾張出身の八代六郎海軍大尉（のち大将、海相）は、明治二十五年九月末、ウラジオストックから冬の東シベリアを旅行し、白頭山麓から韓国国境を越えて、翌明治二十六年四月四日、京城に帰着しています。八代大尉は酷寒僻遠の地の旅で、到る所に馬車の便があり、頑丈な馬が重い荷を運ぶのに驚嘆し、そんな街道筋の寂しい町にまで、多数の日本人の娼妓がいたのに驚き、慨嘆しています。明治二十六年春、陸軍参謀本部次長川上操六陸軍中将も、対清国との戦争に備えて、自ら清国と韓国の視察に出掛けています。

我が国の対清政策は戦争回避を願う外交面の政策と、武力衝突が不可避だとする軍部の戦備の強化という二本建てで、推移する格好になりました。

これより数年前の明治二十一年五月、陸軍は鎮台を師団に改編し、出征して戦闘に当たる諸兵連合の戦略単位として、師団の強化に当たったほか、明治二十三年に要塞砲兵を新設し逐次、各要塞に配置して、外敵からの侵攻に備えることになりました。翌二十四年秋、陸軍は要塞の配置先として、芸予と鳴門の両海峡、広島湾、佐世保、舞鶴、長崎、函館、室蘭、七尾、敦賀、鳥羽、和歌浦、小樽、女川、清水、宇和島、鹿児島を加え、その防備に取り組むことになります。こうした要塞の強化策を見ても、海軍の軍艦の増強が遅れて外征に自信がなく、侵攻を受けた場合の防御面の心配が、極めて大きかったことがうかがわれます。

結果として、海軍の軍艦の不足も解消されませんでしたし、それを補うはずの陸軍の沿海要地の砲台も大方は整備が遅れた状態で、日清戦争は始まることになります。清国の北洋艦隊との戦闘に自信がなかった海軍は、韓国への出兵については、陸軍に追従する格好でした。陸軍は陸戦についてかなりの自信を持っていたようですが、海軍が清国の北洋艦隊に敗れたならば、戦争の勝敗は予断を許さないと、陸奥外相等は考えていたようです。

明治二十七年六月、韓国が清国に出兵を要請したのに対応して、陸軍が混成旅団を仁川に送ったのちも、政府は極力外交交渉を続けるとともに、未完成の要塞については、東京湾、下関、対馬を強化し、佐世保、長崎、呉、大阪に臨時の防御施設を考えるなど、慎重に対応しています。

二、清国に宣戦布告、日清戦争が勃発

明治二十六年（一八九三）初夏、海軍軍令部が独立し、戦時大本営条例が制定されました。陸軍参謀総長と新設の海軍軍令部長との間の戦時と平時における関係については、以後、海軍部内において陸軍からの提案が検討されることになりました。

一年後に、ようやく海軍側の意見が出された時、朝鮮の動乱が激化し、清国が条約に反して出兵したため、日本も出兵する騒ぎになります。参謀本部は前例にならい特別総督を任命して、戦場における陸海軍の統合指揮を考えましたが、陸軍中将の海軍大臣西郷従道と海軍省主事の山本権兵衛海軍大佐は、戦時大本営を設置することにより、最高統帥部による陸海軍の統合指揮を希望しました。

朝鮮動乱の起こりは、明治二十七年（一八九四）春、韓国に儒教、仏教、道教を折衷した新興宗教の東学党が攘夷を唱えて蜂起したことから始まりました。折しも我が国では、先に議会が解散されたため、第三回の総選挙が行われた頃で、在野の政治家は選挙干渉に抵抗して激しい政府批判に明け暮れ、隣国の韓国における動乱や清国の脅威どころではありません。政府から選挙干渉の指令をうけた愛知県知事は訓令を発し、小学校教員と神官が選挙で野党の候補者を支持しないようにと命令しています。

清国の代表として京城に来ていた袁世凱《えんせいがい》（のち中華民国初代大総統）は、日本国内の政争の激しさを知り、これでは天津条約など無視して清国兵を韓国に派遣しても、日本から武力による介入はないと考えました。更に、清国の艦隊と陸軍の兵力が、日本の陸海軍の戦力よりも優っており、ロシアとイギリスの両国も日本

が韓国に介入することに反対するものと予測しました。

五月末に、清国が精鋭三千名を朝鮮に派遣し、北洋艦隊も出動するという情報が入ります。六月三日、政府は混成一個旅団と軍艦を朝鮮に派遣することを決定しました。六月五日、大本営が参謀本部内に設置されます。六月十三日、日本の先遣部隊は京城に入り、清国も京城南方の牙山《アサン》に部隊を上陸させました。政府は派遣した混成旅団の主力を仁川に留め、極力外交交渉を続けたのですが、日本からの提案は拒否されました。

七月に入ると、清国は大兵力を平壌に集中し、京城南方の兵力および北洋水師（艦隊）と呼応して、日本軍を挟み込む格好になります。七月下旬、京城において韓国兵が日本軍と衝突しました。それに敗れたのを機に、韓国の宮廷は日本を後ろ盾にして独立を保つ方向に転換します。日本軍と清国軍との衝突も時間の問題になり、名古屋の第三師団、広島の第五師団と後備軍、熊本の第六師団に、いずれも動員が下令されました。出征前のひととき、第三師団の兵士たちは名古屋市内の一般家庭に止宿して憩いました。

今の若い方々には想像も出来ないことですが、太平洋戦争が始まる前まで、軍隊の将兵が演習の途中や出征の前に、市中や地方の一般の家庭に分宿するのは、当時の慣習として広く行われていました。軍人に対する期待と敬意を表し、国防を担う将兵たちを励ます無償の行為でした。

七月末までに、海軍の聯合艦隊の第一遊撃隊は、仁川付近で清国艦隊の一部と交戦。先遣の陸軍旅団は、京城南西方の清国の部隊を攻撃して潰走させます。

八月一日、天皇は清国に宣戦を布告しました。時任愛知県知事は、県民が在留の清国人に対して、反目敵視や軽侮乱暴をしないようにと、諭達を発しました。八月末、名古屋の第三師団は初めて外国に出征することになります。同じく八月末、第三、第五の両師団で第一軍が編成されました。ロシアなどの大方の予想に反して、第三師団を含む第一軍は十月下旬までに韓国内から清国の大兵力を駆逐しました。

聯合艦隊は九月十七日、清国の北洋艦隊を黄海の海戦で破り、山東半島の根拠地威海衛に追い込みます。冬を前にして決着を急ぎ、兵力の増強を図る陸軍は、九月末に第一、第六の両師団で第二軍を編成し、年末までに遼東半島を占領しました。

これから先は天津から北京に進撃するばかりの勢いになります。十二月中旬、清国は天津税関の雇いのドイツ人を使者として神戸に派遣してきました。資格が分からない使者だというので、政府は面会を拒絶します。翌明治二十八年一月末、今度は欽差大臣《さんさだいじん》（清朝の官制で臨時特別職）が広島に派遣さ

第三師団司令部

れて来て、日本側の全権と会見しますが、その資格が今一つはっきりしません。政府は交渉を拒否しました。

その一方で、二月中旬、政府は米国公使を通じて、「戦費の賠償金の支払い、朝鮮の独立の確認、領土の割譲、将来の国交を律する条約の締結」の諸条件について、談判ができる使節を派遣するように清国に通告しました。

この間、明治二十八年一月、参謀総長有栖川宮熾仁《ありすがわのみやたるひと》親王大将が薨去《こうきょ》されました。維新の時、官軍を率いて江戸を鎮圧された宮様は、六十一歳で最初の外征戦争の最中にその生涯を終わられます。後任は近衛師団長の小松宮彰仁《こまつのみやあきひと》親王でした。のちの太平洋戦争の時と違い、この頃の大本営には首相と外相も加わり、政治外交上の立場から陸海軍の幕僚としばしば激論になったようです。

陸軍は天津と北京を落とそうとする作戦計画でしたが、そのような無謀な作戦を採れば、清朝を瀬戸際に追い込み、列国の干渉を招く危険があると首相等は反対しました。それよりも、威海衛を占領して清国艦隊を壊滅させ、清国から講和を請わせるのがよく、その間に台湾と澎湖諸島《ほうこしょとう》を占領することが上策だとなりました。

明治二十八年二月初め、第二軍は威海衛を占領しました。清国の北洋水師は降伏し、丁汝昌《ていじょしょう》提督は自殺します。二月中旬、清国は米国公使を通じて全権大臣の派遣を通告、政府は下関で会談すると回答しました。

三月二十日、会談が開始されます。この間、日本陸軍は遼河河口付近の会戦に勝ち、渤海湾の周辺を制圧しました。清国代表李鴻章は、まず休戦条件の協議を求めましたが、日本側全権は天津ほかを占領して兵器の引き渡しを求めるなど、苛酷な条件を提示して交渉は難航しました。

二十四日、こともあろうに、日本人の暴漢が清国代表李鴻章を狙撃して、負傷させる事件が起きます。天皇は無条件で三週間の停戦を命じ、講和条件の交渉は遼東半島、台湾と澎湖諸島の割譲に、賠償金の支払いを加えて落着しました。

三、幻に終わった遼東半島の割譲、独仏露による三国干渉

ところが、この遼東半島を日本に割譲する条件について、旅順港を自国の南下政策の根拠地にと考えていたロシアは独仏と協同し、この講和条件に反対しました。東京の三ヶ国の公使たちは、「東亜永遠の平和の害になるから」と、その旨を外相に申し入れました。予想外の大勝利に酔っていた国民一般はこの三国干渉に憤慨します。当時の日本の国力ではこの三ヶ国の干渉をはね返す力はなく、遼東半島の割譲は白紙に戻されました。

他方、明治二十八年五月、近衛師団と第二師団は、我が国の領土となった台湾全島の鎮圧と平定のために派遣され、翌明治二十九年春まで炎暑と悪疫に悩まされて、近衛師団長の北白川宮能久《よしひさ》親王が薨去されました。この頃、どこの戦闘での捕虜なのか分かりませんが、名古屋の建中寺に清国人がいたとの記録があります。

この戦役の間、明治二十七年十二月二日、日本陸軍が旅順を占領してから十日後、名古屋では尾張徳川家

の侯爵義礼公を委員長に、時任県知事を副委員長にして、征清大祝賀会が東練兵場において盛大に開催されました。満州に入った第三師団の戦勝が続く中で、翌明治二十八年二月十七日、威海衛の陥落を機に名古屋市では、二回目の戦勝祝賀会が開催されます。そんな戦勝のお祭り騒ぎが全国各地で繰り広げられたのち、三国干渉に屈しての苦い講和条約で、日清戦争は幕となりました。明治二十八年六月二十五日、第三師団長桂太郎中将以下の将兵は名古屋に凱旋し、市民の盛大な出迎えを受けています。

こうした戦勝の間に、清国などとの往復が頻繁になり、戦争に付きもののお土産、疫病が持ち込まれる危険が生じます。それを水際で防ぐため、明治二十八年四月十八日、名古屋停車場に検疫所が設けられ、旅客列車の検疫が始められました。

六月中旬、名古屋市内にもコレラが流行し、消毒所が設置されたのですが、死者が多数発生したようです。七月下旬、名古屋市への編入を目前にしていた笈瀬村米野の火葬場では、コレラ患者の屍体の受け入れを村民が拒否して紛争になりました。村長が辞職し、吏員は三日間も出勤しませんでした。

八月上旬、名古屋市では伝染病予防救治吏員の手当支給規則が定められ、千種村に熱気消毒所が設立されるなど、伝染病対策が強化されました。隣接笈瀬村での火葬拒否の問題は、郡長等の説得で秋には解決したとのことです。

明治二十八年一月、内務省衛生局長の後藤新平（元愛知病院長兼医学校校長）が来名。官民有志が会費一円で、歓迎会を開催しています。この年はコレラ、翌年は赤痢と、伝染病が流行しました。特に、赤痢の予防と治療については、陸海軍ともこれ以後太平洋戦争に至るまで長く悩まされることになります。

話は前後しますが明治二十六年、名古屋一等測候所が名古屋地方の天気予報の発表を開始しています。また、明治二十七年、市内から出る糞尿を売買する会社が登場しています。従来の名古屋市中の火防組が消防組と改称されました。

四、海の玄関、名古屋港の開港へ

名古屋の築港がいよいよスタートするのですが、その前の明治二十五年初夏、小型汽船中心の地元の熱田共立汽船会社と熱田汽船会社は、猛烈な競争を繰り広げました。運航回数の増加、寄港先の出張所の増設、乗船客の宿の手配など、客の勧誘に懸命になったとの記事があります。その後、過当競争が落ち着くと、両社は合併して日本共立汽船会社となりました。明治二十七年秋、同社の汽船正義丸は名古屋の商人五十名と雑貨を積み込み、朝鮮への売り込みに向かっています。

陸上交通では名古屋電気鉄道株式会社が設立され、海上運輸では日本郵船四日市支店名古屋出張所が設置されました。小型汽船の沿岸路線に、日本郵船が参入するのは、これから数年後のことになります。名古屋付近で大型船が出入りできるのは、知多半島東岸の武豊港と三重県の四日市港だけでした。

名古屋の海の玄関に当たる熱田港は、百トンまでの小型船しか出入り出来ません。当時の東海道線は、名古屋停車場で一日上下各七本くらいの運行でした。大口の貨物は鉄道で武豊か四日市に運び、そこで船積みするほかありません。これでは輸送が障害になり取引の拡大ができません。海に面していながら、大型船が入る港がない。名古屋としてはどうしても、目の前に大きな港が欲しいとなります。

日清戦争の戦勝祝いで、名古屋市内がお祭り騒ぎの最中、明治二十七年末の愛知県会は名古屋築港の建議を満場一致で決議しました。築港の調査と設計を進めるため、時任知事は二名の専任技師を決めることになります。この年末、七ヶ年計画で百八十万円の予算について、国庫の補助を求めて上京した県知事は、良い返答が得られませんでした。熱田築港計画が中央では重視されていないことを、知事は県会に報告しています。

それでも、県単独の工事が計画され、翌二十九年二月、臨時県会で名古屋築港第一期工事計画は満場一致で可決されました。この事業の施行は五月下旬、板垣退助内務大臣から認可されます。愛知県庁は六月中旬、内務部第二課に臨時築港係を設けて業務を開始し、秋には臨時築港仮出張所が熱田に設置されました。中央政府に頼らない大事業のスタートでした。

この大規模な築港は名古屋築港と命名されたとのことでしたが、この後も熱田築港と呼ばれることが多く、この頃の資料ではまちまちです。他方、名古屋築港の事業に国庫の補助がないことを知り、三菱会社は愛知県が事業として実施できない場合には、施行の権利を譲り受けたいと知事に申し込みます。そこで、時任知事は借入金と土地売却代金で、事業費の不足が賄えると考え決断したようです。後背地が広く、長い目で見れば元は取れる。三菱会社の読みは立地条件のプラス面を読み取り、時任知事の決断を後押しすることになります。

さて、明治二十八年の初夏に、洋式木造の名古屋ホテルと、洋服店が開業しています。洋服を着用する者は、男が中心で女性はほとんどなく、軍人と警官を除けば官民ともまだ少なかった時代です。名古屋の人々はホテルを「異人館」と呼んだと言いますが、その呼び名のとおり、こののち外国からの賓客の宿泊先となります。

夏には、名古屋商品取引所が設立されており、第四回全国商業会議所連合会が愛知県県会議事堂で開催されました。この頃の県会議事堂は東本願寺名古屋別院とともに、こうした大集会の多目的ホールにも利用されていました。

名古屋市内の車両数は、馬車二頭立て二、同一頭立て四十四、荷積み七十一。人力車二人乗り五十八、一人乗り三千五百五十、荷車二千八百九十二、小車六千四百六十八、免税車二百四十で、牛車はなしとなっています。また、片端町に住む外人がゴム輪の自転車を乗り回し、珍しがられました。

翌明治二十九年春、新橋・神戸間に運転する列車を、最急行、急行、直行に分け、最急行は別に急行料金を取ることになり、急行券が発売されています。近鉄電車などに残っていた「直行」という呼び名は、これが始まりのようです。

この急行券が発売された頃、福沢諭吉が来名し、商業会議所で講演しています。交通運輸、電信電話の変遷と発達などを説き、名古屋の将来について語ったとあります。今で言えば、国際空港や情報産業の見通しを語るようなもので、いつも時流の先頭を行った諭吉の面目躍如というところです。

この春、陸軍の管区表の軍管区、師管区の次の大隊区が聯隊区と改称されたのに伴い、名古屋大隊区司令部が名古屋聯隊区司令部と改称されました。聯隊区司令官は師団長に隷属し、聯隊区司令部は徴兵、在郷軍人の招集、在郷軍人会の事務などを所掌しました。

この六月、第三師団長桂太郎中将は台湾総督に転じます。桂中将は凱旋後の前年夏、戦功により子爵に列せられおり、重ねての栄達でした。同じく長州出身で、歩兵第十二旅団（小倉）長の長谷川好道少将が、中将に進級の上、後任に発令されました。

夏には鉄道車両製造所（のちの日本車両製造株式会社）と愛知瓦斯株式会社が設立されました。名古屋電気鉄道から申請が出されていた市内路線について、名古屋市会は交通上危険であるとして同意しませんでした。後にこの会社を経営する名古屋の神野金之助等は、投資先を更に広げ、広島・呉間の鉄道を敷設する呉鉄道会社を設立しています。

この明治二十九年八月末、暴風雨と高潮で、名古屋市内の大部分が浸水しました。三百石積みの船が熱田の南鳥居に乗り上げたほか、東海道線も不通になります。堀川端の材木問屋の貯木場から木材が流出し、その被害に遭った隣接の農民数百名が材木商に押し寄せ、警官隊が急派される事件がありました。以後、材木商たちは材木を陸揚げするようになったと言います。けれどもこの災害の教訓は忘れられたようで、昭和戦後の有名な伊勢湾台風の被災時にも、貯木場から木材が流出する災害は繰り返されることになります。

この年は更に、九月初旬の暴風雨と水害により、各河川が氾濫、庄内川が決壊して死者千名を出しました。内務省の高官と侍従が視察に来名し、両陛下から御救恤金《ごきゅうじゅつきん》が下賜されています。

秋には税務管理局制が施行となり、名古屋税務管理局が設置されました。愛知県収税長の岩崎奇一が同局長に就任します。これで、府県から国税の収税事務が切り離されことになりました。もっとも、選挙において投票権を与えられた納税者が少なかった時代で、貴族院の多額納税者の互選議員になると、更に一握りの富豪に限られました。

明治三十年六月、当地で最初の多額納税議員の互選が執行され、滝兵右衛門が当選しています。貴族院の構成に、皇族議員、華族議員、勅選議員に次いで、財界代表の多額納税議員が加えられることになったわけです。

当時、所得税一万円以上の納税者を富豪と呼んでいますが、愛知県は二十九家で、全国の第六位。貴族院多額納税議員の互選権を持つ者は、県下で十五名、市内で五名。個人の納税額は約千円弱から四千円弱の範囲にあったと言います。名古屋市長の特別俸が最高千五百円という時代でしたから、千円の納税額の大きさが分かるというものです。

ちなみに、愛知県の人口一人当たりの貯金は、十一円弱で全国第五位。東京府が約七十円、大阪府が三十四円弱、神奈川県が約十七円、京都府が十三円強でした。三府に次ぐ愛知県の当時の民力順位を示しています。

五、揉める名古屋築港の工事、野党が強い愛知県

明治二十九年秋、時任愛知県知事は道路改修に伴い、県庁の移転を臨時県会に諮問しました。翌明治三十年春、天皇は京都行幸の途中、初めて名古屋離宮に御宿泊されました。

その初夏の臨時県会は、県庁の移転を全面的に否決します。夏の県会は名古屋築港の財源問題で紛糾し、市部議員三名（のち引責辞任）の欠席もあり、知事が提出した原案は一票差で否決されました。その秋、天皇は関西で行われる陸軍の特別大演習を御統監の途中、再び名古屋離宮に御宿泊になられるのですが、その頃、時任知事はすでに大阪府知事に転勤になっていました。

長州出身の栃木県知事江木千之《かずゆき》が、後任に発令されました。着任早々、江木知事は名古屋築港工事を中止するか継続するかの岐路に立たされます。前任の時任知事は易者の占いで工事の推進を決意したとの話でしたが、財政難と事業の見通しをめぐる議論は、後任の知事を悩ませました。翌明治三十一年初夏、県会は名古屋築港計画に充てる百四十八万円の県債の発行を可決。臨時築港出張所が熱田町神戸に新設されて、工事が進められます。

明治三十一年晩秋、江木知事は在任わずか一年余で、広島県知事に転勤となり、鳥取県出身の沖守固《もりかた》大阪府知事が後任に発令されます。

名古屋港内と航路の海底を大型船が航行できるように掘り下げるため、浚渫船三隻をオランダから四十六万円余で購入する案件をめぐり、そのコミッションの問題が県議会で追及されました。翌明治三十二年一月

末、浚渫船購入契約は厳戒裡に調印されたと言います。六月には木曽川の改修工事に充てる県債について、築港反対派が大挙して県庁に押し掛ける騒ぎになります。年末には築港工事の中止を求める建議が提出されますが、波乱の末、これは否決されました。沖知事も名古屋築港をめぐる騒ぎに悩まされます。

この間、明治三十年暮れ、野党の全国自由党青年大会が名古屋で聞かれ、政府に絶対反対、政界の浄化を唱える宣言をしました。翌年春の第五回衆議院議員選挙で、愛知県下は自由党の圧倒的な勝利となります。明治三十三年、沖県知事は男爵を授与されますが、こうした政治情勢を反映してか、ご難続きの在任となります。

翌明治三十四年秋には、尾張部の河川改修工事の継続事業に反対し、三河部の県会議員は「不急大工事反対」を唱えて、議案の否決を主張し、名古屋の東陽館において、各郡の町村議員まで参加して連合大懇親会を開催。沖知事の追い出しを図り、気勢を上げました。県政始まって以来、空前の大事件と騒がれます。反対は県下各郡に広がり、県会は大波乱の末に予算案を否決し、知事は窮地に立たされました。翌明治三十五年初夏、疑獄事件が続出したため、沖知事は引責辞職する羽目になり、鹿児島出身の石川県知事野村政明が後任に発令されます。

沖知事は県庁の新築移転を実現し、庁内に印刷所を設け、農事試験場に農地講習所を付属させたほか、県立諸学校の整備、征清記念碑の建設、中村公園の新設などを手掛けました。また、明治十九年以来紛争続きだった沿岸の打瀬網《うたせあみ》の使用区域と季節を決めて、懸案を解決するなど、築港と治水工事以外にもその業績は顕著でしたが、前任者が県経済を全県でプールする単一部制にしたことから、予算分捕り合戦の対立に巻き込まれ、批判の的にされたのは不運でした。

明治の初期、名古屋を中心とする尾張部の愛知県は戸数約二十万、人口約九十一万で、その後、知多郡を含む三河部の額田県が愛知県に併合されました。合併後、愛知県の経済は名古屋市部と尾張と三河の両郡部の三部制であったのを、明治二十六年に単一部制に統合し、大規模な事業への支出に重点を置くようになりました。そうなると、財力に勝る尾張部が主導する事業中心の県政に対し、財政支出と事業の投資先の均衡を求めて、市部と郡部、それに尾張と三河の争いが起きます。それに、県会の党派の争いまで加わり、様々な対立が続きました。

明治三十年春の新年度から、愛知県経済は連帯、市部、郡部の三部経済制を実施し、以後は懸案となっていた難問も解決をみました。昭和の太平洋戦争が開始される前々年度まで、この三部制の制度が維持されることになります。

三河部が尾張部に並んで、県政の中で対等の地位を求めるようになった動機には、明治二十九年春、陸軍の師団増設に絡む歩兵聯隊と旅団司令部が豊橋に新設されたことが、その背景として多分に影響を与えているように思われます。豊橋には、第三師団に属する第十九旅団司令部と歩兵第十八聯隊が配置され、静岡の歩兵第三十四聯隊が豊橋の第十九旅団司令部に所属することになります。

幕末に徳川宗家は駿河七十万石に封ぜられ、尾張六十二万石より上だったのですが、実勢はあべこべでした。明治半ばを過ぎても、尾張六十二万石が歩兵二個聯隊をもったのに対して、駿河七十万石に遠江と伊豆を加えても、三河地区の歩兵一個聯隊と肩を並べられるに過ぎませんでした。尾張と三河の両国の豊かさを示すものでした。

幕府最後の若年寄大久保一翁が希望したように、徳川幕府が政権を返上して、三河、遠江、駿河、伊豆を併せた一大名になったとしても、ようやく尾張藩に匹敵する財政規模になるわけでした。駿河七十万石とは、形の上で御三家筆頭の尾張六十二万石を凌いだという名目だけで、実態が伴わないものでした。

六、授爵された元尾張藩士、華族制度の由来

明治三十年の秋、元尾張藩士田宮鈴太郎は、父如雲の維新における功績により男爵を授けられ、華族に列せられました。旧幕臣で江戸城明け渡しの立て役者大久保一翁が子爵を授与されてから十年。日清戦争の軍人の戦功に対する授爵よりも遅れ、没後二十六年余。何か忘れられた頃になって、ようやく授爵された感があります。もっとも、旧尾張藩の家老の渡辺半蔵と石河光煕《みつひろ》に、男爵が授与されるのは明治三十三年の初夏ですから、それよりも前であったことは、一連の配慮だったのかもしれません。

我が国の華族制度は慶応四年一月(明治元年)、青松葉事件の直後、全国の諸藩主のほとんどに皇室を守る「藩屏《はんぺい》」に列する栄典が与えられたことに始まります。翌明治二年、旧公卿と大名の家系は皇族の下、士族の上の「華族」(貴族とも呼ばれた)の身分の呼称が与えられました。明治十七年七月七日、華族令の施行

により、公侯伯子男の五段階の爵位が定められ、華族は貴族院議員の互選など、特権を伴う身分となります。公卿と藩主のほか、維新の実現とその後の新政府において著しい功績があった高官や軍人等が爵位を授けられました。

尾張では旧藩主慶勝公の継嗣《けいし》の徳川義礼が侯爵に列せられたほか、各藩主またはその継嗣に、旧禄高に応じた爵位が授与されました。維新の実現に働いた元藩士のうち、この華族令施行の時に授爵した者はいませんでした。元藩主で明治新政府に出仕して卿または大臣になったのは尾張藩では田中不二麿（旧名国之輔）くらいで、田中はのちに政府の閣僚としての勲功により子爵を授与されます。

明治二十六年六月、旧尾張藩主慶勝公の末子の義恕《よしくみ》が尾張徳川家からの分家に際して、男爵を授与されます。その後、田宮如雲の継嗣に対する授爵に続き、尾張藩の家老二人も男爵を与えられました。ここまでが廃藩置県までの地位と勲功に対する授爵で、以後は勲功に対する授爵となります。尾張出身者の場合は、前記の田中のほか、これも少なかったわけで、明治年間では植物学者の伊藤圭介と外交官の加藤高明くらいです。

以後、多くの政治家、軍人、官僚、学者、財界人等が国家に対する勲功に対し爵位を与えられます。尾張出身の海軍大将八代六郎が男爵を授与されたのは大正五年。同じく大角岑生《おおすみみねお》海軍大将が男爵を授与されたのは昭和十年末になります。

余談ですが、敗戦一年前の昭和十九年三月、のちに戦死する南雲忠一海軍中将が新設の中部太平洋方面艦隊司令長官に発令され、サイパン島に赴任する時のことです。中将は送別会の席で同期生の予備役の将官に、「こんどばかりは白木の箱か男爵様だ」と死を覚悟して別れを告げます。「不適任な配置続きで酷使された末に、男爵どころか戦死大将で軽く片付けられてしまった」と、高木惣吉海軍少将は「自伝的海軍始末記」で述べ、真珠湾攻撃の指揮官南雲大将の末路に同情しています。勲功により爵位を授けられるということは、明治二十年生まれの南雲中将にとって、あの敗戦の一年前まで、軍人として最高の栄誉であったわけです。

のちに明治三十三年の初夏、尾張藩主の初代義直公に正二位が追贈されました。元来、歴代の尾張藩主の最終位階は従二位で、天保年間約一世紀に及ぶ謹慎を解かれた宗春公に対しても、従二位が追贈されています。

ところが最後の藩主慶勝公には、廃藩置県の明治四年秋、従一位が授与されました。尾張藩主としては前例のない最高の位階で、維新の功績に対するものでした。明治政府の徳川一門に対する配慮もからみ、慶勝公の位階と均衡をとるため、藩祖義直公に正二位が追贈されたものと思われます。つまり維新での功績の評価が、藩祖まで遡ったような格好でした。

明治三十年秋、藩祖義直公贈位の大法会が建中寺で開かれ、名古屋の徳川義礼邸において、諸武術の観覧と園遊会が開かれました。徳川宗家、紀伊と水戸の両徳川家から当主と家令以下が出席し、田宮如雲の令息が尾張徳川家の家令に次ぐ家扶を勤めていました。忍耐の年月の末、徳川宗家と御三家は、華族制度の中で往年の落ち着いた地位と名家としての声望を取り戻したわけです。

第七章　進む、近代化への基盤づくり

一、発達する遠距離の電話と鉄道機関のサービス網

明治三十年一月、名古屋電話交換局が設置されました。女性交換手の月給が一円。翌三十一年秋に電話通信が開始されますが、加入者はわずか二百名でした。明治三十三年春、愛知県庁は武平町の新築庁舎に移転しましたが、この年の通常県会で、当局の懇請を受け辛うじて電話一個の増設費を可決したので、これで県庁内の取り付け電話は二個になったとか。今日ではとても信じられない、嘘のような話が残っています。

明治三十三年正月、名古屋市内の郵便局が年賀郵便の特別取扱を始めました。春には名古屋・桑名・四日市間の通話が可能になり、夏には名古屋と東京・大阪を結ぶ長距離の直通電話が開通しています。名古屋市内の電話交換の加入者数は五百七十一名に増加。年間の通話度数が二百万回を超えたとの記録があります。

前記の逸話は商取引に無縁で、電話の効用が理解できない郡部の議員が多かったことを物語ります。いかにも当時の県会らしい話です。しかし、今の情報化時代でも政治家の多くは似たような傾向がどこかにあるように思われてなりません。

明治三十五年には、市内と近郊の郵便局内に電話所が開設されます。まず栄町と本町の停留所の二ヶ所に自動電話（公衆電話）が設置され、名古屋停車場ほかに逐次増設されて行きます。

他方、鉄道は複線化が進められ、毎日の列車の運行回数が次第に増加し、明治三十一年夏、新橋・神戸間に急行貨物列車が運転されました。翌三十二年夏、東海道線の名古屋・熱田間が複線化されます。明治三十三年夏には名古屋・湊町（大阪天保山桟橋）間の関西線が開通し、中央線の名古屋・多治見間も開通しまし

た。名古屋の東の郊外に千種駅が開業しています。明治三十四年暮れ、笹島にあった名古屋停車場の改築拡張の建議が、名古屋商業会議所会頭から逓信大臣に提出されました。明治三十五年暮れ、中央線は更に名古屋から中津川まで開通しています。

明治二十八年の暮れ頃から、この官営の関西線は、私鉄関西鉄道の名古屋・草津間、参宮鉄道線などと、早々と乗り継ぎの連帯運転を開始して利用客の便利を図りました。その後、官営線の湊町までの開通に伴い、先に開通していた私鉄関西鉄道との間で乗客と貨物を取り合い、運賃の大割り引きをはじめ激しい競争を演じます。名古屋・大阪間の往復運賃が一円五十銭にまでなったというのですが、ここまで値下げになると、名古屋近郊の乗合馬車の運賃に比べても割安感が生まれました。その当時の官営線は昭和の国鉄の営業よりもはるかに柔軟で、乗客第一で商売熱心だったようです。

明治三十四年暮れ、新橋・神戸間の急行列車に食堂車が連結され、給仕が乗務員となり、洋食のメニューを提示し、一、二等乗客にサービスを開始しました。欧米の外交官と洋食になれた我が国上層部への利便を優先し、まずは洋食をとなります。明治三十六年の暮れには、新橋・京都間に紅葉列車が運転され、季節の観光を勧誘しています。

二、我が国二番目の市内電車発車、乗合馬車・人力車も健闘

さて、庶民の足となる電車や馬車鉄道を、名古屋市内と近郊に敷設するため、明治二十年代の後半から会

社の設立が相次ぎました。明治二十九年暮れ、県会は電車と馬車鉄道の敷設の諮問に同意していますが、国道と県道を使用して敷設することについては反対論が沸騰したとあります。特に、名古屋市内の道路に敷設される市内電車については、交通上危険として名古屋市会が同意しませんでした。名古屋の戸数五万余、人口約二十三万余の頃のことです。

それでも時代の流れは速く、反対論が次第に低調になります。明治三十一年初夏、のちの名古屋市電の前身になる路線が、名古屋停車場前の笹島から愛知県庁前の栄町まで、名古屋電気鉄道株式会社によって開通の運びになりました。京都に次いで全国で二番目の快挙です。

停留所は五、運賃は一区一銭、定員十二名の電車で、初日の収入が百十七円八十銭というのですから、これは驚くべき繁盛でした。運転手の月給は五円五十銭、職人の上位並みだったようです。もっとも、交通上危険という懸念は最後まであり、試運転は真夜中に実施するという用心深さでした。

県下では、明治三十一年、尾西鉄道の津島・弥富間の開通式が津島町で挙行され、モダンな車両の電灯が話題になりました。引き続き津島と東海道線の尾張一宮間の工事が進められて、明治三十三年春先に開通しています。当時の津島の裕福さを示す事業でした。

翌明治三十四年春先には、名古屋電気鉄道株式会社の西柳町・押切町間が開通。名古屋停車場から都心に向かう東西線に、交差する南北線が出来ています。東西線は間もなく、中央線の千種停車場まで延長されます。明治三十三年の正月三ヶ日、名古屋電気鉄道の乗客数は一日平均約八～九千名との記録があります。瀬

名古屋電気鉄道

戸電気鉄道の大曽根・瀬戸間の開通は、明治三十七年春、日露戦争が始まった頃になります。

　この頃、今日の郊外バス路線にあたる定時の乗合馬車は、名古屋市内から各地を往復する便がありました。上堅杉ノ町から小牧・犬山間。大曽根から印場村・瀬戸間。熱田伝馬町から挙母（ころも、現在の豊田）、大須門前から津島間、神宮西門から笠寺・鳴海・有松・桶狭間等の路線でした。運賃は犬山まで四十銭、瀬戸まで三十五銭、桶狭間まで十二銭と、郊外は乗車効率が低いため少し割高でした。大須・熱田間の市内の乗合馬車は、早朝から夜遅くまで運行、運賃は五銭で、大須から名古屋停車場までの人力車の賃金八銭に比べれば割安でした。

　人力車は明治のタクシーで、いなせなおにいさんの車夫が粋な姐さんたちを乗せて走る姿が絵になります。明治三十六年頃の運賃は、市街地十町までが五銭、三十六町までが九銭、郊外向けの半日雇いが四十銭、一日雇いは七十銭と、競争が激しいためか、乗合馬車の運賃に比べて割安でした。

三、女義太夫、夏祭り、初のストライキ

話が少しそれますが、この頃、名古屋では女義太夫が大流行していました。今の女性のニュースキャスターと同様で、男の太夫の骨っぽい語りや唸《うな》りに対して、美形の女太夫の語りは柔らかく、そこが堪らない魅力だったようです。多くの旦那衆たちが贔屓筋《ひいきすじ》になり、自宅や避暑地にまで伴い、その語りを堪能したようです。日雇いの人力車を連ねて、旦那衆たちが女義太夫と付け人たちを引き連れ、暑気払いに遠く知多半島の海辺まで出掛けたとか。

花形の女太夫たちは、舞台以外の依頼や付き合いに忙しかったようです。当時、名古屋で人気のトップにあった女義太夫豊竹呂昇《ろしょう》は、明治三十一年に上京して各所で語りを披露し、東京中の人気を集めたと当時の記事は伝えています。

この頃、夏の七月中旬の那古野神社（須佐男神社を改称）の祭礼では盛栄《さかえ》芸妓連が舞台を構えて、揃いの浴衣で踊りを奉納しました。南外堀町はだんじり山車の列で、栄以北は様々な催しで雑踏を極めたとのことです。

当時の名古屋は都心に近い遊廓や料亭の存在だけでなく、全体に色っぽい芸能の町だったようです。また、

遊廓の増設と公娼許可の建議が県会の連帯部会で承認されたので、県下十一町村から設置の願い出が相次いだと言います。

他方、新時代の分野の仕事がもてはやされ、職人などの給与の序列が曖昧になり、一部には陰りも出てきたようです。明治三十一年夏、名古屋市中の材木商の木挽人たちは賃金の引き上げを拒否されて、ストライキに入ったとの記録があります。名古屋で最初の労働争議というところでしょうか。

もっとも、名古屋市内の材木商たちは、飛騨川下麻生付近の筏川下し《いかだがわくだ》綱料《つなりょう》の値上げに苦しんでいました。のちに岐阜県知事に請願を出して争う騒ぎになり、両県知事の仲裁で解決したと言いますから、従業員の賃上げどころでなく、業界全体が経営全般に余裕がなかったようです。

また、同じく明治三十一年夏、名古屋郵便電信局の集配人たちは、賃金の不満で同盟辞職したため、当局は臨時の集配人を雇用して対応するとともに、首謀者八名を解雇したとの記録があります。郵便配達夫の服装で、饅頭笠が帽子に変ったのは、この三年後の明治三十四年秋でした。

この頃から、名古屋市民の気風も少しずつ変化してきたようです。その一つの切っ掛けは、築港工事の進展につれて、隣接の駿河、甲斐などから喧嘩っ早い気性のよそ者が入り込み、喧嘩口論の絶え間がなかったとか。県外からの出稼ぎや移住者が増えるにつけ、名古屋弁でない者が多くなり、土地柄も段々とがった感触の一面が出てきたようだと言います。

四、渡辺錠太郎陸軍歩兵中尉、陸軍大学校に入る

先に明治二十七年十二月、名古屋の歩兵第十九聯隊補充隊に入隊した渡辺錠太郎士官候補生は、翌明治二十八年夏、陸軍士官学校に入りました。区隊長の宇垣一成陸軍中尉（歩兵、岡山、士一期、のち陸軍大将、陸相、外相、戦後は参議院議員）はこの学歴がない異色の優等生に注目しました。

演習で地方に出た時、神社の境内の名札から多額の寄付をしている素封家をマークして、連日同じ間食でうんざりしていたクラスメイトたちを、その屋敷に案内して大いに歓待されたとか。ある時は、紛失した測図機を拾得した農家が返還を渋ると、騎兵候補生の骸骨マークの制服が夜間は士官と見間違えられるのに着目して、難なく取り戻したとか。坊ちゃん育ちの候補生たちには、とても思いつかないような機知を次々と披露しました。

またある時は、女性が男と同じく野天で立ち小便をするのを見て、出身地の尾張にはない地方の慣習にビックリするなど、渡辺錠太郎士官候補生は仲間うちでリーダーシップを発揮しながら、士官学校の生活を伸びやかに送っています。日清戦争が終わった翌年の明治二十九年十一月、渡辺候補生は見習士官となり、再び名古屋の歩兵第十九聯隊附に戻り、半年後に歩兵少尉に任官しました。

この間、明治二十八年四月、日清講和条約の調印の前後に、山県陸相は対露軍備の拡張を上奏します。同年秋の第九議会に、陸軍は新たに六個師団（うち一個師団は屯田兵部隊の改編）、騎兵と砲兵の各二個旅団の増設を求める予算案を提出します。海軍は清国の主力艦の定遠など十九隻を戦利品として入手したのです

が、ロシア相手では兵力が不足するため、戦艦六隻、装甲巡洋艦六隻の艦隊のほか、小艦艇を増強する計画で、ロシア向けの軍備の充実を急ぎました。

明治二十九年三月、増設師団に所属する各旅団司令部と各聯隊等の配置先が、早々と決められました。明治三十一年春、この配置計画により、名古屋の歩兵第十九聯隊は敦賀に移転します。第四代名古屋市長志水直《ただし》（台湾総督府事務官から明治三十年夏就任）は、市会の議決を経て、濃尾震災の時に被災民の救護に尽力した同聯隊に対し、感謝状と記念品を贈り、駅頭まで見送りました。転出した歩兵第十九聯隊に代わり、歩兵第三十三聯隊が新設され、名古屋の郊外の守山に駐屯することになります。

明治三十一年初頭、第三師団長の長谷川好道中将は近衛師団長に転出。陸軍次官兼軍務局長の児玉源太郎中将が後任に発令されましたが、在任わずか一ヶ月余で台湾総督に転出します。後任には先に日清戦争で、先遣の混成第九旅団長を努めた大島義昌少将が中将に進級して対馬要塞司令官から着任し、日露戦争の時まで在任することになります。

また、この明治三十一年春、前年秋に海軍兵学校を卒業して、戦艦八島乗組となっていた尾張出身の大角岑生《みねお》少尉候補生は少尉に進級し、間もなく仏国で竣工する吾妻の回航員として渡欧しました。大角岑生少尉はのちに海軍大将、海軍大臣に栄進。渡辺錠太郎陸軍大将と並んで、尾張出身の陸海軍人の出世頭になります。

大角海軍少尉は尾張五社で有名な津島神社に近い中島郡三宅村の生まれでした。この村の三宅学校は犬山藩士上田重次郎を招き、明治五年春に設立されています。この大角海軍大将をはじめとして、この学校からは、日比野正治海軍中将（兵三十四期、呉鎮守府司令長官、軍事参議官）、荻洲立兵《りっぺい》陸軍中将（陸士十七期、第六軍司令官）、上田春治郎海軍軍医少将（第二艦隊軍医長、技術研究所医務課長兼海軍大学校教官）、西垣眞一陸軍少将（陸士十六期、歩兵第三十三聯長）、安井榮三郎陸軍少将（陸士十八期、津軽要塞司令官）と、六名の将官を輩出しています。地方の一小学校としては実に珍しいことで、上田重次郎の教育者としての優れた業績の一つとして、特筆する史家もいます。

渡辺錠太郎歩兵少尉はこの前年の梅雨の頃、名古屋の歩兵第十九聯隊附から、新設の福井県鯖江の歩兵第三十六聯隊附に転勤となります。当時、新設の歩兵聯隊は辺鄙な立地が多く、中でも、浜田、鯖江、村松の各聯隊は、その所在地があまりに寂しい場所なので、陸軍士官たちの間では貧乏くじの配置として有名になり、戯れ歌の種にされたと言います。日用品を求めるのにも、従卒を一里（約四キロ）も走らせなければならず、菓子などは名古屋に向かって涎《よだれ》を流すほかない有様で、不自由不便に癇癪《かんしゃく》を起こすことは日夜と、渡辺少尉は知人への手紙で珍しくボヤいています。

名古屋での隊附勤務の時、頑健な身体の渡辺少尉は、差し入れの酒を嗜みました。大酒を飲んでも平然としていて、その強いのに従卒は驚嘆したのですが、そのうちにぴたりと酒を止め、酒は駄目で甘党だと宣言しました。その理由は、「身体が丈夫なので、酒はいくらでもうまく飲める。しかし、それでは早晩身体によくないので、止めることにした」と言うのです。辺鄙《へんぴ》な鯖江で不便、不自由をボヤきながらも、やがて中尉に進級する渡辺錠太郎は酒どころではなく、日々の隊務と陸軍大学校の受験準備に没頭していました。

受験資格が出来て、渡辺中尉が願書を提出しようとすると、優秀な部下を手放したくない大隊長はあれこれと妨げようとします。聯隊長は前任からの申し送りで、受験資格が出来次第受験させることになっていると、大隊長を抑えました、明治三十三年十二月、渡辺中尉は陸軍大学校第十七期生として入校します。同期生には、のちに大将にまで昇進する南次郎騎兵大尉、畑英太郎歩兵大尉、林銑十郎歩兵中尉等がいました。

五、思うがまま、列強によるアジアへの進出競争

渡辺錠太郎中尉が陸軍大学校に入る前、明治三十三年（一九〇〇）五月、清国では義和団の乱が起き、北清事変が起きます。それまでにロシアは満州と韓国に着々と進出し、その勢力圏を拡大しています。

まず、明治二十七年六月、日本と清国が武力衝突をする前に、ロシア公使は陸奥外相に対して、韓国から日清両国が撤兵するように勧告します。韓国兵による日本軍への攻撃が鎮圧されたのち、日本が撤兵しない場合には、日本政府は重大な責任を負わなければならないと、厳重な警告を発しました。

しかし、その後は朝鮮の事変は隣国として傍観できないが、日本の真意は侵略ではなく、内乱が鎮圧されたら撤兵するという主張を信じると言い、やや主張を緩めました。ところが、そうかと思えば、また一転して厳重な抗議に転じるなど、ロシアは日本が韓国において武力行使するのを、終始牽制する動きを示しました。

結局、ロシアの干渉は口先だけで終わり、日清戦争で日本は清国の兵力を韓国から駆逐しました。その後、日本は韓国の新政府と攻守同盟を結び、外国の勢力を韓国から排除するため、内政に干渉します。韓国内において、こうした日本の干渉に対する軋轢《あつれき》が大きくなった頃、戦勝した日本はロシア等の三国の干渉を受け、清国から遼東《りょうとう》半島を取得する約定を諦めます。日本がロシア等の三国干渉に屈服したのを見て、韓国の宮廷内ではロシアに親しい勢力が強くなります。

明治二十八年秋、日本公使等の出先機関は、韓国における親日勢力が衰えるのに焦って、こともあろうに韓国宮廷の王妃を殺害する暴挙に出ました。日本政府は事の成り行きがロシア等との間で更なる干渉や戦争に発展する事態を恐れ、事件の関係者を召喚し、渡韓取締法を公布して、韓国内の勢力争いに加担する邦人の渡航を制限します。韓国の国内ではロシアに親しい勢力が台頭し、韓国の軍事と財政はロシアが指導する形になり、それまでの日本に親しかった勢力は退潮しました。

明治二十九年初夏、ロシア皇帝の戴冠式に日本からは伏見宮貞愛《さだなる》親王と、特命全権大使としてロシアに派遣されていた元勲の山県有朋《ありとも》陸軍大将が出席しました。山県は、日本とロシアが共同して韓国を指導する四ヶ条の約定を締結します。その後、明治三十一年春、東京においてこの約定に基づき、三ヶ条の新議定書が作成されるのですが、この時にはロシアは日本に対して著しく態度を緩和し、譲歩しています。

当時、韓国に対するロシアの干渉はかなり露骨なものになります。韓国国内の反感に加えて、国際的には英国が日本を支援する恐れが出てきたのですが、その頃には、念願であった遼東半島への進出が、清国との交渉によって成立していたからでした。

明治二十九年、ロシア皇帝の戴冠式に出席した李鴻章《りこうしょう》とロバノフ外相との間で、対日戦争を想定した露清間の軍事同盟が締結され、明治三十一年春にはロシアは宿願であった旅順・大連の租借《そしゃく》と、シベリヤから大連を結ぶ東清鉄道の敷設権の獲得に成功します。翌明治三十二年、英国が南アフリカのトランスバールに出兵し、アジアへ派兵する余力がなくなったと見るや、翌明治三十三年春、ロシアは釜山付近の馬山を韓国から租借して艦隊の停泊地とし、その対岸の巨済島をロシア以外に租借させない秘密条約を結びます。

この間、明治三十一年春、列強は続々と清国から各地を租借します。ドイツは山東半島の膠州湾を、フランスは雷州半島の広州湾を、英国は山東半島の威海衛をそれぞれ租借し、清国を取り巻く列国間の勢力の均衡を図ろうとします。

明治三十二年春、イギリスとロシアの両国は協定を結び、ロシアは万里の長城以北の、英国は揚子江流域の鉄道敷設権を互いに認め、衝突を避けるようにしました。そのほか、フランスは広州湾に近い海南島を、日本は台湾の対岸の福建省を、英国は揚子江流域を、それぞれ他国に割譲しないようにと、清国に約束させ、声明を出させます。

治外法権を伴う租借地の獲得ばかりでなく、さらに、清国国内各地の鉄道敷設権の獲得をめぐり、列強各国は清国政府の弱腰につけこみ、群がりたかるようなもので、利権獲得競争はそれこそやりたい放題の有様でした。

それまで植民地の獲得に無縁だった米国も、明治三十一年にスペインと戦った米西戦争でフィリッピンとグアム島を獲得したほか、ハワイ王国を潰して領土としました。明治三十二年秋、米国は清国の門戸開放と機会均等を唱え、列強による中国各地の利権争いに、割り込む意向を示すことになります。

六、包囲された北京の聯合国軍、北清事変

こうした列国の侵略に対して、清国の国民の間に強い憤激と反発が起きます。明治三十二年初夏、宗教と政治思想の両面を持つ秘密結社義和団は、「扶清滅洋」を旗印にして山東省で蜂起しました。義和団はキリスト教会を焼き払い、外国人宣教師と多数の中国人信徒を殺し、列国の公使館を包囲して暴れました。列国の公使は清国政府に抗議し、その取り締まりを求めました。西太后を中心とする清朝と政府は、義和団の排外運動の勢いに押されて埒があきません。

明治三十三年五月、各国は北支沿岸の軍艦から陸戦隊約四百名を警備のために呼び寄せ、北京所在のわずかな兵力を連合して、防戦に当たりました。英国公使マクドナルド（のち労働党党首、首相）が指揮官となり、日本の公使館付の柴五郎陸軍少佐（福島県、砲兵、のち大将、昭和二十年十二月自刃）が参謀役を務め、以後二ヶ月余に及ぶ籠城戦となります。

各国は天津の外港太沽《たいこ》に集った艦隊から更に陸戦隊を出して、北京の増援に向かいましたが、清国兵と義和団に阻止されました。救援に向かった各国の連合陸戦隊は天津に退却し、太沽停車場と砲台の確保に努め

るのが精一杯の状況になります。前後して日本は福島安正少将を指揮官として、第五師団から歩兵二個大隊、砲兵一大隊の派遣を決定しました。

この間、ドイツ公使ケッテラーが殺害され、日英仏を除く各公使館はすべて焼かれました。六月二十一日、清国政府は開戦を決意し、清国軍は天津に向かいます。北清の情勢は危機に陥り、日本は第五師団の動員を決定しました。その間に天津は先遣の福島支隊によって占領され、現地に出向いた参謀次長寺内正毅《まさたけ》中将(山口、のち元帥伯爵、首相)は、第五師団の到着後に、およそ五万の兵力の清国軍を排除して、八月下旬までに北京を占領する作戦計画を立てます。

ところが、八月八日、天皇はドイツ皇帝からの親電で、ロシア皇帝が推薦するドイツ国のワルデルゼー大将を聯合国の総指揮官にしたいとの意向に接します。全体で四万七千の聯合国陸戦兵力のうち、日本が約半数。ロシアがステッセル将軍の指揮で約一万二千。独国はわずか三百に過ぎませんでした。ロシアは日本に主導権を取られることを好まず、三国干渉で協同したドイツと組み、本国から日本を上回る兵力を派遣させ、元帥昇進に必要な戦歴をつくりたいワルデルゼー大将を、聯合国の総指揮官に推薦したわけです。

日本はこの推薦を承諾しましたが、七月下旬に太沽に到着した第五師団は、危機に瀕した北京の救援を急ぎ、八月十四日には北京に入りました。ワルデルゼー大将が大軍とともに太沽に到着したのは九月末で、列強の聯合軍が北京周辺の反乱軍の鎮圧を終える頃でした。

北清事変の間、日本軍の行動は勇敢で規律正しく、諸国間で大いに賞賛されました。ロシア軍などの略奪行為は相当なもので、避難民が安全な日本軍の駐留地に流れ込みます。中国の民衆は軒先に日の丸の旗を掲げて難を避けようとしたため、日本軍指揮官は日の丸の乱用の禁止に努めたとか、後に中国大陸で昭和期の陸軍が展開した数々の野蛮な行為が嘘のような逸話があります。八月十九日から三日間にわたり、名古屋市内で北京陥落の大祝賀会が開かれました。

七、日英同盟の成立、渡辺錠太郎中尉が陸軍大学校を卒業

列国による清国との講和条約の交渉は、大兵力を派遣したため桁違いの賠償金を要求したドイツ、ロシア両国など、各国の清国に対する思惑の違いに揺れ、一年近く難航しました。政友会を背景にした第四次伊藤内閣において、尾張出身の加藤高明が外相となり、北清事変後の清国との外交交渉に当たっています。

この間、清国兵が黒河対岸の露領を襲撃する事件が起き、それを機にロシアは満州全土を占領しました。明治三十四年初め、駐日露公使は韓国を日露共同の管理下に置き、中立化させる提案を日本政府に打診してきます。

この提案は英国を刺激しました。北清事変における日本の陸海軍の活躍を見て、極東でロシアの兵力に対抗できるのは日本しかないと考えた英国は、同年春、日本の林駐英公使からの打診に対して、攻守同盟まで考えた条約案の協議を開始します。

他方、元首相の伊藤博文政友会総裁は、日英同盟の成立は容易でないと見たようで、日露間の協商も進め

ることを主張して渡欧、ロシアとの協議を開始しました。この間、英国政府との協議は進み、秋にはまとまります。日英同盟は、極東の現状と全局の平和維持、清国と韓国の独立と領土保全の維持、清国と韓国における各国商工業の機会均等の実現を目的とし、その目的を達成するため、日英のいずれかが他国と戦争になった場合、厳正中立を守り、他国が参戦しないように努め、他国が参戦した時は相互に援助もしくは協同して戦闘に当たることを取り決めました。

この条約の締結に先立ち、日本政府はあらかじめロシアに通報しましたので、ロシア外相は感情を害することなく、条約成立後も特別な嫌悪感や悪意を示すことはありませんでした。明治三十五年一月三十日、日英同盟は調印されます。三月九日、名古屋では門前町の愛知県博物館内で、日英同盟成立の祝賀会が挙行されました。

さて、鯖江の歩兵第三十六聯隊付の渡辺錠太郎歩兵中尉はこうした国際情勢の変遷の中で、陸軍大学校に入校。明治三十六年暮れに首席で卒業。恩賜の軍刀を授与され、御前講演をしています。間もなく歩兵大尉に進級し、鯖江の歩兵第三十六聯隊中隊長に発令されました。翌明治三十七年春先、渡辺大尉は尾張の豪農の子女すず子夫人と結婚しています。

渡辺大将顕彰会刊行の「郷土の偉人渡辺錠太郎」によれば、陸軍大学校に入校したのち、前途有望となった渡辺中尉には方々から縁談があり、特に実家の小牧からは喧《やかま》しかったのですが、渡辺中尉は断り続けたようです。貧農の出で独立独歩を志した渡辺中尉は、「女房のお陰で出世したとあっては」と、名門からの縁談にはまったく消極的だったと言います。

ところが、地元尾張の農家からの縁談になっても、豪農の出で才色兼備の者が自分のような卑賎の者と結婚を考える真意は何か。将来の相談相手になる先方の父親や男兄弟の人柄と気風はどうか。やりくり中尉の所帯で女中が雇えなくても、家事はこなせるのか。当人と一家の嗜好、嫌いなものと宗旨、当人の具体的な性質と学校成績や手跡など、慎重な問い合わせを重ねています。容貌については、さほどこだわらないとしながらも、気高い品位よりも愛敬十二分の方が望ましいとも付記します。養子先の岩倉町内の仲人は、交通不便な北陸の鯖江との往復に骨が折れたと言います。

新婚わずか二ヶ月、平和な兵営の中隊長はわずか半年で、渡辺大尉は部隊と日露戦争に出征することになります。

第八章　発展途上、明治三十年代の名古屋

一、変わる学校、官立高等学校の誘致へ

小学校、高等小学校の増設が続くなかで、明治三十一年一月、小学校における男女は努めて学級を分かち、教室を異にするようにと、愛知県知事は訓令しています。この訓令は、「男女七歳にして席を同じくせず」の全国的な方針でした。しかし、学童数が少ない学校では財政上難しい注文でした。そのため、「努めて」という付記があり、男女同居の学級は昭和に至るまで方々に残りました。

名古屋市内の尋常小学校の学童数は男子約六千五百、女子約五千四百ですが、学齢児童の就学率は市内では男子八割余、女子六割余、平均七割余でした。郡部では男子八割弱、女四割余、平均六割と低い状態にありました。所得が低い世帯では、女子の就学を見合わせた状態が一目で分かる統計数字です。

他方、教師の養成は学校増設に対応して、大変重視されたようです。一旦は一本化された愛知師範学校が第一と第二に分割されます。明治三十二年春、名古屋市内の東芳野町に校舎を新築移転した愛知県師範学校が愛知第一師範学校となり、三河の岡崎町に愛知県第二師範学校が設立され、女子部もそれぞれに併設されました。

名古屋市内の愛知県第一師範学校は、明治三十三年春で約四十名と在校生はわずかでした。これに対して、県立第一中学校の在校生は尾張五百九十六名、三河二百七十一名、県外百十九名で、年齢は十二～二十三歳、平均十七歳となっています。名古屋商業学校の生徒数も同様に大所帯でした。

官民の中学校、高等女学校等が拡充増設されると、次は工業学校、農学校が欲しくなります。さらに、大

学進学の予科コースに当たる高等学校も要望されます。県会と市会では、工業学校と農学校の設立建議に次いで、官立の高等学校（のちの第八高等学校）の設置促進の建議が出され、明治三十二年春の県会で、その建設寄付が付議されています。

また、明治三十一年、陸軍士官学校への進学コースとなる名古屋陸軍幼年学校（定員百十名、修業年限二年）が、市内東外堀町に設置されます。この幼年学校は陸軍士官学校と違い、授業料を必要としました。この年、私立武揚学校が明倫中学校と改称され、翌年夏、市立名古屋高等女学校の付属幼稚園が久屋町に併設されます。県立高等女学校が開設されるのは明治三十六年でした。

前記のように、中学校の生徒に徴兵適齢期の者がいた時代でした。明治三十四年春、私立明倫中学校は徴兵猶予の特典を付与されたとあります。徴兵猶予は大学・高専に幅広く適用された制度でした。

余談ですが、明治二十七年十二月、県議会で犬山城の払い下げの問題で論戦があった頃のことで、県立第一中学校の生徒が同盟休校＝ストライキを起こしています。生徒たちは校長排斥を協議して、師走の第三師団の練兵場に集まりました。この時は教官の説得で二日間の休校だけで終わったようです。しかし、二年後の明治二十九年の師走には再びストライキを起こし、今度は県会議員が仲裁に当たったとあります。のちに有名になるマラソン王日

比野寛が県立第一中学校の校長に就任するのはそれより数年後、明治三十二年夏のことになります。明治の中学生たちのやんちゃぶりは総じて穏やかな気風の尾張でも相当なものでした。

明治二十九年春、市街化の進行にともない、愛知県農事試験場が市内の西二葉町から西春日井郡清洲町に移転していますが、翌明治三十年、市内の大池町付近の池に、愛知県水産試験場が開設されています。淡水魚養殖の試験場で、この施設は後に明治三十五年、民間に払い下げられました。代わりの淡水魚養殖の県試験場が、同じ明治三十五年に呼続町明治新田に造られています。なお、県立の水産蕃殖《ばんしょく》試験所は明治二十七年夏、渥美、幡豆、愛知の各郡に設置されたとの記録があり、前二者は海水魚、後者は淡水魚の試験場でした。

二、築港工事の進展と汽船会社の競争

築港の工事が始まると、明治三十三年春、大阪商船は将来を見越して、名古屋・大阪間に定期航路を開設しました。小型汽船を配置して月四回の定期就航を行ったため、地元の日本共立汽船会社はひとたまりもなく、経営難に陥って解散してしまいます。

代わって明治三十四年頃、鳥羽鉄工所が経営する鳥羽丸、日の丸、五十鈴川丸の三隻で、名古屋と渥美半島の福江を結ぶ航路を開設します。この沿岸航路は、間もなく大阪商船に移管されたようです。翌明治三十七年七月上旬、大阪商船の鳥羽丸が知多郡大野港に寄り、次いで熱田港に入港、大野・熱田間の運賃は十五

銭と記録されています。

大阪商船は日本郵船に対抗して、小型の沿海汽船を早々と熱田に寄港させ、名古屋築港の開港に備えて手を打ったようです。新しい港に寄港する定期便の縄張りを、開港前に早々と確保しておきたい。気の早い海運業者の焦りがうかがえるような記事が目に付きます。

明治三十五年初夏、愛知県庁が武平町へ新築移転した頃、沖知事は辞任したのですが、在任中は築港の問題で終始悩まされました。後任の野村知事は在任わずか四ヶ月半で、その秋に旅先の金沢病院で死去。その後を引き継いで福岡県知事深野一三（福岡出身）が愛知県知事に就任したのですが、明治三十五年暮れの県会で、着任早々、築港問題で答弁に苦慮したとあります。

それでも、翌明治三十六年春には、名古屋築港第三号埋立地（工業地域）が完成。同年末には第一号埋立地（商業地域）が完成。明治三十七年春には、東西の突堤が完成しています。投

名古屋港浚渫工事

資ばかり大きくて、先の見通しが乏しい築港の事業は完成後の財政負担の問題と将来の利用度に対する懸念と不安で、ともすれば不要とか中止とかという論議の種になり、首脳部には頭の痛い年々でした。

この間、明治三十四年春、熱田町に熱田警察署が設置されたほか、翌明治三十五年春には汽船一隻を備え、県下の海上全域と堀川筋を管轄する熱田水上警察署が開設されました。また、明治三十六年秋、名古屋税務監督署内に大阪税関名古屋出張所が設置され、名古屋倉庫株式会社に私設の保税倉庫が特許されています。築港の完成を前にして、港に必要な水上警察や税関などの組織が先行していたわけです。

なお、明治三十三年春に保険業法が公布されています。生命保険会社は法施行の前から名古屋市内に出来ていましたが、法施行後には東京の保険会社の各支店が店開きしています。翌明治三十四年春、海上保険事業が開始されることになります。

三、集会遊宴場株式会社東陽館、名古屋商業会議所の建物

話は変わりますが、明治三十五年の愛知県職員と警察部員の年賀会が、前津小林（大池町付近）の東陽館において開催され、官民有志の年賀会は、栄七丁目の名古屋商業会議所で開催されたとの記事があります。この二つの大きな建物は、いずれも明治二十九年の秋と春先に、それぞれ落成したものです。前者は集会遊宴場株式会社東陽館（社長吉山田才吉）が経営する名古屋最大の貸席料理屋でした。

東陽館は地価が安く都心に近い湿地帯に建てられ、大きな庭園の池では舟遊びも楽しめるというものでし

た。特に、明治三十二年正月、大広間が落成してからは、民間の業者団体や政党などの大集会ばかりでなく、県庁の職員一同が大きな祝宴を開くには、まあ憧れの会場であり、格好の大広間だったようです。経営する会社のネーミングも経営者の人柄を反映して、思わず笑い出したくなるような陽気なもので、名古屋の街を明るくする存在になります。

しかし、惜しいことに、明治三十六年夏の昼下がりに出火して大部分を焼失しました。前年の明治三十五年の夏は、都心の旭廓の大火で、七層建の大店沈水楼はじめ十八戸を焼失するなど、名古屋の街の色気を殺ぐ、厄年のような出来事が重なりました。

他方、明治三十一年に、活動写真館（のちの映画館）が登場しています。採算見通しが分からない新しい分野の事業は、既存の劇場の立地が集中した大須地区に進出できず、新興の広小路通りで開店しています。

もう一つの大集会場、名古屋商業会議所の建物はのちに建中寺に譲られ、移築されたのですが、木造建築としては大規模なもので、その後も各種の集会に広く利用されました。明治四十年、名古屋市役所が火災で焼失した時は会議所が一時、市役所の仮庁舎として利用され、名古屋市議会の本会議場となるなど、名古屋市官民の利便に大きく寄与しています。また、名古屋商業会議所は商況不振とされた明治三十三年暮れ、最初の統計年鑑を出しています。同時に名古屋市も最初の統計書を刊行しました。

この間に有名な貸本屋大惣が閉店し、蔵書が東京で処分されました。江戸末期から明治初期にかけて、名古屋の知的水準を高める源泉となった蔵書のうち、主なものは帝国図書館、京都大学、早稲田大学に納められました。明治三十二年のことです。

大物の店じまいと入れ替わるかのように、名古屋市内の有志百六十名は明治三十年秋、愛知県博物館において金城倶楽部の発会式を開きました。内外の書籍・雑誌・新聞などを集めて縦覧に供し、時に、学術、技芸、実業に関する懇話会を開催することになります。また、名古屋音楽倶楽部の発会式が大須七ツ寺境内の明治館において開かれたのも、この明治三十年春でした。なお、絵画同好会が組織されたのはもっと以前の明治十六年の初めです。

更に、この愛知県博物館においては、翌明治三十一年秋、第四回の東海農区五県の連合共進会が、会期三十日間で開催されています。農作物一万五千余が出品される盛況でしたが、出品者には帰りの旅客運賃を四割引して、その労に報いたと言います。粋な計らいです。明治政府は諸産業の振興育成策のため、各種の共進会の開催を促していました。

こうした名古屋の文化水準の需要を反映するかのように、明治三十年には、誠貫堂活字製造所が名古屋で活字の鋳造を開始しました。先に、名古屋で最初の労働組合として、印刷職工の組合が結成されたのですが、名古屋活版印刷業組合の発会式も、前記の東陽館で開かれています。のちに大いなる田舎などと言われるのが、不思議なくらいの明治の史話です。

四、予防行政へ、衛生警察業務の拡大、掃除監視所

他方、明治政府はこの頃から伝染病の隔離撲滅などの対症療法的な衛生警察行政から、街の清掃や美観保持などに及ぶ予防衛生的な行政に踏み込んで行きます。維新以後の沿革をたどると、まず明治五年、六ヶ条の道路掃除についての太政官布告が、新政府による最初の指令でした。十二年後の明治十七年には、県道路掃除心得ならびに市街掃除心得と、県令からの通達が出ています。

明治二十三年春、名古屋区役所から事務を引き継いだ名古屋市役所は、学校衛生課を設けて事務を担当します。小学校の学務課の仕事に、衛生事務が併設された格好でした。明治二十八年夏はコレラが、翌明治二十九年は赤痢が流行し、伝染病予防のためにも街をきれいにすることが必要になります。

明治三十一年の夏の終わり頃、名古屋の街の予防衛生対策が、市民代表や開業医を巻き込んで強化されました。愛知県訓令と市制の規定により、市参事会員、市会議員、市公民、医師から、各一名の伝染病予防委員が任命されました。市公民の委員の丹羽精五郎は、青松葉事件の討っ手を勤めた元藩士、岩倉卿等の暗殺を企てた人物で、名古屋電灯会社の創始者でした。もっとも、この市議会議決による伝染病予防委員の制度は市の権限を超える勇み足となり、野暮な話ですが、明治三十三年末に愛知県知事から取り消しを命じられています。

この頃、明治三十三年初夏、大阪と静岡にペストが流行し、名古屋駅に医師二名、巡査十名が派遣され、旅客の検疫を開始したとの記録があります。恐ろしい伝染病を撲滅するため、発病者の住所氏名の公表をはじめ、隔離病舎への強制収容、駅や埠頭での検疫の実施、町内の消毒など、衛生官吏だけでなく警官が関与して、問答無用の強制的な対策がとられた時代でした。

明治三十三年春、内務省は汚物掃除監視吏員の組織権限等を定めました。愛知県は掃除巡視採用規則と服務規律を訓令し、名古屋市は汚物掃除規則施行細目を定めました。市内を四掃除区、十六掃除分区に細別して、毎月塵芥は五回、汚泥は一回の掃除が実施されることになります。市役所に掃除監視所の組織が置かれ、二十名余の職員が配置されました。この夏、汚物の搬出に関して、名古屋市長は告諭を出しました。

他方、市街地の清掃（鹿芥の除去と糞尿の汲み取り）についても、全般に市役所が細かい点まで監視したり、直接作業に乗り出したりする時期が近づいてきました。明治三十三年秋には、名古屋市掃除監視吏員の服務規定が定められ、監視吏員は服装心得まで規定されました。また、掃除監視所の職員は、逐次増員されてゆきます。掃除監視所の職員数は、明治三十五年に二十六人でした。この頃、名古屋市の戸数は六万三千余、人口二十六万弱。明治三十六年の名古屋市役所は、庶務、議事、兵事、戸籍、学務、土木、税務、収入の八課で、職員は百十四名ですから、掃除監視所の二十六名は二割近い人数になります。

既存の整備された都心はともかく、市域が拡大すると、周辺部の下町はともすれば環境の整備が遅れ、疫病の発生源になりました。前世紀のロンドンは、不潔で劣悪な下町の環境が伝染病の発生源になったため、その改善対策に苦しみ、我が国の幕末の頃には、すでに公営住宅を建設して街全体の不衛生な状態を一掃しています。

我が国の場合、この頃が外国から入ってくる伝染病の予防策のためにも、拡がり続ける市街地の清掃の強化が必要になってきた時期でした。衛生警察行政の充実はまず清潔な環境や生活習慣を普及させ、地域を恐ろしい伝染病から守る予防対策を目指しました。

また、この明治三十五年夏、市役所の土木課は機構を拡充し、臨時建築課（吏員八名）が分離されましたが、新出来町に敷地を求めた塵芥焼却所の議案については市議会内に議論が多く、年度内は上程を見送られました。今も昔も、ゴミ処理問題は市役所と市議会を悩ませる厄介千万な課題で、嫌悪施設と見られる塵芥処理場の立地選定は、容易に結論が出せなかったようです。

明治三十二年秋には砂防指定地における作業制限規定が公布され、堀川河岸共同荷揚場および河岸地取締規則が制定されるなど、景観や土砂災害に配慮した規制が始まります。その他の分野では、翌明治三十三年春、工場および寄宿舎取締規則が、これも愛知県の訓令で出されました。

五、日本初の理学博士伊藤圭介の死去、明治三十年代頃の話題

ここで、拾い落とした話題を追ってみます。明治三十一年春、旧尾張藩主徳川慶勝公の神霊が、長島町の東照宮に合祀されました。江戸幕府を開いた家康公と藩祖義直公を祭る宮に、維新の動乱の終息と徳川宗家の存続に尽力した慶勝公が合祀されたことはあまり世に知られていませんが、慶勝公が国と宗家のために果たした貢献の大きさを、改めて痛感する出来事です。

明治三十一年初夏、名古屋市内の三蔵町にあった愛知県監獄が市街地の拡大に伴い移転する必要がおき、

愛知郡千種村字馬走に新築移転しました。この監獄は郊外に移転されて一件落着となるのですが、都心の旭遊廓の移転問題は、名古屋市議会における建議も尻切れとんぼになります。

遊郭を郊外へという方針は風紀上好ましくないとする当時の常識によるものでしたが、いささか説得力に欠けます。のちに明治四十年と明治四十五年の二度にわたり、県議会が移転を決議して、県知事の移転命令が出たのちも、遊廓の郊外への移転は実現しませんでした。

変わった話題としては、明治三十一年暮れ、愛知県議会に演壇が設けられ、議員の委員会報告が初めて高い壇上から行われました。英国の議会のスタイルとは違い、高い演壇の上からする演説や答弁の内容は、我が国の言語と文化の特性も加わり、政治家と官僚のお互いが次第にレトリックを主体とする身構えた表現に走り、ともすれば空虚な論戦が多くなります。今日の政治に対するしらけをもたらした源泉は、この高い演壇の設置に始まるように思われてなりません。蛇足ですが、県会議事堂に電灯が取り付けられたのは、明治三十五年の暮れのことでした。

また、明治三十二年の夏、都心の門前町上区に運搬車で撒水したとの記録があり、費用は町費で負担したとあります。もっとも、名古屋の市街地で最初の撒水の記事は明治二十六年五月、栄町・笹島間の車道に実施したとあります。名古屋市は撒水用に取水する井戸を指定したようです。

明治三十四年春先、日本赤十字社と愛国婦人会の愛知支部が、それぞれ発足しています。日本赤十字社は明治十年の西南戦争の時に結成された博愛社の後身で、戦時に陸海軍の傷病兵のほか国際的な傷病者の救護対策を志向し、愛国婦人会は北清事変に際して戦死者の遺族と戦傷病者の救護を目的とした組織で、のちに大日本婦人会になります。

さて、この明治三十四年一月、元尾張藩士の植物学者伊藤圭介が、九十九歳の天寿を全うしました。洋学を志した者が少なかった尾張藩にあって、圭介は文政年間（一八一八～一八三〇）に長崎のオランダ商館の医師として長崎に来たシーボルト（ドイツの医師、植物学者）に師事し、蘭学者の間で著名になり、交際範囲も広い人物でした。「泰西本草（薬草）名疏」、「救荒（飢饉救済）植物便覧」、「英国種痘奇書」、「日本産物誌」、「日本植物図説」等の著書を表し、日本の植物学の創始者で、我が国最初の理学博士になります。その功績に対して、男爵・勲三等のほか、一万円が下賜されました。尾張が最も自慢できる学者で、その存在だけでも、当時の名古屋は全国的に大きな重みがあったわけです。

更に、翌明治三十五年夏、元尾張藩士の化学者宇都宮三郎が六十八歳で死去しています。青松葉事件で首魁として処刑された渡辺新左衛門と石川内蔵允の部下として、尾張藩の砲弾の開発に当たった縁で、先に事件の刑死者の法要を名古屋で主宰しています。維新後は政府に出仕し持ち前の舎密《セイミ》（化学）の知識で文明開化の国政に貢献しました。名古屋電灯会社の設立を助言するなど、郷里に貢献した話題の多い高官でした。

なお、明治三十年初夏、名古屋養老院が開設され、明治三十三年初夏、名古屋市では共葬墓地の設置を決定しています。寺院の墓地だけでは、移住者をはじめ満たされない市民が多くなったわけです。

明治三十三年春先、貧乏な児童の教育施設として、東海仏教慈恵学校が西菊井町に開設されています。のちに財団法人となる民間の施設でした。なお、名古屋における捨て子、孤児、貧児の養育施設は明治十九年秋に出来ています。

六、銀行預金の取り付け騒ぎ、立憲政友会の発足

ところで、明治三十三年、北清事変が起き、第五師団が派遣され、北京の陥落で名古屋市内でも三日間お祭り騒ぎをしたのですが、名古屋市内の商況は不振だったと言います。これは関西方面も同じだったようで、翌明治三十四年、関西では銀行預金の取り付け騒ぎが起こり、三十四行が支払いを停止して、一連の経済恐慌がおこりました。沖愛知県知事は五月中旬、「妄《みだ》りに風説に惑わされ、自他の損害を生じさせないように」と、騒ぎに対する諭告を出しました。それでも明治三十五年早々、桑名の百十二銀行が支払い停止となり、名古屋地方にも騒ぎが広まります。

この間、明治三十三年夏、立憲政友会が発足すると、名古屋商業会議所の副会頭から代議士になっていた鈴木摠兵衛は、入党に関する協議を協和会員二十七名に呼び掛け、会議所内で会合を開きました。秋には立憲政友会愛知支部が発足したのですが、政府に反対する立場だった自由党の残党など、それまで反対の党派

の内藤魯一等三十名余が続々と入党しました。

ところが、翌明治三十四年六月になると、立憲政友会愛知支部は本部に質問書を送り、早々と脱会騒ぎを起こします。こうした空気を嫌って、旧協和会の一部は自治体の本義に基づき党派に無関係な清廉な人士を市議会議員に推薦するなど、翌明治三十四年秋には早くも、支部内部で反発が強まりました。

それでも、翌明治三十五年秋、政友会の東海十一州大会が例の東陽館で開催され、その夜、御園座の演説会では尾崎行雄等が熱弁を振るっています。明治三十六年秋には、愛知支部内の紛争で主導者が除名されたのを機に、政友会愛知支部は内部分裂を起こし、非政友派が県会の役員選挙でポストを獲得しました。そんな情勢下で、西園寺公望等を来賓に迎えて、政友会東海十一州大会が七つ寺境内の明治館で開かれます。日露戦争の開幕が近づく国際情勢の中で、かつての日清戦争前夜のように、県議会と中央の政争は相変わらず賑やかでした。

七、名古屋における真宗両派の大施設

さて、日露戦争の開幕までに、ほとんどが仏教徒であった名古屋市民にとって、前代未聞の大事業が始まります。しかし、その前に、明治の中頃までに、名古屋市内の寺院が果たした役割をおおまかに振り返ってみたいと思います。

明治初期、日本の都会で大きな集会ができる施設と言えば、城か大寺院に限られました。城は維新後間も

なく、軍事的にも政治的にも経費倒れの無用の長物となり、甚だ使い勝手が悪いというので、多くは取り壊されました。廃藩置県の前から、各藩庁の多くは城内から出て、旧藩の役所や家老の邸跡などに移転します。当時の藩庁やその後の県庁や学校などは、総じて少人数の組織でしたから、旧藩の施設や家老の屋敷跡の転用で間に合ったのですが、明治新政府の下で様々な事務が増えてくると、市中の大きな寺院は色々な行政機関の施設として重宝な存在になりました。

手狭になった県庁の移転先の仮庁舎、公立病院や医学校等の開設場所、学制の発布に伴う小学校の開設、市制施行前の区や郡の役所の仮庁舎に利用されたほか、随員と護衛が多い天皇の御宿泊先や夜会の会場などに、各地の城下町や宿場町などで、大きな寺院は様々な仮の用途に、あれもこれもと重宝に利用されました。

名古屋の城下で、最大の規模を誇った東本願寺名古屋別院と、西本願寺名古屋別院などはその代表的な例でした。東本願寺名古屋別院は廃藩置県後に愛知県庁の移転先の仮庁舎になったり、天皇が関西や名古屋へ行幸の時の御宿泊所とされたり、宮中主宰の公式な夜会が開かれたりしています。西本願寺名古屋別院は最初の名古屋区役所の移転先になったり、愛知県病院に使われたりしています。そのほかの都心の寺院でも、核となる役所、学校、病院、慈恵施設等に利用されたほか、境内に別に大きな集会施設を造り、広く民間の利用に供するなど、単に信者の参詣だけでなく、財政難に苦しんだ明治新政府の体制の下で、名古屋の各種の行政サービスと文明開化時の利便施設として大きく貢献しています。

しかし、明治も半ばを過ぎると、こうした大らかで便宜的な利用の時期は終わります。役所をはじめ病院や学校などの施設はすべて新設され、寺院の利用とは縁が切れます。天皇の御宿泊先も名古屋城を整備した名古屋離宮に改められました。しかし、その後も寺院は戦時捕虜の収容先など国のために利用されています。

維新前後の寺院は、大きな試練の時期がありました。話は明治二年頃に遡ります。真宗本願寺派の勢力が盛んだった名古屋では有志が僧兵隊を編成しています。名古屋藩大参事で軍務判事を所掌した渡辺鉞次郎(青松葉事件の時の討っ手)に諮り、廃藩置県前の一年足らずの間ですが、鉄砲や大砲を持った僧兵隊が本山と藩の了解を得てつくられています。僧兵隊の編成は、幕末の攘夷騒ぎの頃に始まりました。京都の本山において歩兵・騎兵・砲兵の三兵の編制で、攘夷と護法のために編成しようとなり、尾張地方の城下で僧兵隊が編成されたところがあります。

維新後の新政府は祭政一致の方針をとり、鎌倉時代以降の武家政権が維持してきた神仏習合の慣習を廃止し、神祇官を置いて、それまで混在状態だった神仏の分離政策が進められます。維新後は西欧文明の導入、つまり外人の邪教=御禁制のキリシタンに対する懸念があったところで、それまで曖昧なうちに神仏を同居させてきた寺院に対して、その分離が強行されます。所によっては廃寺や統合が行われることになり、寺院は内外からの試練に当面しました。維新後の僧兵隊は護国だけでなく、護法という立場でつくられた一面があります。

明治四年、神仏を分けるようにとの太政官告示も出てきます。神仏分離政策は、地方によっては寺院の廃合を急ぐ等の行き過があり、騒動を招いた事件もありました。三河国の碧海、幡豆の両郡を所領としていた元沼津藩水野家（徳川宗家の駿河移転で上総国菊間に転封）の大浜出張所（代官所）は、明治四年春、延期と猶予を求める東本願寺派と抗争になり、住職の養子等を斬首に処しています。神祇官のお達しの実行を急ぐ行き過ぎでしょうが、多くはこれほどの騒動にはならず、様々な格好で妥協が図られました。

例えば、有名な愛知県東部の豊川稲荷はその例です。稲荷と言っても神社ではなく、なんと仏式の稲荷で、今でも駿河から尾張までの信者を集め、正月の参詣者数では全国屈指の順位を誇っています。

こうした仏教界に対する試練の嵐をよそに、東海道を往復される都度、天皇は東本願寺名古屋別院を常に御宿所とされました。それは、今日と違い大らかな時代だったというだけでなく、藩閥政権と言われた明治新政府と、御稜威《ごりょうい》と呼ばれた皇室の御威光と存在感は別個のものであることを痛感させられる話です。尾張真宗の財力の結晶である寺院の広さと大きさ、寺僧集団の規律と忠誠心が、明治初期の名古屋では他の追従を許さない施設であったことを、改めて思い起こさせる話です。

八、名古屋に白羽の矢、覚王山日泰寺の建設

この頃、東南アジアで唯一の独立国だった暹羅《シャム》国（今のタイ＝泰国）から、仏教の師祖、仏陀釈迦牟尼の分骨が我が国にもたらされることになります。戦乱が続くアジアの平和を願う立場から、実に有り難い志に根ざす話でした。

明治三十五年、仏教各宗は管長会議を聞き、名古屋市に覚王殿を建設して、釈迦の分骨を納めることを決

定します。各宗派が集まる京都において、名古屋の各宗派が持つ発言力が大きかったことと、その背景に名古屋における各宗派の財力が、当時の仏教界においてずば抜けていたことが分かります。日暹《にっせん》両国の親善を象徴するような「覚王殿《かくおうでん》」の建設は、尾張の各宗派の財力に頼ることになります。

釈尊の遺骨は早速、京都から名古屋の都心の万松寺に移され、覚王殿が出来るまで安置されることになりました。「覚王」と言うのは、仏陀を指します。悟りを開き自由自在な心が得られ、さながら王のようなという意義に由来します。

明治三十五年暮れ、シャムのマブシャリブード皇太子が来名、名古屋ホテルに御宿泊。翌日は万松寺内に安置された釈尊の遺骨を御拝礼になり、名古屋市に慈善事業資金を寄付されました。翌明治三十六年春、覚王殿は愛知郡田代村月見坂に建設が決定され、寄付された敷地の規模は十二万坪余に達します。その年の秋、覚王山日暹寺（のち日泰寺）の建立が認可され、翌明治三十七年十一月、釈尊の遺骨は日暹寺に奉迎されました。

この仏教各宗派を超えた存在の日泰寺は全国に例がない寺院で、名古屋が誇れる存在です。このような寺院の立地先に名古屋が選ばれたことは、当時の仏教界における名古屋の地位の高さとともに、信心深い地元の人情と風格によるものだと思われてなりません。この御縁で、シャム（タイ）王室からはこののちも、皇太子が何度も来名されることになります。

さて、我が国を取り巻く国際情勢は、こうしたシャム王室などが念願された平和の希求とはうらはらに、段々ときな臭くなります。明治三十五年一月、日英同盟が成立した時、事前に日本から条約の締結を知らされたロシアは、日英同盟は英国からの勧誘によるもので、日本側は受け身の態勢にあると考えたようです。ロシアは引き続き清国北東部の満州に陸海軍の大兵力を置き、韓国も支配下に置こうとする南下政策を強化して行きました。

第九章　日露戦争、開戦から終戦へ

一、日露開戦へ、消極的な山本権兵衛海相

明治三十五年（一九〇二）秋、露清協約による第一期の撤兵期限になると、ロシアは約束通り遼西から撤兵して遼東地区に兵力を移しましたが、翌明治三十六年春の第二期の撤兵期限になっても、吉林省などから撤兵しませんでした。満州での撤兵の問題は、ロシアと清国の間の問題でした。しかし、ロシアが韓国北部に軍事施設を造り、旅順の外郭を固める行動に出ると、日英の両国は神経を尖らせます。

桂太郎首相は小村寿太郎外相と図り、ロシアが満州国において駐兵することを認める代わりに、朝鮮半島から手を引くようにと交渉し、問題を解決しようとしました。しかし、朝鮮半島を日本の支配下に置くという主張は、ロシアにとっては根拠地の遼東半島を側背から脅かされる格好になるわけです。ロシアが同意するわけがありません。

外交交渉といっても、そこは戦争が避けられないという決意で望むことになります。そこで、元老の山県有朋はロシアとの妥協を望んでいた元老伊藤博文とも事前に協議し、少なくとも朝鮮は譲らないという決意で、ロシアとの交渉に臨む方針が決定されました。

明治三十六年四月、ロシアは清国に対して、満州を事実上ロシアの領土にするような駐兵等の新条件を要求しました。日英両国は清国に対し、ロシアの要求を拒絶させ、米国はロシアに抗議して、満州を明け渡すように約束させます。

ところが、ロシアは一向に撤兵する気配はなく、北朝鮮にも権益を広げようとしました。陸軍参謀総長大

山巌元帥は、韓国がロシアの支配下におかれると、我が国の国防は危なくなると軍備の充実を急ぐように上奏、陸軍参謀本部内の意見をまとめにかかります。

「満州経営はロシアにまかせ、韓国をわれに収める」という陸軍参謀本部の意見に、海軍軍令部の次長以下も同意しました。ところが、軍令部長から諮問された海軍大臣山本権兵衛海軍大将は、「韓国などは失ってよい。我が国は固有の領土を防衛すれば足りる」との意見で、この方針を上奏することに反対しました。参謀本部総務部長井口省吾陸軍少将は、当時の日記にその経過を書き残しています。

それでも、六月二十二日に開かれた御前会議の席では、開戦の決意を固めた陸軍側と陸軍出身の首相と元老たちの間で、山本海相は強硬な対露外交方針に異議を挟みませんでした。内心は賛成できないのに、正面切って反対しない。山本海相の態度は、のちの太平洋戦争開戦時の海軍首脳部と、同じようなところが見られます。

韓国に対する覇権にこだわらないとする山本海相の見方は、海軍本来の存在意義を表すもので、維新以来、日本沿海の防御を主として兵力を整備し、聯合艦隊があればロシアの進攻は防げると考えるものでした。これに対して、国内の反乱鎮圧に当たっても、兵力の移動に手間取る陸軍は、ロシアとの戦争では絶えず前線を国外に置いて防ごうとする意図が強く、軍備の基本にある陸海軍の性格の違いが顔を覗かせています。

明治維新以来、陸主海従で通してきた海軍が、陸軍参謀本部から海軍参謀部を分離させ、海軍大臣の下に置いたのが明治二十二年のことです。四年後の明治二十六年初夏、海軍軍令部は軍令機関として独立、陸軍参謀本部と肩を並べる存在になり、日清戦争に臨みました。その後も、陸主海従の傾向は残り、海軍の鎮守府所在の軍港と付近の海岸要塞の統一指揮を巡って議論が続きました。陸海軍が別々の軍令機関を持ち、両者の意見が異なる時は問題です。その裁決に当たる天皇を補佐する機関として、元帥府と軍事参議院が設けられることになりました。

前記の御前会議は、ロシアとの戦争を決意することになる対露外交方針を決定したのですが、その席上、山本海相が上記の卓見を強く主張していたら、のちの我が国の歴史も少し違った展開になっていたのかもしれません。しかし、陸主海従から背伸びして、やっと対等の立場を得たばかり、海軍の軍令部門の立場を考えれば、軍政を預かる海相としては、あの時期にそこまで強く異議を申し立てられません。仕方がない成り行きでした。

しかし、陸軍が部内の体制さえ固めてしまえば、必ず海軍はついてくると考えた点は問題です。陸軍首脳と陸軍出身者の影響が大きかった首相と元老の態度にも、海軍は陸軍に従属するものという感覚しかなく、物事を別の視点から徹底的に考察し、検討してから決めようとする態度が欠けていました。我が国の国民性というか、組織内の奇妙な常識とか固定観念が、議論無用で大事な局面で働く現象は、昔も今も同じようなものではないかと痛感します。

余談になりますが、各国の陸海軍においても、この陸主海従なのか、陸海対等なのか、海主陸従なのかは、時代と情勢によってまちまちでした。総じて、大陸諸国では陸主海従で海軍の力が劣り、英国や米国のような海洋国では、海主陸従というか海軍の力が優勢でした。明治初期の我が国では、国内の内乱鎮圧を対象にした軍隊から、隣国への外征を考える軍隊になった時、陸主海従から陸海対等に変わってきたわけです。

しかし、この対等論の根底には、どこの国を何ゆえに敵とするのかという点について、陸海軍の性格の違いもからみ、本質的な目的意識が今ひとつ曖昧であったことは否めません。のちには、仮想敵国が陸海軍で違ってくるような矛盾を招いたまま、我が国では制度的にも政治的にも陸主海従が優位に終始し、驚いたことに、海主陸従でなければ不可能な米国との戦争を主導して、昭和の敗戦直前まで陸主海従が続くことになります。

二、第三国の領土内における日露の対決

ともあれ、明治三十六年（一九〇三）六月下旬、この対露外交方針は、シベリヤ鉄道が未完成で、清国内の対露反感も強い今なら、勝算があるとなり、「懸案の韓国問題を解決する」とか、「韓国は譲れない」ということで、戦争を背景にした外交交渉になります。本来独立国であるべき韓国を、お互いに力づくで相手の影響力から切り離して、自国の支配下に置くという政策が、当時は列国間の勢力の均衡ということで、肯定される時代でした。

日本にしろロシアにしろ戦争に勝ちさえすれば、その結果論で当時は是認される国際関係でした。こうした力の政策を不道徳として非難できる国は、欧米列強をはじめとして、当時の世界にはほとんどなかったわ

けです。

こうして日露両国は、お互いにその領土でない第三国の清国の領土内において、隣国の覇権を巡って戦争に入るのですが、韓国の覇権を獲得した我が国は、更にその先の満州の覇権を求めて、のちの太平洋戦争への道を歩むことになります。繰り返すようですが、それにつけても、「韓国などは失ってよい、我が国は固有の領土を防衛すれば足りる」という山本海相の見解はさすがです。しかし、こうした見解は極めて小数で、当時の大勢を覆すものにならなかったのは残念です。

それでも、そうした卓見を臆することなく口にできたのは、短期間でロシア艦隊に勝てる聯合艦隊を造った山本海相の高い見識を、別の角度からも裏書する話だと言えるでしょう。なお、海軍の常備艦隊が、第一、第二、第三の各艦隊に編成され、次いで第一、第二の両艦隊で聯合艦隊が編成されたのは明治三十六年の暮れのことでした。開戦一ヶ月後の明治三十七年三月四日、第二線任務の第三艦隊までも聯合艦隊に編入され、海軍の艦隊全部が統括されました。

同じく、明治三十六年六月中旬、日本政府の首脳が戦争を決意した外交に入る頃、ロシアの陸軍大臣クロパトキンが日本国内の情勢を見極めるため来日し、国賓として迎えられました。以後、陸海軍統帥部は蚊帳の外に置かれ、開戦を決意するまでの外交交渉をめぐる重要な元老会議や閣議に参加できませんでした。日本は満州を清国領土として保全すること、韓国領土の使用制限と、清韓国境の鴨緑江の両岸五十キロを中立地帯にすることなどを提案して、ロシアとの妥協点を探ります。他方、清国に対しては厳正中立の姿勢を求め、韓国に対しては威圧または懐柔により、日本側につかせる方針で臨みました。

ロシアは韓国領土の使用制限と中立地帯の設置については、条件付きで認めるかのような姿勢を示したものの、肝心の満州を清国領土として保全することには回答しません。回答期限の明治三十六年末になっても、ロシアは時間稼ぎを図って、着々と戦備を進めていました。

それもそのはずです。来日したクロパトキンは事前に駐日武官の陸軍大佐から、日本陸軍が西欧で最低の軍隊の水準に達するには、更に一世紀が必要であろうとの報告を受けていました。クロパトキン自身も、陸軍戸山学校の戦闘訓練を視察して、日本兵三人にロシア兵は一人で足りると観察して自信を深めました。前後して来日した巡洋艦アスコリットの艦長からは、日本海軍は西欧の物真似で、術力は低いとの報告がありました。ロシアの陸海軍とも、戦争は楽勝と見ていましたので、外交上譲歩する必要などまったくなかったわけです。

明治三十七年（一九〇四）一月中旬、小倉の第十二師団に臨時派遣隊（四個大隊）の編成が発令されました。二月一日、大山参謀総長はロシアに対して先制行動が必要であると上奏します。その直後二月三日、旅順のロシア艦隊は出動し、どこへ向かったのか不明とのことで、ロシア側が先制行動に出たと見られていました。

陸軍の焦りは、開通が近い満州とシベリアにおけるロシアの鉄道の脅威でした。ロシアが満州の兵備を整えたあとでは、日本は全兵力をもって朝鮮を確保しなければならず、どのみち兵力の均衡がとれなくなる外交方針ならば、勝算の可能性が大きいうちに開戦すべしとなります。太平洋戦争の時には、海軍が艦隊用の油が枯渇することを恐れて早期開戦となったのと、事柄は違っても、似たような焦りに基づく開戦の決断でした。

三、渡辺錠太郎中隊長の出征、日露戦争の経緯

明治三十七年二月四日、統帥部を入れない御前会議でロシアとの開戦が決意されました。海軍は、旅順のロシア艦隊が日本の沿海に入り敵対した場合、これを撃破せよと電訓。陸軍は、臨時派遣隊を韓国に派遣するようにと、第十二師団長に電訓しました。

二月六日、海軍は仁川沖でロシアの軍艦二隻を撃沈。陸軍の臨時派遣隊は京城に入ります。次いで、陸軍第一軍（近衛、第二、第十二）が、韓国西岸から上陸し、清韓国境を越えて満州のロシア陸軍を攻撃しました。名古屋の第三師団は三月初旬、後備役まで召集します。第三師団は第二軍に編入となり、三月下旬に出征。金沢の第九師団は第三軍に編入となり、五月初旬に動員が下令されました。

第三軍は大本営の直轄として、遼東半島の東北岸に上陸し、旅順へのロシアの援軍を遮断し、旅順要塞を攻略する任務を与えられました。隷下の第九師団歩兵第三十六聯隊中隊長渡辺錠太郎陸軍大尉は、宇品から部隊と乗船、遼東半島に進出することになります。

他方、尾張出身の八代六郎海軍大尉は、東シベリアの冒険旅行で有名になったのち、日清戦争後の明治二

十六年暮れ、常備艦隊参謀からロシア公使館付となり、約三年間の在任中に中佐に進級して帰朝。常備艦隊参謀、通報艦宮古艦長から、大佐に進級して三等巡洋艦和泉艦長、海軍大学選科学生を経て、明治三十六年夏、一等巡洋艦浅間艦長として日露戦争を迎えました。

同じく尾張出身の大角岑生海軍大尉は、明治三十五年初頭、浅間分隊長から済遠（元清国軍艦、巡洋艦）航海長兼分隊長となり、日露戦争の開戦を迎えたのち、二等巡洋艦松島（日清戦争の時、聯合艦隊旗艦）の航海長に転じています。

一等巡洋艦浅間は、第二戦隊五番艦として日本海海戦に参加。ロシア艦隊の集中砲火を受け被弾損傷しましたが、艦長八代大佐は無事で、戦後は独公使館付に転出しています。大角大尉が乗った旧式の二等巡洋艦松島は、第三艦隊の第五戦隊に属し、第二線の任務に就いています。大角海軍大尉は、開戦後に長崎で修理中に捕獲したロシアの東清鉄道会社の汽船マンチュリアが、通報艦満州丸に改められた際、その航海長に転じました。壮麗な客室がある高速の満州丸は、内外の貴賓の輸送にも使われた特殊な艦でした。大角大尉は日露戦争後、海軍兵学校航海術教官兼監事に転じています。

一方、渡辺錠太郎陸軍大尉は、前線に到着して間もなく、水師営付近の戦闘で脚部に負傷して内地に後送され、衛戍《えいじゅ》病院に入院します。負傷した際、部下が身代わりになって戦死。渡辺大尉はその後も北陸を訪れる度に、この部下の墓参をしたとのことです。それにしても、稀に見る強運と言うか、内地へ送還を必要とした渡辺大尉の戦傷は、間もなく治癒しました。

旅順要塞を包囲しての攻撃は、参加した将兵約十三万のうち戦死傷約六万を出す激戦で、第三軍司令官乃木大将自身も二人の令息を失いました。要塞正面を強襲した部隊は、聯隊または大隊が壊滅した場合が多く、四個聯隊の師団が実質わずか一個大隊の兵力になった部隊もありました。最後の二百三高地の激戦では、各部隊の生き残りを集めた臨時の集成大隊や集成中隊が投入された有様でした。渡辺錠太郎大尉の歩兵第三十六聯隊でも聯隊長以下の大半を失っています。

主な団隊長の戦死者は、東京の歩兵第一旅団長山本信行少将（山口、授男爵）、敦賀の歩兵第三十六聯隊長三原重雄大佐（鹿児島、任少将）、和歌山の歩兵第二十聯隊長桂貞澄大佐（山口）、金沢の歩兵第七聯隊長大内守静《しゅせい》大佐（福島）、金沢の歩兵第三十五聯隊長折下勝造中佐（石川、任大佐）、札幌の歩兵第二十六聯隊長古田新作中佐（佐賀、任大佐）と、これまた多数でした。

この間、旅順のロシア太平洋艦隊を支援して、日本海軍の聯合艦隊を破るため、遠く本国からバルチック艦隊が第二太平洋艦隊として派遣されることになります。そのロシア艦隊が到着するまでに旅順の要塞を落とし、港内のロシア太平洋艦隊を撃滅することが必要となり、陸軍第三軍は無理を承知の力攻めを重ねました。

明治三十七年十二月五日、第三軍は旅順要塞のかなめの二百三高地を攻略、翌年早々、旅順のステッセル将軍以下のロシア軍は降伏しました。天皇は敵将が祖国のために尽くした苦節を讃え、武士の名誉を保たせるようにと望まれます。御沙汰を受けた乃木将軍は、水師営において降伏するステッセル将軍に帯刀を許して会見。その模様は小学生の唱歌にまでなり、昭和に至るまで有名な話になりました。

他方、海軍も旅順港閉塞という無理な作戦を重ねることになります。旅順港に入ったロシア太平洋艦隊が出港できなくするため、港の入り口に閉塞船を沈めて、航路を塞ぐという作戦でした。各閉塞船の運航に、決死隊の指揮官と兵が募られました。

砲艦斉藤遠航海長の大角岑生大尉は、その第三次閉塞作戦の六番船釜山丸の指揮官として参加します。大角大尉は武運強く生還しましたが、僚船の指揮官以下で帰らなかった者が多い作戦でした。明治三十七年三月二十七日、戦艦朝日の水雷長から参加した福井丸指揮官廣瀬武夫中佐は、激しい砲火の中で被弾、一片の肉片を残して戦死。後に、日露戦争における海軍の軍神として崇められました。

四、全力を注ぎ込んだ陸軍の大会戦

他方、この間に旅順要塞を救援しようとするロシア陸軍の大部隊はクロパトキン将軍の指揮で南下し、八月末、日本陸軍の主力、第一、第二、第四の各軍と衝突、遼陽の大会戦となります。激戦の末、日本陸軍はロシア軍を奉天に後退させました。

会戦に勝った日本陸軍は必勝の信念を高めますが、戦力の消耗と弾薬の欠乏で、退却するロシア軍を捕捉撃滅する好機を逃します。この遼陽の会戦で、のちに陸の軍神と称えられた静岡の歩兵第三十四聯隊第一大隊長橘周太少佐（長野、任中佐）が戦死しています。

開戦前、名古屋陸軍幼年学校を見学に訪れた西春日井郡師勝小学校の山中教諭は校長の橘少佐から、岩倉町出身の渡辺中尉を知っているかと聞かれました。「あれは偉い、未来の参謀総長だ」と、橘少佐が誉めたと教諭は回顧しています。橘大隊長の上司に当たる歩兵第三十四聯隊長関谷銘次郎中佐（岐阜、任大佐）も、一ヶ月後の戦闘で戦死しました。

クロパトキン将軍は、予定の退却で損害は僅少と公表し、十月に入ると再び南下して日本軍を攻撃しました。またもロシア軍は大損害を受けて退却しましたが、弾薬が欠乏した日本軍はこの時も追撃できず、そのまま睨み合いに入りました。翌明治三十八年一月下旬、ロシア軍はまたも日本軍の左翼を攻撃しましたが、大きな打撃を受けて撃退されます。

三月一日、旅順の攻略を果たした第三軍に、新編の鴨緑江軍も加えて、日本軍は十二個師団、一個騎兵旅団の全力で奉天のロシア軍を総攻撃。激戦の末、奉天を占領しましたが、包囲の輪をつくることができず、ロシア軍は北方に逃れました。参加した兵力は日本軍約二十五万、うち死傷約七万。ロシア軍約三十二万でうち死傷九万でした。

旅順以外のこれまでの戦闘における主な団隊長の戦死者は、仙台の歩兵第四聯隊長吉田貞中佐（千葉、陸大三期、任大佐）、和歌山の歩兵第三十九聯隊長安村範雄大佐（山口、任少将）、広島の歩兵第四十一聯隊長鵜沢総司中佐（千葉、任大佐）、仙台の歩兵第二十九聯隊長島田繁中佐（福岡、任大佐）、丸亀の歩兵第二十二旅団長前田隆礼《たかのり》少将（奈良、任中将）とあり、第一師団長松村務本《かねもと》中将（石川）、第二軍兵站監竹中安太郎大佐（歩兵、山口、任少将）が陣没しています。

他方、海軍は旅順付近の戦闘で、ロシア海軍の敷設機雷により戦艦二隻を失ったほか、相当数の軍艦を触雷により失いましたが、ロシアの太平洋艦隊を旅順に閉じ込め、各個撃破に成功します。次いで、明治三十八年五月二十七日、ロシア本国から派遣された第二太平洋艦隊を対馬海峡北方に迎え撃ち、日本海海戦で壊滅的な勝利を挙げました。聯合艦隊司令長官東郷平八郎大将（鹿児島、のち元帥）の名はトラファルガー海戦の勝者ネルソン提督に並ぶ英雄として、同盟国英国をはじめ世界に知られることになります。

この海戦におけるロシア艦隊の壊滅により、予てからロシアに講和の斡旋を企図してきた米国のルーズベルト大統領は六月二日、ロシア大使を招いて、講和が得策であることを勧告します。ロシア大使は自国の領土内に日本軍は入っておらず、本国は戦争継続の意向であると言い、応諾しませんでした。

それから間もなく、ロシア国内にも講和の動きが起き、米国大統領は日露両国の間で講和の談判を開始することを勧告。七月十日、米国東岸のポーツマスにおいて、日露両国の全権委員は会談を開始しました。こうした動きの一方で、独立第十三師団が樺太に進出、七月下旬までに全島を占領しました。

九月上旬、休戦条約と講和条約が調印されました。約百万の兵力を動員し、戦死八万余、戦傷十四万余、莫大な戦費を注ぎ込み、日露戦争は終結します。講和の条件は、日本が韓国における政治、軍事および経済上の卓絶した権益を有することをロシアが承認し、一定の期間内に満州から撤兵。樺太南部を日本に譲渡。清国の承認を得て、遼東半島の租借権と東清鉄道の敷設権と施設を無償で日本に譲渡することでした。

日露戦争は陸海軍の全力を注ぎ込み、莫大な戦費の調達を英国ほかの借入に求め、戦前には予想も出来なかったほどの戦力の消耗と弾薬の欠乏に悩みました。日本陸軍の場合、兵力を増強したロシア陸軍に対して、更に戦い続ける余力は乏しかったわけです。

元々、日本にはロシアの首都まで進攻して、これを屈服させるだけの国力はありませんでした。朝鮮半島か満州を戦場にして、持久戦に持ち込むのが限界でした。それが短期決戦の勝利で、講和まで勝ち取れたのは予想外の大成功と言うべきでしょう。当時の政府と軍の首脳たちが、賠償金も取れない条件で妥結したことは、至極当然な結末で、素早い対応と賢明な判断でした。

ところが、連戦連勝のニュースだけに溺れた一般の国民には、政府と陸軍の首脳部が苦悩していた短期決戦型の戦力しかない国力の実情など、想像もできないことでした。国民大衆は、外交交渉の失敗で不満足な講和条件を招いたと思い込み、憤慨します。

帝大教授等七博士の政府批判を先頭に、講和条件に不服な民衆は、全国で猛烈な反対運動を起こしました。群衆は外務省と米国大使館を襲撃し、キリスト教会十三ヶ所を焼き討ちにしました。この事件で、日露の講話を仲介した米国のジャーナリズムはとんだ逆恨みに怒り、日本が人道と文明のために規律を持って戦ったというのは嘘で、日本人の本質は野蛮人に過ぎないのだと酷評します。以後、半世紀にわたる日米間の不信と確執の原点とも言うべき、民衆が反米感情に駆られた愚行でした。

五、日露戦争中の名古屋の話題

日露戦争が始まった直後、衆議院議員の選挙戦が始まります。名古屋の有力者はのちに首相となる加藤高明を擁立するため有志が上京しましたが、この時は成功しませんでした。三菱商会の岩崎弥太郎の女婿で、元外務大臣の外交官から代議士に転身、のちに憲友会総裁として首相になる加藤高明も、選挙の三バンと言われる看板と鞄はあったのですが、肝心の地盤がありませんでした。いわゆる普通選挙ではなく、男性納税者中心の選挙でしたが、中央の政党本部の推薦を受け、いきなり出馬というわけにはいかなかったようです。

選挙運動とは別に、二月下旬夜、扶桑愛国青年団員たちは納屋橋西の劇場で日露戦争奉公大演説会を開きました。選挙終了直後の三月上旬の夜、今度は名古屋の財界の実力者たちが、戦時大演説会を開催します。のるかそるかの大戦争に当面して、国民の士気を鼓舞する熱弁や論説が盛んな中で、三月中旬に臨時県会が開かれました。戦時態勢に対応する予算の修正が行われ、五月になると愛知県は出征した下士官と兵卒の家族の救護規定を公布します。

愛知県水産試験場製造部では、戦地向けの味付け魚の缶詰製造に加えて、民間製造業者を監督することを命じられ、夏から秋の三ヶ月で八万個余の缶詰を陸軍糧秣廠《りょうまつしょう》に納入しました。軍に納入する缶詰業者として成功したのは前出の東陽館の経営者山田才吉

でした。山田は東陽館の焼失にもめげず、のちに築港地区に水族館の施設を造るなど、名古屋の財界には異色の投資家でした。

他方では戦争だというのに、米国セントルイスで開催される万国博覧会に出品する陶磁器はじめ四千点の品目を、政府指定のとおり集めるため、愛知出品同盟が五月から年末まで組織されました。戦時の需要も含めて、生産活動も商売も印刷業も活発でした。

日銀総裁は秋に主要五都市の銀行関係者を招き、戦費調達の国債の応募に関する協議会を開催します。名古屋からは滝兵右衛門、岡谷惣助、関戸守彦、伊藤次郎左衛門、神野金之助が出席しました。神野金之助はこの年の初夏、貴族院の多額納税議員に就任しています。

また、この年の夏、尾張徳川家の義礼侯爵は、先祖伝来の分銅型の金塊三百個（時価十四万円）を、軍用金として早々と献納されました。

大谷派本願寺別院

戦地での消耗と、師団と部隊の増設が続き、ロシア軍との戦いでは兵器、特に火砲と弾薬の画期的な増産が必要になり、この年の秋、東京造兵廠熱田兵器製造所が開設されることになります。開設の事務は早速始まりましたが、開所式は翌明治三十八年秋、戦争終結の後になりました。戦争が終われば急ぐことではなく、そのため、この兵器製造所構内の土砂埋め立ては経費難でその後も遅れてしまいます。

この間、明治三十七年の晩秋から年末にかけて、ロシア軍の捕虜五百名が逐次名古屋に到着し、東本願寺名古屋別院内の収容所に一時収容されたのち、陸軍千種俘虜収容所の三棟に移されます。

翌明治三十八年一月に、スルミノフ中将以下の士官七名も到着しました。相変わらず、名古屋最大の寺院はお国のために、様々な御用を勤めました。捕虜の処遇は厳しいものではなく、当初は外出もさほど制限されなかったようで、都心の歓楽街まで足を伸ばす者がいたとか、陽気な話題もありました。

明治三十八年、名古屋市は「経営費支弁」のために、非常時特別税法に基づき営業税と所得税の付加税を大幅に増税したほか、畜犬税として一頭年一円以内を賦課しました。また、戦役に召集された吏員のために、休職の措置と特別給与の支給規定を施行しています。

春先の奉天大会戦で、地元名古屋の歩兵第六聯隊は多数の戦死者を出し、五月二十三日、日露戦争開始以来の歩兵第六聯隊の戦没将兵合同慰霊祭が名古屋において執り行われました。日本海海戦の一週間後、六月初旬、名古屋市の主催で官民合同の戦勝祝賀会が開かれます。先の日清戦争の時に比べて、こうした戦勝祝賀会が少ないのが目に付きます。強国相手の戦争で多数の戦死者を出し、多額の戦費を使い、手放しで喜べない展開が底流にあったようです。

六、真相分からず、各地で講和反対の騒ぎ

明治三十八年（一九〇五）九月五日、米国のポーツマスにおいて日露の講和条約が調印されるのですが、その二日前、名古屋の御園座で講和条約の条件に反対する市民大会が開催されました。賠償金が取れない講和はもってのほかだとなり、東京での反対運動は大変な騒擾事件に発展します。九月九日、名古屋では講和条約反対の野外大演説会が警察によって開催を禁止されましたが、二十三日、非講和愛知県民大会が御園座で開催されています。

明治三十八年の夏の終わりは、講和条約に反対する騒ぎが続きました。この講和反対の底流には、日清戦争以来の根深い国民感情がありました。

先に日清戦争の講和条約で、清国が遼東半島を日本へ譲渡すると決めたことに、ロシア等の三ヶ国は反対しました。国力がない日本は、三国の干渉に屈服して遼東半島を清国に返還します。この遼東半島をロシアが租借地として手に入れ、軍港と要塞を築き、朝鮮半島を支配下にと狙い、日露戦争となったのですが、国民一般には単に三国干渉時の屈辱を晴らすという戦争でもあり、戦いに負けた憎いロシアから賠償金を取るのは当たり前だと思ったわけです。

日英同盟により英国は中立、清国と米国も日本に好意的で中立という情勢を背景にして、内外の大方の予

想を覆して、短期間に陸海軍とも目覚ましい戦勝を重ねました。満州と朝鮮半島からロシアの勢力を一掃し、戦争の目的を達成した政府は、賠償金は取れなくても、それが潮時とさっさと講和に応じたわけです。米国のジャーナリズムはこの日本の態度を人道と文明にもとづくものと絶賛しました。

前述のように、日本にとっては全力を出し切った戦争でしたが、国内に乱れを招いたロシアにとっては、必ずしも全力を出し切ったとは言えない戦争で、完敗と思ってはいませんでした。日本の国民一般は完勝だと思ったのですが、政府と陸軍の首脳はこれ以上の戦争継続は無理で、持久戦になったら講和条件も更に不利になると考えたわけです。

この高度な政治と戦略の両面における政府首脳の情勢判断は、一般国民だけではなく、政府批判の口火を切った大学教授などにも、ほとんど理解されませんでした。当時の為政者が、国民に日本の国力の限界と戦闘の実相を知らせて、十分に納得させなかった状況について、後世の論者はあれこれと批判します。しかし、交戦中に自国の弱みを、相手国や外国に知らせるような情報の提供は、どこの国でもとりわけタブーとされた時代のことです。そうした史家の「あと知恵」のような批判は、いわゆるないものねだりでしかありません。ちょうど今日の経済と財政の危機と同様で、政府が戦局面の実情を開示できなかった結果で、国民は戦勝に浮かれて深刻な状況を想像できませんでした。

しかし、極東の小国日本が、維新の後わずか三十数年で、大国ロシアを破ったことは、欧米から劣等視された有色人種でも、白色人種の西欧諸国に勝てるとの意識を、植民地化されたアジアの民衆に与えました。

六年後の明治四十四年（一九一一）、清国では朝廷を倒そうとする辛亥《しんがい》革命が起きることになります。肝心の清国と韓国に対しては、なんのことわりもなく、満州と朝鮮半島の支配者を交替させただけのような日露講和条約は、そののち清国と韓国の民衆から強い反発を受けます。それを抑えて、権益を維持することにこだわった日本は苦難に満ちた半世紀ののち、元の木阿弥のような大敗戦への道をたどることになります。

さて、戦争終結に伴い、名古屋の第三師団は満州から引き揚げることになりますが、所在の陸軍部隊の人員が多かったため、明治三十九年初頭にずれ込みました。内地に帰還する部隊が集まった大連地区では、暇な将兵たちに対する慰安がまったくなかったので、陸軍経理部が倉庫と称して独断で劇場を造り、兵士たちの非行脱線を防いだとの話があります。現地の最高指揮官も賛同した名案でしたが、会計事務の権限にこだわる陸軍中央部の顰蹙《ひんしゅく》を買い、関係者は後日予算の目的外流用で咎められたようです。

明治三十八年二月、第三師団の凱旋を慰労するため、愛知県と静岡県との連合の大会が、東本願寺名古屋別院において会費一円五十銭で開かれました。三月初旬、尾張徳川家は大曽根の邸で、凱旋軍人慰労のため大園遊会を開催します。また、三月下旬から二ヶ月、愛知県博物館において凱旋記念博覧会が開かれ、約二十万人余が来場、三万円余の収入を得ました。明治三十九年初頭、名古屋市では、軍人およびその遺族の学童に対し、高等小学校の授業料の免除を実施しています。

第十章　飛躍、名古屋港・上下水道・学校

一、名古屋にも海路開通、念願の築港成る

さて、日露戦争の最中も、名古屋築港の工事は進みました。東西の突堤が出来て、内務省は名古屋港への海陸の連絡工事を認可しています。明治三十七年春、堀川の朝日橋から熱田渡船場までは県費支弁の河川に変更され、名古屋市議会は秋に浚渫に関する意見書を議決し、名古屋商業会議所も浚渫の実施と流域の取り締まりを求めて建議書を提出しました。

堀川の浚渫は明治四十年から四ヶ年の継続工事として着手されます。この間、明治三十八年（一九〇五）夏、精進川（のちの新堀川）の開さく工事が認可され、秋には着工となりますが、のちに様々な苦難に当面する第一期工事の出だしは、請け負う落札者がいないという有様でした。

他方、明治三十五年秋に着任した深野一三愛知県知事は、土木事業だけではなく、県下の市町村の合併も促進し、六百余の町村のうち約四百を減らしました。名古屋の隣接の熱田町はいまだ愛知郡に属していました。名古屋築港が完成するまでに、名古屋・熱田間の街道の拡幅整備が急がれたのですが、それには愛知県議会の郡部会の議決を必要としました。

ところが、郡部会はその改修案を否決します。知事は再議を求めましたが、県議会が再び否決したため、深野知事は原案どおり執行する旨を告示して、熱田街道を仮設県道に編入しました。内務大臣は指揮権を発

動して、知事に原案どおりの執行を指令します。待ったなしの熱田街道の拡幅改修に、愛知県は土地収用法を適用して推し進めることになります。

栄から熱田伝馬町を経て港本通りにつなぐ熱田街道の改修計画には、更に後日談があります。明治四十年秋、名古屋市長加藤重三郎（元市議会議長）は改修案では道幅が不十分と考え、八間を十三間に拡幅することを深野県知事に申し入れました。拡幅の費用二十一万円余は名古屋市が負担して寄付することになり、市議会は直ちに可決しています。名古屋市街地の道幅の広さは、この辺りから始まった伝統的な先見のようです。

明治三十八年春、愛知県は第六課を廃止して築港課を設置しました。この年の秋、名古屋港第二号埋立地埠頭が完成します。翌明治三十九年晩夏、名古屋港西突堤頭部灯竿《とうかん》を、熱田港西灯台と改称したとの記事があります。

この頃、名古屋港はいまだ熱田港とも呼ばれ、その呼称がまちまちでした。名古屋市と旧東海道五十三次の宮の宿（熱田神宮周辺）とはまだ別個の存在で、愛知郡熱田町には、旧東海道の名残の海上七里渡し場があるのに対して、名古屋市には港というものがなく、伊勢方面や沿海への船便の渡し場は市内の堀川端からでした。

名古屋に港を造るとなった時、熱田の地先の海底を掘り下げ、その土砂で海岸を埋め立てることで、最初は熱田築港と呼ばれることになったのは、言わば当然のことでした。市町村合併に先だって、それを公式に名古屋築港と呼ぶと決めても、どこか馴染みが悪い話でした。

明治三十九年春、名古屋経済界は愛知県築港課の黒田技師を招き、次第に完成に近付きつつある築港工事の進み具合と、今後の計画について説明を聞いています。

明治三十九年六月中旬、横須賀鎮守府に所属する横須賀水雷団の第三艇隊の水雷艇六隻が、竣工前の名古屋港に立ち寄ります。八月一日には、同盟国の英国の駆逐艦六隻が名古屋港に入りました。支那沿海に配置された英国艦隊に属する駆逐隊は六隻編制で行動し、日本の水雷艇や駆逐艦より大きく、遠く日本沿海まで行動できる小艦隊でした。新しい港に早々と寄港する。情報集めに熱心でいかにも英国らしい行動です。

初の外国艦隊の入港に刺激されたわけでもないでしょうが、十月中旬、愛知県知事は、名古屋港を外国通商港に指定するように大蔵大臣に上申します。愛知県は大阪税関名古屋税関支署の開設を求め、翌明治四十年九月、熱田築港事務員派出所の新庁舎を大蔵省に寄付しています。

続いて、明治三十九年九月下旬、愛知県の築港担当の技師は、報知社主催の巡航博覧船ロセッタ号（三八七六トン）が、武豊から四日市に向かう途中、名古屋港に寄港するように勧誘しました。外国人の船長は海底が泥である点を考えて、座礁しても安心な干潮時に名古屋港外に到着し、愛知県の技師をパイロット（水先案内人）代わりにして、仮設桟橋に横付けしました。

このニュースは大日本船主同盟会に伝わり、年末には汽船相川丸が二千トンの石炭を搭載して名古屋港に入港しました。浅い伊勢湾の奥に、大型船が入れる港が出来たことを、国内各地に知らせるとともに、港の効用に疑問を抱く地元の懸念を、大きな実績を示して払拭する出来事でした。

同じく明治三十九年の暮れ、名古屋築港に関する費用負担を、愛知県議会は市部郡部の連帯経済から市部経済に移すことを議決しました。翌明治四十年（一九〇七）六月、隣接の熱田町は名古屋市に合併され、これで否応なく熱田港の呼び名は消え、名古屋港に呼称が統一されます。同時に、地方の築造管理の港であっても、国庫補助の対象となる第二種港湾に名古屋港は指定されました。更に七月には、愛知県小碓《おうす》村の熱田新田東組、千年、熱田前新田、稲永新田の各大字が名古屋市に編入され、名古屋港を囲む広大な一帯は、すべて名古屋市の市域になりました。

木曽三川が流れ込む大きな浅い湾の奥に、大型船が入る港をつくることは、他に先例がない大事業でした。裕福な尾張だからできたこととはいえ、長年にわたり大きな行財政上の負担をして、この事業を完成させたことは驚嘆すべき先見と粘りでした。名古屋港があったからこそ、その後の工業と貿易の発展がもたらされ、名古屋は我が国第三の大都市に発展できたわけです。

二、盛大な開港式、大型船も名古屋に寄港

お目出度い名古屋開港を目の前にした明治四十年夏、激しい暴風雨に続き数日間の降雨となります。暴風による高潮で、熱田の海岸では船舶十二隻と流木四千本余が陸地に乗り上げました。十三年ぶりの大水害で、工事中の精進川（新堀川）一帯は甚大な被害を受けました。更に、十月下旬に、名古屋市役所庁舎が失火に

より焼失。名古屋商業会議所の仮庁舎に移転しなければならない災難に見舞われます。

　こうした災難を吹き飛ばすかのように、盛大な開港式になるのですが、この間に、名古屋の都心から築港までを結ぶ熱田街道は、拡幅改修が終わりました。そのほかにも、名古屋港を取り巻く官民の様々な施設や事業が進められ、忙しい年でした。瀬戸電気鉄道の大曽根・堀川口（景雲橋付近）間が開通したのもこの秋のことでした。

　この間、明治四十年初頭、大阪商船は小型船による熱田・鳥羽間の航路を廃止しました。築港の第一号埋立地の分譲が開始され、第四号埋立地の灯台が点灯されます。第三号埋立地からの橋梁と鉄桟橋も完成、税関支署も設置されました。築港の事務員派出所は、旧大阪商船の支店跡に移転、第二号埋立地の分譲が始まります。最後に千年・熱田前新田地先に出来た各埋立地約二十八万坪は名古屋市に編入され、字名を築地と命名されました。こ

名古屋港

れらの埋立地を愛知県は新開免租地とし、以後半世紀の間、愛知県税が免除されています。

十一月十日、名古屋港は開港し、勅令により開港場に指定されました。内港水面積約二百六十万坪、外港水面積約千六百万坪、十五年にわたる第一期事業は完成しました。桟橋への入り口に、巨大な祝賀アーチが設けられます。二十三、四日の両日、盛大な祝賀会が第二号埋立地で挙行され、名古屋市内の五つの芸妓連が「新曲名古屋港」等の踊りを披露しました。呉、舞鶴の両鎮守府から駆逐艦等七隻が入港し、祝賀に参加しています。

開港後の最初の貿易船は十一月十九日、北支那から大豆粕を積載して入港した大阪商船潮州丸《ちょうしゅうまる》でした。十二月五日、名古屋港内における航路案内者（パイロット）と船舶給水の営業が、熱田神戸町の杉江伝之助に許可され、名古屋港給水地も同人に払い下げられました。また、白鳥橋が私設の賃取橋《ちんとりばし》として架設されましたが、のち明治四十二年に道路として買収されています。

翌明治四十一年秋、仏国軍艦デシテーが名古屋港に寄港しました。年末には、北支那との定期航路が開設され、大阪商船の勝山丸（千七百七十トン）が、名古屋港に入港しています。明治四十一年の名古屋港の輸出額は約百七十六万円、輸入額は約七十二万円と記録されています。

三、名古屋の上下水道建設が始まるまで

この頃、名古屋市では市内の水路、河川等の整備がようやく峠を越し、名古屋築港に通じる道路と水路の

整備も、愛知県の事業と共同で一応区切りがつきました。名古屋市にとって残る事業で一番大きなものとして、上下水道の整備が登場してきます。

当時、市内の生活用水は井戸水で、下町では町内の共同使用でした。井戸端会議の利点はあっても、伝染病の感染源となる危険があり、上水道の敷設が急がれる時期でした。また、下水道の敷設は、井戸を上水道に変えるよりも費用も嵩み更に厄介な課題でしたが、こちらも何とかして進めなければならない事業でした。全市域に下水道が完備するまで、糞尿の汲み取りとその処理の事業を零細な民間業者に委ね続けることは、もはや限界を迎えていました。

明治三十九年三月、名古屋市議会は糞尿を市営で処分する意見書を議決し、内務大臣に提出しています。これは、地方議会による公営事業の議決の発端になったと伝えられる出来事でした。

糞尿の汲み取りが世間の注目を集める問題になったのは、日清戦争前の明治二十六年春先のことです。近郊の農家が名古屋市内の得意先を争い、大須門前の福寿亭で糞議演説会を開いて気勢を上げたとあります。翌明治二十七年には、糞尿の買い入れと販売を行う合資会社が開業しています。個人の事業では小規模なため、事業の共同化により処理能力の向上を目指したようです。

名古屋市はのちに数社になるこの種の業者に、委託請負で糞尿を処理させることになります。しかし、この糞尿の汲み取りやごみ処理の事業は、人口の増加と市域の拡大が、零細な業者の処理能力や既存の町内の慣習を追い越してしまい、やがて名古屋市は汲み取り作業とその監督に手を焼くことになります。

他方、上水道の給水工事に関する基礎的調査を、名古屋市が東京帝国大学衛生工学教師の英国人バルトンに委嘱したのは、明治二十六年十月のことでした。翌明治二十七年六月、調査の結果について、名古屋市は早くも意見書の提出を受けました。名古屋市議会が、上水道敷設に関する最初の調査費約七千円の予算を、二割程度削減して可決したのは、それから八年後の明治三十五年夏になります。

日露戦争が終わる頃の明治三十八年六月、名古屋市の水道敷設事務所が新柳町に設置されます。翌明治三十九年初頭、名古屋市長は市議会に上下水道の敷設を諮問し、議会はその必要を認め、市長に成案の提出を促しました。明治三十九年春、名古屋市議会は上水道創設に関する五ヶ年継続事業に、主査の委員十五名を挙げて、六月初旬まで検討に当たりました。尚早論や反対論も激しくなりますが、予算案は賛成二十九名、反対六名で原案通り可決されました。

同じ明治三十九年暮れ、上下水道の敷設準備のため仮事務所が元尚武会授産所に置かれ、吏員数名が配置されています。明治四十年春、名古屋市水道敷設事務所の定数と職員の給料報酬、その他の関係規則が定められます。所長の年俸は三役並みの高給でした。

明治四十年は前記のように、名古屋開港の大きな祝賀の反面、災厄が重なった年でした。それでも災難にもめげず、明治四十一年春、名古屋市では行政区制が施行され、東西南中の四区役所が発足しています。また、名古屋市に上下水道を敷設する案件は愛知県の認可を受け、特別会計事業として市債の発行が決められました。

賠償金が取れなかった日露戦争の直後で、国に借りられる資金がありません。名古屋市は明治四十一年に、横浜所在の英国人が経営する金融機関に委託して、英国で八十万ポンドの外債を募集することになります。外債募集の認可の手続きと資金手当をしている間にも、工事の準備は着々と進められました。

明治四十一年（一九〇八）夏には、陸軍省の元千種俘虜収容所の建物三棟を譲り受けて、年末に上下水道敷設用のセメント試験室にしています。また、景観を害するということで反対があった長畝畔をセメント資材置き場に埋め立てる案も市議会は可決します。

翌明治四十二年夏、名古屋市の覚王山と取水先の丹羽郡犬山町において、上水道敷設の起工式がそれぞれ挙行されました。秋には名古屋市水道敷設事務所の出張所が愛知郡東山村に設置され、明治四十三年春には丹羽郡犬山町と東春日井郡鳥居松（現春日井市）にも設けられ、市役所に水道局が創設されています。

遠く犬山城下から木曾川の水を取り入れ、名古屋市郊外の丘陵地まで運ぶ上水道の敷設工事は、導水路、浄水場の建設から開始され、明治が終わる頃（明治四十五年七月三十日改元、大正元年）までに、都心の大部分に敷設工事を終わることになります。

この間、明治三十九年の暮れ、鶴舞公園を設置する予算について、名古屋市議会は原案を修正して可決しました。翌明治四十年、鶴舞公園の敷地は愛知郡御器所村《ごきそむら》の約十万坪弱と決まり、盛土工事が始まります。この夏、名古屋市は初めて市内各戸の大掃除の検査を実施しました。

秋には、「まるはち」の名古屋市の市章が登場した年でもありました。後に都会的でないと評された市章ですが、そこがいかにも名古屋らしいところで、土地柄と気風を自負する思いが表れています。丸八の記号は、旧尾張藩が使用したもです。

四、名古屋糞尿譚、難航する糞尿の汲み取り

他方、下水道の工事も進められました。こちらは上水道と違い、更に金と時間がかかる気の長い事業になります。そのため、市内の住宅各戸から糞尿を汲み取る作業は昭和の戦後まで続くのですが、明治最後の四十五年春、愛知県は名古屋市の糞尿汲み取り作業を市営にすることを告示しました。

事業の開始に先立ち、名古屋市は監督官庁の愛知県警察部長に対して、汲み取りと運搬の時間は当分従来通り制限しないこと、貯溜場は人家から約二百メートルは離すこと、アンモニアの製造は二ヶ年以内に限ること、従来の慣行により耕作物の肥料とする分の糞尿は供給を続けること、停車場・師団・学校・病院・工場・会社および公衆便所は毎日または隔日、その他は二週間に一回以上、定時または臨時に汲み取ること等を申し出ていました。

しかし、それまで昼夜の束縛なく、気ままに稼ぎまくっていた汲取人たちにとっては、市役所の言うことを聞いていたら、これからは縄張りも稼ぎも減ると思ったようです。事業開始の当日、屎尿汲取人同盟はストライキを行い、汲み取りと運搬作業の時間の延長を県知事に申請しました。また、周辺の農民たちは、肥料としての糞尿が思うように入手できなくなったようで、始まったばかりの汲み取りの市営化に強く反対し

ました。

従来の屎尿汲取人同盟と農民との関係がもめだし、間もなく汲み取り作業が中断する騒ぎになります。市内の各所に糞尿が溢れるなど、明治の終わりの名古屋市役所は臭い紛争の中で明け暮れしています。

なお、名古屋市の掃除監視所はこの事業の市営化もあって、掃除監督長一名、監督十六名、掃除巡視百三十名の大所帯に変貌しています。糞尿の汲み取りと運搬の作業は、上下水道と水洗便所が当たり前になった今日では、想像もつかない難儀な仕事でした。俗に肥担桶《こえたご》と呼ばれた桶に、長い柄杓《ひしゃく》で糞尿を掬《すく》い入れ、天秤棒の両端に吊して運び、荷車に積んで運ぶのですが、その臭気が町中に広がります。

その昔、東京市役所の御用達で、東京のある私鉄はこの肥担桶運搬の専用電車を運行し、郊外の農家に肥料として供給しました。プラットホームを走り抜ける臭気は壮観で、その私鉄は「こえたご電車」の異名をとりました。いずれも若い方には、今は昔のピンとこない話ですが、昭和の作家火野葦平は、北九州の「糞尿譚」で芥川賞を得て文壇に登場したほどで、各都市にとって切実な生活上の悲喜劇でした。

五、番号を冠した県立尋常中学校と県立工業学校

話は遡りますが、ここで中等学校の沿革をたどってみます。明治二十九年（一八九六）春、愛知県尋常中学校は第一尋常中学校と改称されました。県下に番号を冠した複数の尋常中学校が順次創られ、名古屋市内で二番目の第五尋常中学校が出来るのは、十二年後になります。名古屋市第三高等小学校が南鍛冶屋町に出

来たのも、この春でした。初夏には、名古屋市立高等女学校が栄町六丁目に開校しています。

明治三十年春、愛知県尋常師範学校が愛知師範学校と改称、東芳野町の新校舎に移転しました。夏には陸軍省直轄の名古屋陸軍幼年学校（修業三年、定員百五十名）が長塀町に開校します。翌明治三十一年には、名古屋市の高等小学校五、尋常小学校二十六、私立の尋常小学校一と記録されています。この頃、初期の小学校は統廃合により、若干数を減らしています。

明治三十二年春、愛知第二師範学校が県下三河部の岡崎町に設立され、愛知師範学校は愛知第一師範学校と改称されます。夏には名古屋市立高等女学校に付属幼稚園が置かれます。三組約百五十名の児童は女児が男児の約六割で、保母五名とあります。着物の園児は男女とも大きな白いエプロンを着用、筆者の母親と伯父たちの幼児期の平和な風景でした。

翌明治三十三年春、愛知第一師範学校女子部は岡崎の愛知第二師範学校に移されます。同じ春、収容力千名の私立明倫中学校が東白壁町に開校しました。

明治三十四年一月、名古屋市議会は官立高等学校と県立工業学校の設置に関する意見書を関係筋に提出して、促進を図りました。愛知県立工業学校はその秋、愛知郡御器所村に開校します。機械、染色、図案、機織の四科で、修業年限は本科三年、予科一年、定員は三百名でした。また、官立の高等工業学校の設置について、臨時の県議会が招集されています。

明治三十五年の春先、貧しい児童の教育施設として、東海仏教慈恵学校が西菊井町に設立されます。市立名古屋商業学校は、布池町に広い敷地をとり新築移転しました。年末の県議会では、愛知第二師範学校の女子生徒の分離をめぐり、議論になったと記録されています。私立愛知歯科医学校が下長者町に設立されたのもこの頃です。

翌明治三十六年春、愛知県立高等女学校が武平町に開校、本科、技芸専修科、補習科で、生徒定員は六百名でした。夏には、愛知県医学校が愛知県立医学専門学校と改称されます。初秋に名古屋市会は、愛知郡御器所村の敷地を県立工業学校に寄付しています。秋には愛知第二師範学校の付属小学校の校舎が完成しました。翌明治三十七年は日露戦争がはじまり、公立学校の新設は小学校だけになります。

明治三十八年春、私立淑徳女学校が東新町に開校。秋には、県立第五中学校が愛知郡呼続町大字瑞穂に設立されます。明治四十年春、熱田町の名古屋市への合併に先行して、市立第二高等女学校が熱田東町に設立されました。この年人口の増加を反映して、名古屋市第九高等小学校と小学校十一が開校しています。

明治四十一年初夏、私立名古屋女子商業学校が東区西新町に開校しました。この年の暮れ、愛知県議会は激論の末、女子師範学校の新設を決定しています。全般に女子の高等教育に消極的だった当時としては、財政不如意の中での英断と言えます。

こうして全体を眺めると、名古屋は高等教育に対する熱意が薄かったとか、遅れていたとかというのは、まったくの見当ちがいだと思われてなりません。商工業の実学と女性の中等教育の拡充は、その速さが目に付きます。

明治四十四年（一九一一）、私立学校の廃校七、閉鎖を命じられたもの一校との記録がありますが、こうした官民の様々な学校で今に残る主なものが、明治の後半までにかなり出揃います。

六、名古屋高等工業学校と第八高等学校の開校

さて、日露戦争の最中に、高等教育の機関として、明治三十八年（一九〇五）四月、官立の名古屋高等工業学校が御器所村に設立されました。各種の製造業の工場施設が著しく増加していた名古屋にとって、まことに相応しい学校です。土木、機械、建築、機織、染色の五科目で、修業年限は三年、定員三百名でした。五科目のうち機織、染色の二科目は、この年に木綿の自動織機をほぼ完成した豊田佐吉が活躍する名古屋の繊維産業にピッタリで、紡績が主だった当時の軽工業技術者の育成に欠かせない教科でした。

他方、帝国大学や私立大学への進学課程となる官立第八高等学校の設置については、明治四十年晩秋、愛知県議会が議案を即決しています。翌明治四十一年初夏、愛知県は官立第八高等学校の敷地として、県立第五中学校の敷地を寄付しました。その春、官立第八高等学校は発足、文部省視学官大島義脩《ぎゆう》が校長に発令されています。

名古屋の文化が他の地方都市より遅れた例として、番号制最後の官立高等学校が名古屋であったことを殊更に指摘される向きがあります。確かに、第一の東京、第三の京都のほか、第七までの立地はいずれも地方の都市でした。しかし、六大都市のうち、番号を冠した官立高等学校は東京、京都、名古屋の三校だけで、

大阪、横浜、神戸にはありません。この議論はもっともらしいこじつけです。

のちに重工業の発展に伴い、全国から移住者を集め、名古屋は我が国第三の大都市になりますが、第二の都市大阪に比べても、教育文化の面でとやかく言われるほどの遅れはありません。大体、元首都の京都のような特殊な街や、外国文化の受けつけのような首都東京とを引き合いにして、実学以外の高等教育機関の誘致が遅れたと言い、都市としての名古屋の文化水準を殊更に云々するのは、揶揄以外の意味しかありません。

七、尾張の技術屋、豊田佐吉が自動織機を完成

尾張出身の技術屋と言えば、まず最初に名古屋における洋風木造建築の師祖とも言うべき棟梁、九代目の伊藤平左衛門守道をあげたいところです。前述のように、名古屋鎮台病院、愛知英語学校、愛知県庁、名古屋旭廓女紅場（稽古場、診療所も併設）などをはじめ、名古屋の街に文明開化を建築の面でもたらした先駆者でした。守道は当時すでに四十代半ばを過ぎていたのですが、練達した技を洋風建築に生かし、臆することなく真正面から取り組んだ意欲には脱帽するほかありません。

有名になった守道の技には、とりわけ尾張と縁が深い京都の東本願寺大師堂の営造という、十五年がかりの大仕事に取り組む機会が与えられます。この間、守道は奈良の大仏殿よりも大きい大師堂のほか、阿弥陀堂、名古屋の神野金之助が寄進した鐘楼など、東本願寺の目立つ建物を手掛けます。訪れたフランスの建築家が絶賛した守道の功績は、のちに認められて明治二十九年、勅任官待遇の名誉職である帝室技芸員に任命

されました。

また、土木技術の面では、名古屋築港や豊橋地先の神野新田の築堤において、その威力を発揮した人造石の発明家、服部長七があげられます。こうした技術の土地柄を反映してか、都築弥四郎は、三河西部の三郡にまたがる壮大な灌漑用水計画をたてました。弥四郎は明治用水の恩恵を最も受けるはずの農民たちに誤解され、排斥や迫害も受けましたが、信念を貫きます。愛知県はこの構想を取り上げ、用水事業を進めました。明治年間には尾張部の木津用水、三河西部の明治用水、三河東部の牟呂用水などの大事業が、愛知県における耕地と農業所得の拡大をもたらしました。こうした大きな技術と構想を受け入れる土地柄は、昭和後期の豊川用水、愛知用水の大事業に至るまで、愛知県の伝統的な大規模な用水開発技術を育てることになります。

他方、明治十年、愛知県は士族の子女を対象にした授産場の織物工場を、名古屋の久屋町に造りましたが、明治十四年に民間に払い下げます。この間、明治十二年、政府は広島と愛知の両県に紡績所の建設を決定し、翌明治十三年、内務省勧農局は額田郡に愛知紡績工場を造りました。その頃、名古屋の財界人たちは、いち早く紡績会社を設立しています。国の愛知紡績工場は、明治十八年民間に払い下げられました。また、愛知県は養蚕事業の育成のため、国と共に明治初期からの様々な助成策をとります。こうして愛知県の紡績業は全国でも屈指の生産を誇るようになり、本場の栃木県真岡の木綿を凌ぐような製品のほか、帯地、綿毛布など独特の製品を生み出しました。

こうした織物の土地に相応しく、県立工業学校や官立高等工業学校も早々と設立され、染色から機織の教育課程を備え、技術幹部の養成を図りました。この土地柄を背景にして、機械紡織を発明して、のちに我が国と世界各国で特許をとることになる発明家豊田佐吉が名古屋に登場します。

佐吉は遠州山口村の出身で、明治二十三年に木製の人力織機を発明し、翌明治二十四年五月に織機の特許を取得して明治二十五年には東京市外に織布工場を開設しました。佐吉が糸繰返機を発明したのは明治二十七年で、名古屋に来たのはその翌年の明治二十八年になります。

佐吉が木鉄混製の小幅動力織機の考案に成功したのは、明治三十年のことです。佐吉は織布工場を始めて、引き続き織機の改良に努め、明治三十八年頃に自動織機をほぼ完成しました。明治四十年には事業の拡大に伴い、佐吉個人の経営（豊田商会）から株式会社に改組しています。新会社は名古屋市島崎町に資本金百万円の豊田式織機株式会社として設立されました。明治四十三年に名古屋で開催された第十回関西府県連合共進会に出品された織機は、特別功労章を授与されました。

佐吉はこの年、一時事業から離れて渡米。メカニズムに強い異色の事業経営者として、欧米の紡績業を見て回りました。その結果、自分が発明した織機などに比べて、欧米の工場がそれ

ほど進歩していないことに気づきます。そこで、新しい工場の建設を図り、翌明治四十四年秋、豊田自動織布工場を新築しました。織機の改良を更に研究しているうちに、佐吉は織機そのものの改良よりも、切れにくい良い糸を造る工場の新設が先決だと感じるようになります。

佐吉の事業は、この糸の改良を実現するため、次々と大規模な紡織工場を造り、中でも上海に最新式の大紡織工場を造るなど、絶えず先駆者となって大成功を収めますが、それは後の大正年間のことになります。ともあれ、特許の譲渡などの利益を含めて、豊田一族が挙げた利益は、のちの豊田自動車に投資されてゆきます。

発明家として、また事業家として、豊田佐吉が明治中期からの名古屋において、地域を主導する製造業の基盤を築いた功績は、本当に卓絶したものでした。機械技術者としての性格が強い佐吉は、終始煩雑な人付き合いなどは無縁な人物であったようで、世渡りの面では超然とした存在でした。特許を得た織機の製造販売と、自動織機の完成を目指して佐吉は名古屋に出たのですが、この一風変わった人物の将来を嘱望して、リスクの大きい投資に応じたのは地元の資本家ではなく、三井物産大阪支店長が軸だったそうです。

名古屋と愛知県にゆかりのある最大級の人物として、郷土史を書く場合、豊田佐吉は省くことができない存在です。しかし、それにしても、出身が遠州であったことも加わってか、明治から一世紀の愛知県の史話と記録に、豊田佐吉に関する記述や功績の評価が意外に少ないと感じます。筆者だけの思い過ごしでしょうか。

八、渡辺錠太郎陸軍大尉と大角岑生海軍大尉

この間、のちに尾張出身で初の陸軍大将になる渡辺錠太郎陸軍大尉は明治三十七年八月、第九師団の野戦病院に入院しましたが、月末には大阪の予備陸軍病院、翌九月上旬には金沢の予備陸軍病院に送られました。回復は順調で、九月中旬には退院。元の鯖江の歩兵第三十六聯隊補充大隊の中隊長に復帰します。

ところが、ひと月もしないうちに渡辺大尉は大本営幕僚部付となり、大本営参謀に発令されました。日露戦争が終わると翌明治三十八年九月、元帥副官に発令され、元帥陸軍大将山県有朋の付属を命じられています。年末に大本営が復員（解散）すると、渡辺大尉は参謀本部部員兼元帥副官となり、明治四十年に軍事研究のためドイツに派遣されました。

独学のため英語を読む教育を受けることなく、陸軍士官学校に合格した渡辺大尉は、語学の勉強はまず会話をマスターすることだと考えました。下宿先の老婦人から会話を習ったのちに、独大使館付武官補佐官を二年勤めました。この間に少佐に進級していますが、三十代前半の三年間、欧州各国を旅行しています。旅行先ではホテルへの宿泊を避け、教会とか民宿を選び、土地柄や民情にまで関心を抱いたと言います。帰国後の明治四十三年夏、渡辺少佐は再び参謀本部部員兼元帥副官となり、山県有朋の付属を命じられます。

当時、陸軍部内の再長老だった山県元帥の副官となったことが、その後の栄達につながったとして、その強運を指摘する説があります。しかし、当の渡辺大将は、旅順でうけた足部貫通銃創が大変な強運だったと、のちに回顧しています。まず、被弾した個所があと一センチ内側にずれていたら、足首が破壊されて歩行困

難となり、軍人として勤務できない身体になっていたというのです。また、あの時に負傷していなかったならば、必ず戦死していただろうというのでした。

山県元帥の副官となることは、陸軍部内での出世を約束されたような強運だと傍目は見たのですが、そこには、陸軍士官学校と陸軍大学校がともに一期上の久邇宮邦彦王《くにのみやくによしおう》殿下（十七期、大十六期優等恩賜、のち元帥）の推挽《すいばん》があったと言われます。勉強家で視野も広く、世情にも通じ、坊ちゃん育ちのエリートにはない得難い人材の渡辺大尉を、元老で陸軍再長老の副官に推した皇族、その見識と人を見る目の確かさに、明治の時代の厳しさを、改めて痛感するところです。

他方、日露戦争を装甲巡洋艦浅間艦長で過ごした尾張出身の八代六郎海軍大佐は、明治三十八年末に独公使館付となり、渡辺錠太郎陸軍大尉よりも先に渡欧しています。ベルリンで開催された万国無線電信会議委員として滞在し、少将に進級したのち帰国。横須賀鎮守府予備艦隊司令官、第一艦隊司令官から、練習艦隊司令官として中米を巡航。明治四十四年末、第二艦隊司令官から中将に進級し、海軍大学校長になったところで、明治を終わります。大正に入ると、八代中将は列国に比べて著しく遅れた我が国の海軍の軍備を強化し、海主陸従への切り替えを建議しています。

同じく尾張出身の大角岑生海軍大尉は、日露戦争後、海軍兵学校航海術教官兼監事から海軍大学校甲種学生となり、少佐に進級後、海軍省軍務局局員から海軍大学校教官を兼務しました。明治四十一年初頭から約三年、独国駐在としてベルリンで渡辺錠太郎陸軍少佐と一緒になり、帰国後は軍事参議官副官兼海軍省出仕

（大将東郷平八郎付属）となります。そして東郷大将の意を受け、海軍大学校長の八代中将とともに、海主陸従の軍備拡充論をまとめました。

明治の終わりに、渡辺錠太郎陸軍少佐が陸軍最長老の山県元帥の副官となり、大角岑生海軍少佐が間もなく元帥になる海軍最長老の東郷平八郎大将の副官になっていたことは、まことに興味深い歴史の一コマです。ともに駐在先がドイツであった点を含めて、後に昭和初期の陸海軍の動向を左右する尾張出身の陸海二人の大将の閲歴は、陸海軍に分かれて、この時期奇妙に符合しています。

第十一章　光りと影、明治の終わりへ

一、日韓併合条約と南満州鉄道の経営

日露戦争の講和条約調印の前に、明治三十八年（一九〇五）八月中旬、日英同盟は東アジアからインドまでを範囲とする攻守同盟に改められました。中央アジアのトルキスタン方面からインドに向かうロシアの南下策に対応するための改定でした。また、秘密約款では、日英の両海軍が東洋において最大の戦力になるように努力することが約定されていました。これは、ロシアはもとより、米国とドイツまで意識したかのようなものでした。

同じく八月末に、来日中の米国鉄道界の大物ハリソンとの間で、南満州における鉄道を日米共同の経営組織にする予備協定の覚書が交換されています。この頃、日本は講和成立を仲介した米国への配慮もあり、また、単独で南満州の鉄道事業を経営する自信がいまひとつ持てなかったようです。

明治三十八年九月上旬に日露講和条約が成立したのち、十月中旬、満州に派遣されていた名古屋の第三師団長大島義昌《よしまさ》中将が大将に進級して、旅順・大連ほか満州の占領地における軍政署を管理する関東総督に発令されました。第三師団長の後任には、重傷から回復して間もない第三軍参謀長松永正敏少将（歩兵、熊本）が、中将に進級して発令されます。

日露講和条約に基づき、明治三十八年十一月中旬、京城において日韓協約が締結され、韓国は日本の保護下に入ります。十二月に元首相伊藤博文が韓国統監に発令されました。年末までに、清国と満州に関する条約と付属協定が北京において成立し、ロシアが持っていた旅順・大連の租借権と既存の旅順・長春間の鉄道

が、清国から日本に改めて譲渡されました。その上に、奉天・安東間の鉄道を新たに日本が経営することまで認められました。

明治三十九年初頭、日露戦争を遂行した第一次桂内閣は、こうして一連の外交交渉による戦後の処理を終わり、四年七ヶ月の長い政権に幕を引きます。次は第一次西園寺内閣の登場となります。この間、小村外相の帰国後、前記の南満州鉄道を日米共同で経営する構想は、日本政府の方針変更で御破算になります。就任早々、西園寺新内閣の加藤高明外相は、米国に対して前記の覚書を無効とする通告を行いました。日米関係は急速に冷却し、明治三十九年三月、米国カルフォルニア州議会は、日本からの移民制限を議決します。加藤外相は就任後二ヶ月足らずで辞任しました。

当時、英国と米国は共同して、門戸開放、機会均等が実行されていないと日本に抗議しました。政府は秋から大連港を開放することにします。他方では、韓国統監の伊藤博文が元老や政府と軍の首脳たちに呼び掛け、満州問題を協議しました。その席で伊藤は、日本軍の満州からの撤兵に要する期間十八ヶ月は長すぎるとし、早く軍政を解かないとロシア軍の撤退が遅れ、英米両国と清国の不満を招く結果になると指摘しました。

こうして満州からの日本軍の撤兵が促進され、占領地の軍政署は順次廃止されます。九月には関東総督を廃止し、新たに日本の租借地となった関東州（遼東半島西南端）を対象とした関東都督を置き、関東総督の大島義昌大将が任命されました。ロシアとの間で、通商条約と漁業協約も締結されます。

明治三十九年十一月下旬、南満州鉄道株式会社が発足。初代総裁に後藤新平が起用されました。若い頃、愛知県病院長として名古屋にいたことがある後藤新平との縁なのか、名古屋財界の代表で、名古屋鉄道株式会社創立委員長を勤めたことがある奥田正香《まさか》と、奥田と一緒に中央道と名古屋・富山間の鉄道敷設を出願したことがある滝兵右衛門の二人が、明治三十九年七月中旬、南満州鉄道株式会社の創立委員に就任しています。

話は変わりますが、外相を勤めた尾張出身の加藤高明は明治四十四年、男爵を授けられています。明治が終わった翌大正二年一月に加藤は再び外相となり、大正五年夏には勲功により、子爵に列せられました。三菱財閥の創始者岩崎弥太郎の女婿で、恵まれた背景を持つ外交官でした。

それでも、明治三十七年に愛知県から代議士に出ようとした時には、地盤がないために果たせませんでした。しかし、その必要はなかったようで、再び外相を勤めたのち、憲政会総裁として大正十三年六月、加藤は首相に就任しています。加藤子爵は名古屋の西、佐屋村の生まれで、維新後に名古屋藩弓役加藤武兵衛の継嗣《けいし》となり、藩の洋学校から選ばれ上京しました。

また、これより先の明治四十二年初め、元尾張藩士田中不二麿（旧名国之輔）子爵が逝去しました。幕末の尾張藩勤王派で最も若いスタッフでしたが、明治政府に出仕して、文部大輔として明治初期の我が国の学制改革に尽力したのち、司法卿からフランス公使を経て、明治二十四年に司法大臣となります。のち枢密顧問官になり、功績により子爵を授けられました。幕末に藩主慶勝公に従って活動した藩士の中で、維新後の第一の出世頭でした。「明治維新における尾張藩の功績は、薩摩と長州に勝るとも劣らない」と、のちに編集された田中子爵の伝記に、精一杯のコメントが残されています。

二、最初は否決された大イベント、連合共進会の開催

明治四十年（一九〇五）秋、名古屋開港の祝賀を前にした頃、愛知県議会は第十回関西府県連合共進会を名古屋市で開催する予算案七十万円弱について、原案賛成の市部議員と、否決を求める郡部議員との大論戦の末、多数決で否決しました。深野県知事は負けていません。堂々と弁明し、衆論に訴えても遂行すると所信を表明し、再議にかけると主張します。

この年は、春に金融恐慌の取り付け騒ぎが名古屋方面にも波及します。夏には十数年来の暴風雨の被害があり、共進会開催の議案が否決された騒ぎの後、名古屋市役所が焼失するなど、十五年も費やした名古屋築港の完成祝賀とはうらはらに、災難続きで気勢が上がらない年でした。

慎重な県議会とは反対に、名古屋の世論は関西府県連合共進会の開催案の復活を支援し、県議会の否決を攻撃しました。深野県知事は十一月下旬、臨時県議会を召集して再議にかけ、県議会各部会は可決したと記録されています。この県議会の態度の変化は、名古屋で久しくなかった大祝賀会、名古屋開港式典の盛大な

笹島駅前の光景

行事が成功したことが、沈滞した気分を変えることになったようです。

翌明治四十一年二月、鶴舞公園の敷地を第十回関西府県連合共進会の会場として、無償使用することが決まります。この春、中央線が木曽福島付近の一部を除き東京の飯田町まで全線開通し、東海道線の名古屋付近の複線化も進みました。

名古屋市議会は十三間（約二十三メートル）幅の共進会開催に必要な幹線街路の計画案を否決して、新規計画を要望する決議をしました。加藤重三郎名古屋市長は市議会の要望を受け入れ、鶴舞公園関係道路の改修計画を緊急案件として口頭で提案し、市議会は即座に同意したと伝えられます。

明治四十一年の春先、名古屋の朝日座で片山潜《せん》の社会共産主義の演説会が開かれています。米国エール大学出身の片山は、それまでの自由民権というようなレベルの理屈ではなく、社会の支配体制を根底から覆すようなまったく次元の違う理屈を持ち込みました。以後一世紀にわたり世界各国を激しい内紛に巻き込み、各国間の対立と戦争まで引き起こすことになる社会主義運動理論のさきがけでした。

早速その影響というのでもないでしょうが、名古屋では明治四十一年末、材木運搬人が賃上げを求めてストライキをしました。続いて翌明治四十二年春には、輸出不振の打撃を受けた日本陶器合名会社で、職工の一部を解雇したことからストライキが起き、重役会議で涙金《なみだきん》を支払って解決したとか。夏には、名古屋電鉄会社の従業員五十人が営業課長の退陣と賃上げを求めてストライキに入るなど、世相の底流に地縁血縁から離れた動き、それまでみられなかった変化の兆しが表れ始めます。

明治四十二年春先、尾張一帯に大変な暴風雨があり、日光川の堤防が決壊して、応急修理に出動中の陸軍工兵一名が濁流に呑まれる騒ぎがありました。当時の第三師団の第三工兵大隊は、管内各地のこのような工事に何度も緊急出動しており、各地でその活躍と恩恵は古老たちの語り草になっていました。愛知県西部では日光川樋門が破壊され、千町歩以上が冠水するなど、春先から季節外れの大災害になりました。

また、この明治四十二年には、南満州鉄道の日米共同経営の御破算から、日本移民の排斥などが起こりました。冷えてきた日米関係の修復を図るため、米国政府は議会に予算百万円の支出承認を求め、日本から実業家五十二名を招待することになります。名古屋財界からは神野金之助等三名が渡米しました。

政治の話題では、この年の秋、立憲政友会東海十一回大会が御園座で開催され、松田正久、鳩山和夫等が熱弁を振るっています。しかし、一方では夏の衆議院議員の補欠選挙で、政友会の元老大井憲太郎が中央からの輸入候補として出馬し、善戦の末落選の憂き目をみました。名古屋の土地柄を表す出来事でした。加藤高明が名古屋からの出馬を断念したのは、けだし賢明だったと言うべきでしょう。

同じくこの秋、名古屋市役所は新築の庁舎に移転しました。議事堂が焼失した後、名古屋商業会議所で開催してきた名古屋市議会も、これで落ち着くことになります。焼失した議事堂に付保した保険金の一部は、請求権を放棄しなければならなかったとの記事が目に付きます。

またこの秋、全国自転車競争大会が鶴舞公園近くの池の周囲で開かれました。年末にはその昔、名古屋の第三師団長だった桂太郎首相が来名。知事、市長、商業会議所会頭の共催で、会費二円の歓迎会が名古屋商業会議所で開かれています。この間、鶴舞公園周辺の道路整備が着々と進み、名古屋電鉄の市内線が伸びています。

三、大成功、連合共進会と開府三百年祭

明治四十三年（一九一〇）、三月十六日から九十日間、第十回関西府県連合共進会が、鶴舞公園敷地で開催されました。参加三十一府県、出品約十三万点、出品人員八万余、入場者約二百六十三万人、経費約七十四万円の大イベントでした。

この共進会の開催にあわせて、名古屋瓦斯会社は、市街幹線道路に六十三本の街路灯を点灯しました。都心の中区栄町の元市役所跡地に、西区茶屋町のいとう呉服店（のちの松坂屋百貨店）が創業三百年を記念して、木造三階建て建坪約四百坪の新築店舗で営業を開始しました。また、都心の門前町に愛知県商品陳列館が開館し、東築地には山田才吉経営の名古屋教育水族館が開館しています。鉄道院は会場の鶴舞公園の敷地前に臨時の鉄道営業所を開設し、名古屋電鉄の公園線も開通しました。

更に、会期中の桜の頃、名古屋開府三百年記念祭が、北練兵場と愛知県商品陳列館で二日間開催されました。「市中の景況は筆舌に尽くし難し」とあり、昼夜とも盛況を極め、名古屋駅ほかの乗客数は元旦の倍以上を数えました。

四月下旬には、全国各市連合協議会と全国各市小学校連合会が名古屋市で開催され、五十余の都市が参加しています。共進会が閉会する前、加藤名古屋市長以下五百名余が参加して、開府三百年祝賀の仮装行列が賑やかに行われました。共進会の会期中に他の行事を綿密に集中させ、全国から人を集めた点で見事な企画でした。

四月下旬、皇太子殿下（のちの大正天皇）が名古屋離宮に二泊され、共進会に行啓《ぎょうけい》されましたが、第三師団司令部と尾張徳川家の義親公の邸にも行啓されています。五月上旬には韓国皇太子が御来名になり、名古屋ホテルに御宿泊、共進会に行啓されています。

会期中の名古屋停車場の降客は九十日間で約百二十万人、名古屋城入場者は約八万人とあります。この年の元旦には五千余の乗客でしたから、会期中は連日元旦の倍以上の乗客となり、それこそ盆と正月が一緒に来たような騒ぎだったようです。来場者の残り百万余は、名古屋電鉄の利用者が多かったと思われます。元旦の乗客数では、名古屋電鉄の乗客数が東海道線の利用客の倍以上だったことを思い合わせると、この期間に名古屋が集めた来客の数は、それこそ空前の大変な数でした。

共進会の閉会式直前に、拡張された中村公園の開園式が行われています。のちに名古屋市の主要公園となる中村公園も、当時は愛知県の郡部公園の扱いでした。

さて、共進会が終わると、深野知事は早々と名古屋築港の拡張案を県議会市部会に提案しました。七年継続事業で予算三百四十万円の議案には反対が多く、規模を縮小しての修正案が、賛否双方の激論の末に可決されます。

他方、名古屋市議会では、県立愛知医学専門学校とその付属病院の敷地として、鶴舞公園の一部を愛知県に特売することに反対し、議案が撤回されました。深野県知事は反対を押しのけ、のちに土地収用で対抗したため、市議会も収用補償金を受け取る議案を可決するほかなくなります。

名古屋港は開港後二年で、年間の出入り貨物が百万トンを超えました。明治四十四年春、名古屋臨港線が開通、名港駅で旅客と手小荷物の取り扱いを開始、港からの貨物輸送が便利になります。名古屋港では、第二期拡張工事が着手されました。秋にはイタリアの軍艦カラブリヤが寄港し、築地地区の倉庫は次々と増設されます。翌明治四十五年、日本郵船の北支那定期航路と北海道定期航路が開設され、深野知事、坂本市長、奥田商業会議所会頭の共催で、盛大な祝賀会が築地二号地で開催されました。

四、消える三角同盟、全員無罪となった疑獄事件

この間、明治四十四年（一九一一）夏、加藤重三郎名古屋市長は辞任、元鹿児島県知事の坂本釤之助が七代目の市長に就任しました。大正元年（明治四十五年）の年末に、深野愛知県知事は依願免本官となります。明治三十五年秋に着任してから十年。明治の終わりの名古屋に、様々な事業と施設を展開し、挙げ句は当時としては未曽有の大イベントを成功させ、深野愛知県知事の業績はまったく驚くべきものです。明治四十三年、深野知事は功績により貴族院議員に勅選されました。

こうした業績をもたらした背景には、名古屋商業会議所会頭の奥田正香、名古屋市長加藤重三郎との間で、「三角同盟」とあだ名された連携がありました。その上、この「三角同盟」を支える「四天王」として、名古屋商業会議所副会頭の鈴木摠兵衛、代議士の安東敏之、上遠野《かどの》富之助、兼松熈《ひろし》が盟友の関係にあったと言われます。

特に、名古屋商業会議所の奥田会頭の力は絶大で、名古屋の財界では奥田に指弾されたら何も出来ないと言われたほどでした。その実力はともかくとして、その人柄は正邪半ばするという評もあったようです。

奥田は元尾張藩士で、丹羽賢に従い勤王派として奔走しました。慶応四年、明倫堂国学助教見習の時、甲斐信濃地方へ勤王の勧誘に出向いた際、旅宿で泊り合わせた商人から、横浜での生糸貿易の話を聞いたのが、

のちに商人に転じる動機になったとのことです。二年後の明治三年に名古屋県大属《だいさかん》、翌年に安濃津県大属を勤めたのち、味噌醤油の製造販売業に転じました。

その後、名古屋の経済界において、めぼしい会社のほとんどの設立企画に名を連ねる大活躍で、県会議員、米商会所頭取、株式取引所理事長から、明治二十六年夏以降、名古屋商業会議所会頭に就任します。奥田は電話の架設、名古屋築港、中央線の敷設促進、日本銀行名古屋支店の開設、南満州鉄道創立委員など数々の事業の推進役を務めています。

明治が終わった翌大正二年、深野愛知県前知事は稲永新田への遊廓の移転に関する疑獄事件に連座して起訴されました。熱田伝馬町にあった遊廓を、名古屋港の西の稲永新田に移転させる事業で、深野前知事は、加藤前名古屋市長、代議士安東敏之、土地会社の重役兼松熙、十六銀行の頭取等とともに起訴され、収賄罪で一審は有罪になりましたが、控訴審では全員が無罪で確定しました。起訴を担当した検事は文官懲戒令で譴責処分を受けています。

宿場と船着き場の町熱田の遊廓は、東海道線の開通以後、時勢の変化で寂れる傾向にあり、名古屋築港に近い稲永新田への移転を受け入れました。しかし、名古屋の都心の旭廓については、郊外の辺鄙な場所への移転は死活問題と思ったのか、再度にわたる県議会の移転決議にも応じる気配がなく、居座りの画策が噂されました。

この疑獄事件の発生によって、深野知事が明治四十五年に移転を命令した都心の旭遊廓は、のちに移転命令が取り消されています。それが狙いだったかのような疑獄事件でした。深野知事の出身地である福岡県人の気風では、遊郭を辺鄙な郊外に移すという発想も、その移転をめぐる野暮なごたごたの疑獄も、どちらも理解しがたい出来事でした。名古屋の土地柄の生真面目な一面を物語るものだと言う博多っ子もあります。

この事件のために、深野知事と奥田正香等の功績が、その後ほとんど郷土史の話題にもならないのは、何とも残念な話です。スキャンダルを暴露して権力者を訴追し、その失脚を図る。検察を政争の具に利用する傾向は、後に中央の政界でも目立つようになります。

またこの事件で、名古屋の財界に約二十年も君臨した奥田正香に対する反感が、一挙に噴き出したような格好になりました。大正二年秋、五十歳の奥田は名古屋商業会議所会頭をはじめ、一切の職を退き隠居することになります。後任は四天王の一人で奥田に諫言を吐いたという鈴木副会頭に落ち着きました。「三角同盟」と「四天王」の解体、それに中心人物の奥田会頭の退場は、それこそ明治の名古屋の「古き良き時代」の終わりを告げるような出来事でした。

五、西築地で名古屋で初の飛行機を披露

明治四十四年（一九一一）四月二十二日、米国の飛行家マース氏が来名。西築地において名古屋で初めて、飛行機を操縦して見せました。米国の自転車業者ライト兄弟が、ガソリンエンジンの飛行機を初めて地上から浮揚させたのが、明治三十六年でしたから八年後のことです。

この間、欧米各地で飛行が披露され、明治四十一年になると飛行時間で二時間、時速百キロを超えるようになりました。フランスの陸軍はこの成功に注目し、日本陸軍も欧米の駐在武官を通じて、様々な情報を集めました。

当時、駐独大使館付武官補佐官として、ベルリンから欧州各地を回っていた渡辺錠太郎陸軍少佐は、飛行機の情報を集める任務も担当することになります。

明治四十二年五月、陸軍参謀本部部員の川田明治大尉（士十、陸大二十、高知、歩兵）は、米国陸軍信号団のスキアー少佐が著した「軍用飛行術」に各国の最新事情を補足して、「空中兵器」と題する報告書をまとめました。海軍も同様な調査報告をまとめており、寺内正毅《まさたけ》陸相（歩兵、山口、のち元帥）は斎藤實海相（兵六、岩手、のち大将、首相、二・二六事件で殺害される）に対して、陸海軍で空中兵器の共同研究をと申し入れます。

寺内陸相は桂首相から予算六十万円を獲得し、臨時軍用気球研究会を発足させます。川田大尉の報告書は、実用性の高い誘導気球（のちの飛行船）に重点が置かれ、出来たばかりの飛行機は偵察と通信の手段として、研究の対象にすべしという程度で、いまだ軍用には適さないと判断していました。この段階では飛行機中心の研究ではなく、陸海軍とも誘導気球の研究が先行しています。

日本人で初めて気球を見た人物は、万延元年（一八六〇）に渡米した新見豊前守一行だと言われています。それが戦争に使われるのを見た最初の人物は、明治三年（一八七〇）に渡欧した大山弥助（のち大山巌陸軍元帥）でした。大山はパリ郊外のプロシア軍前線から、包囲されたフランス軍を視察しました。プロシアとフランスの両軍が気球を使用し、敵軍を偵察して、援軍を求めるフランス軍の使者が気球で脱出するのを大山は観察しています。

帰国後、西南の役の直前まで陸軍少輔《しょうふ》兼第一局長の大山巌陸軍大佐は、熊本鎮台司令長官を兼務していました。明治十年、包囲された熊本城の救援に向かった官軍が田原坂で阻止された時、陸軍首脳部は係留気球を戦場で使用するため、気球の作製を急ぎました。工部大学校（のち東大工学部）、海軍兵学校、陸軍士官学校で気球が作製されましたが、実用の域に至らないうちに戦役は終わります。陸軍士官学校の気球は、工費一万円、コンニャク澱粉液塗りの絹布で二人乗り、百メートル以上も浮揚でき、径八メートル以上の大きさだったようです。

名古屋の人々が初めて気球を見たのは、この西南の役よりも早く、明治六年六月のことです。名古屋城三の丸広場で、有志が気球を揚げたとの記録があります。珍しさで見物の人の山ができたと伝えられますが、乗る人がなく人形を乗せて揚げたとのことです。

その後、明治二十四年、陸軍はフランスから軽気球を購入して、工兵会議で研究しました。日清戦争の時、この気球を使おうと考えたようですが、すでに球皮が損耗していて、使いものにならなかったようです。次の日露戦争では、明治三十七年六月、陸軍臨時気球隊が編成され、旅順の攻略戦に参加することになります。気球は二個、うち一個は信号用で、人が乗れる一個に第三軍の参謀が乗り、乃木軍司令官自らが揚げる位置を指示して、敵軍の状況を偵察しました。強い風と瓦斯の不足に悩まされ、観測できる機会が少なく、そのうち球皮から瓦斯漏れがひどくなり、間もなく気球隊は帰国することになります。

陸軍は新たに二つの気球隊を準備したのですが、旅順は陥落して出番がなくなりました。最高八百メートルまで浮揚したと言い、敵からしばしば砲撃を受けながら、軍司令官以下参謀までが、この新兵器の利用に取り組んだことは、ほとんど知られていません。名古屋鎮台最初の司令官代理であった乃木大将は、突撃だけを命じる無能な将軍だとする俗説が少なくないのですが、この一事を見てもそれは偏見だと思われます。

六、渡辺錠太郎陸軍歩兵少佐と飛行機との出会い

陸軍が気球隊を常設するのは明治四十年十月で、鉄道聯隊、電信大隊とともに交通兵旅団に属し、その後の大演習には毎年参加することになります。明治四十二年夏、前記のように、陸軍省軍務局長長岡外史《がいし》中将（十二、歩兵、山口）を委員長とし、陸海軍の担当者と帝国大学教授で構成する臨時軍用気球研究会が発足しました。飛行試験場として所沢を選定し、飛行機一機を試作したのですが、飛行に失敗しました。

翌明治四十三年、ドイツとフランスおよび米国から飛行機四機を購入することになり、徳川好敏《よしとし》工兵大尉、日野熊蔵歩兵大尉が、購入と操縦習得に渡航しました。のちに陸軍航空の父と呼ばれることとなる尾張出身の渡辺錠太郎少佐が、兵器としての飛行機と出会うのは、この頃が始まりだったわけです。

渡辺少佐が明治四十三年夏に帰国したのち、秋には購入された飛行機が横浜に到着します。年末には、徳

川、日野の両大尉が、代々木の練兵場において我が国で初の飛行に成功します。高度約二十メートル、飛行距離約一キロ、飛行時間一分二十秒でした。

しかし、この快挙も列国の状況から見れば、ひどく遅れていました。前年の明治四十二年、フランスのブレリオは、英仏海峡約五十キロの横断に成功していました。日本陸軍が同じ距離に当たる所沢・東京間の往復飛行に成功するのは、それから三年後の明治四十五年になります。

明治四十四年、日本陸軍は飛行船を試作し、翌年にはドイツからパーセバル式飛行船を購入しています。この頃のドイツと同様に、当時の日本の陸海軍は、将来の航空兵器として、飛行船と飛行機の双方を追い掛け、模索していたわけです。

明治四十四年春、名古屋の西築地で米国の飛行家マース氏は、地上の滑走約四十メートル、高度百～三百メートル、距離約十一～十三キロ、時間五～六分の飛行を二度行いました。見物した当時の名古屋の人々は、さぞかしたまげただろうと思います。

ここで感心するのは、幕末から日露戦争を経て、明治の終わりまで、政府と陸軍の首脳を占めた長州出身の将軍たちの態度です。旧式装備の幕府と諸藩の兵を破った長州藩らしく、新兵器の導入について、彼らは常に貪欲なくらいの関心を抱き続け、欧米からの様々な情報を求めてやみませんでした。そのために必要な人材ならば、その起用に当たっては出身がどこでもかまわない。当時の薩摩長州の派閥は、今日伝えられるほど、身内だけを引き立てる偏狭な人物ばかりではなかったと思われます。再び、元帥陸軍大将山県有朋の副官となった渡辺錠太郎少佐は、単なる首脳側近の鞄持ちではなく、長州出身の元老山県から何を期待されていたのか、お分かり頂けることと思います。

七、次の戦争までの束の間の一服、財政難の政府

ロシアのロマノフ王朝が、イギリスが造った上海の市街地に対抗して、ロシアの権威を清国に示すために建設した大連の街は、当時の日本にない西欧風の近代的な都市でした。その大連の街をそっくり手に入れた日本は、ロシアに代わって大連や韓国内で、その権威を示すだけの建設投資をやり遂げる必要に迫られます。その上、ロシア、清国、米国に備える陸海軍の軍備も、充実を急がなければなりませんでした。

日露戦争の初期、近衛師団を含む十三個師団で戦った陸軍は、戦争が進むにつれて兵力が不足したため、新たに野戦四個師団、後備二個師団、後備の混成旅団七個と歩兵旅団六個のほか、独立重砲兵旅団一個を編成しています。戦後、後備の部隊はいずれも復員（解散）したのですが、野戦四個師団はそのまま残し、更に二個師団を増設したほか、騎兵二個旅団、野砲兵一個旅団、山砲兵三個大隊、交通兵一個旅団を新設。要塞砲兵を重砲兵一個旅団に改編しました。陸軍では、機動性と火砲を重視した増強が行われ、特に韓国から南満州における鉄道の整備は、師団の増設に匹敵する課題として、その整備を急ぐことになります。

当時の海軍には、陸軍のように明確な仮想敵国がなく、軍備増強の目標がはっきりとマークできなかったのですが、戦後の明治三十九年末には、大小三十九隻の艦艇の建造計画を提出して議会の承認を受け、六ヶ

年計画で軍備の増強を図ることになります。戦費の賠償金が取れなかったために、日露戦争後の我が国は、そうでなくても財政難のところへ、更なる軍備の拡充の負担に迫られて、後継の第一次西園寺内閣の財政運営はきしみ始めます。

話が前後しますが、明治三十八年十二月二十日、戦傷が癒えた渡辺錠太郎大尉が副官として仕えていた参謀総長山県有朋元帥は大本営の復員（解散）で解任され、満州軍総司令官大山巌元帥が参謀総長に復帰します。渡辺錠太郎大尉は十二月二十日付で参謀本部部員となり、元帥副官の兼務を発令されて引き続き山県元帥付となります。

大山参謀総長は復帰後直ちに、明治三十九年度の陸軍作戦計画要領を作成。それが終わると、翌明治三十九年春、辞職を願い出ました。日露戦争前の五年間参謀総長の職にあった大山元帥は、間もなく児玉源太郎大将と交替しました。ところが、児玉参謀総長はわずか三ヶ月余で死去。伯爵奥保鞏《やすたか》大将（福岡、のち元帥）が後任となります。

日露戦争後の国防方針に基づく所要の兵力量については、参謀本部部員の田中義一陸軍中佐（歩兵、山口、のち大将、陸相、首相）が策定を担当することになります。田中中佐は、陸海軍の協同による攻勢作戦を基本として、再びロシアを敵国と想定します。日本の陸軍は、ロシアが保持する百個師団の兵力の約半数を極東に動員できるものと想定し、軍備の増強を図ることになります。

この陸主海従の戦略に対して、海軍は陸軍が想定しなかった仮想敵国として米国を持ち出し、海軍艦艇の大幅な増強を主張します。陸海軍の両統帥部の事務局間では話がつきませんでした。もっとも、米国自身も、日露戦争が開始された明治三十七年（一九〇四）に、いわゆるカラープランと呼ばれた作戦計画の中で、日本がフィリッピンを狙う場合を想定したオレンジプランを作成し、日本を仮想敵国としていました。

山県元帥は、陸海軍の両統帥部の事務当局間で国防方針がまとまらない状態を見て、明治三十九年秋、国防方針に関する私案を天皇に上奏します。山県は、満州における日露両国の利害は今後も相反する立場にあるが、少なくとも十年間は平和を維持することが必要だと考えました。

その上で、露清の両国を仮想敵国とし、陸海軍は平時から作戦計画を立て、その軍備は国防方針に基づいて決めることなどを山県は述べて、奥参謀総長と東郷平八郎海軍軍令部長との間で、協議が開始されるように求めました。翌明治四十年春、陸海軍の統帥部の間で、国防方針、所要兵力量、用兵綱領が決められ、西園寺首相も同意しました。

日露両軍は、その頃までに満州から撤兵し、日清間に鉄道の買収と投資に関する協定が成立しました。六月には日仏両国の間で、清国の領土の保全と日仏両国がアジア大陸における地位と領土の保持について、相互に支持することを約定しました。

同じ明治四十年七月には、日韓協約が締結され、韓国政府は日本から派遣された統監の指導の下に施政を改善することになり、韓国軍は皇宮を警護する大隊を除いて解散させられました。日本の事実上の支配が明瞭になります。

七月末、日露協約が成立して、互いの領土保全を尊重し、清国の独立と領土保全、列国の商工業の機会均等を承認します。また、秘密の付帯協定で、日露の勢力範囲について、日本は韓国と南満州、ロシアは外蒙古と北満州と定めて、これまでの勢力範囲が曖昧だった点をはっきりさせています。しかし、表面上の和睦関係とはうらはらに、ロシアはウラジオストックほか国境付近の要塞施設を強化してゆきます。

それから一年後、西園寺内閣は、この国防方針に基づく陸海軍の軍備増強に伴う財政難を切り抜けられなくなります。清国との外交交渉もその先の展開がなく、明治四十一年七月、西園寺内閣は二年半で、第二次桂内閣と交代しました。後継内閣でも、その財政難は相変わらずでした。

他方、韓国内では、日本の支配に対する反発が激しくなります。明治四十二年秋、韓国統監の伊藤博文がハルピンで韓国人安重根《あんじゅうこん》に狙撃されて死去。年末には日本に同調した韓国の首相もまた暗殺されました。日本は韓国を併合することになり、翌明治四十三年夏、日韓併合条約を締結して、韓国を日本の領土とし、国王李王家は日本の皇族となりました。

この間、伊藤博文には明治で最後の国葬が与えられました。最初の国葬は、明治十六年夏の右大臣岩倉具視で、以後、左大臣島津久光、内大臣三条実美、陸軍大将の有栖川宮熾仁《ありすがわのみやたるひと》親王と北白川宮能久《よしひさ》親王、公爵の毛利元徳と島津忠義、元帥陸軍大将小松宮彰仁《あきひと》親王と続き、伊藤は九人目で、皇族三、公卿二、薩摩と長州の藩王に続き、臣下では初めての国葬でした。

他方、国内では明治四十三年、天皇の暗殺を図ったとして、幸徳秋水以下数百名の無政府主義者、社会主義者が逮捕されました。大逆罪として起訴された幸徳秋水以下二十四名に死刑の判決が言い渡されました。名古屋出身の作家永井荷風は、彼等を護送する馬車を見て、身体をすくめています。

翌明治四十四年早々、秋水以下十二名の死刑が執行されます。この事件は幕末の教訓に基づき富国強兵政策のコンセンサスのもとで、力による国論統一が何とかできた明治という時代の終わりと、その先の内外の波乱を示唆して余りのある不明瞭な事件でした。

八、軍備の増強か、財政破綻の回避か

この間、英国海軍に超弩級《ちょうどきゅう》戦艦が出現し、日本海軍が保有していた戦艦はいずれも陳腐化して国際間の競争力を失います。海軍艦艇のこれまでの建造計画を根本から改める必要が起きました。

明治四十三年の初夏、斎藤海相は大小五十一隻の艦艇の建造計画を閣議に提出しました。財政難の桂内閣の閣議は、この計画の先送りを海軍に求めました。翌明治四十四年七月、同郷の後輩、桂首相等に対して、元老の山県元帥はロシアとの戦争に備えて朝鮮に陸軍二個師団を増設することが、財政難を超えて必要であると強調しました。

その中で山県は、近ごろの人心と思想の荒廃を嘆き、自分の遺言だと思い検討して欲しいと付言し、この海軍の大増強計画に対抗するかのように力説しました。財政難の中で、陸海軍から兵力増強を求められて、この一ヶ月後、立ち往生した第二次桂内閣は第二次西園寺内閣と交替します。

第二次西園寺内閣では、国家のために財政の緊縮が必要だとする首相と蔵相に対して、国家のために軍備の増強がどうしても必要だとする陸海両相の主張が鋭く対立しました。西園寺首相は海軍の要求を先送りして、何とか最初の予算を編成し、与党政友会の圧倒的多数の議会を通しましたが、それも束の間、明治天皇の崩御で大正元年になって間もなく、朝鮮に陸軍二個師団の増設を求める上原勇作陸相が出現して、閣内不一致となり退陣。第三次桂内閣と交替します。

国家の存亡にかかわる軍備増強の問題は財政難を度外視しても、すべてに優先する課題だとする主張と次第に調整不能になってきます。軍隊の統帥と編制の大権を内閣の権限外においた当時の制度は明治憲法の矛盾点でした。

内閣と軍隊の両者を、実質的に統括してきた軍人出身者を含む元老の力が弱まるにつれて、明治憲法の矛盾した機能を調整する存在を欠き、薩長閥に代わる権力集団を必要とし、政府と軍隊の関係は次第に調整不能に陥ります。この明治の終わりの状態は、昭和初期には軍隊が国策と国政全体を主導する体制に行き着き、第二次大戦に敗れて明治憲法が廃止されるまで続くことになります。

尾張出身の渡辺錠太郎陸軍少佐が飛行機等の情報を集めて帰国し、山県元帥の副官になったのは、第二次桂内閣が総辞職したあとのことです。こうした山県元帥の意向に沿って、次の第二次西園寺内閣を倒すことになる陸軍大臣上原勇作中将（工兵、宮崎、のち元帥）の行動を、渡辺少佐はどう見ていたのか。のちに昭和初期の二・二六事件で殺害される前の言動から推測すれば、渡辺少佐が山県元帥と上原陸相の動向に安易に同調していたとは考え難いところです。

上原陸相は山県とは極めて親しい間柄でした。まず、中佐の時に第一軍参謀として、軍司令官の山県の近くにあって日清戦争に出征。日清戦争後には、ロシアほかの三国干渉で日本国民が苦い思いをした頃、ロシア皇帝ニコラス二世の戴冠式に出席する伏見宮貞愛《さだなる》親王陸軍少将（歩兵、のち元帥）の随員となり、特命全権大使としてロシアに赴任していた山県有朋大将と行動を共にするなど、終始息があった上下関係でした。

のちに、昭和初期のクーデターで殺害される前に、渡辺大将は陸軍三長官の椅子にこだわることなく、所信を貫くことに努めました。それはこの時の元老山県と上原陸相の行動が念頭にあり、陸軍独善の主張を決死の覚悟で抑える必要を痛感されたものと思われてなりません。

ともあれ、明治四十年、日本は米国に遅れること三年で、米国を仮想敵国としました。外交方針では平和の維持を各国とも進めようとしたのですが、その根底には武力の均衡による戦争の抑止を第一としていました。欧米列国は日本の台頭を警戒し、日英同盟の意義は薄らぎます。

明治四十四年夏、第三回の日英同盟の締結に当たっては、日米間に戦争が起きた場合、英国は同盟の義務を負わないことが取り決められました。この日英同盟は、その後十年間延長されることになりましたが、日米の両国が互いに相手を仮想敵国とする情勢の中で、やがて解消される運命をたどることになります。明治の終わりの状態は日米戦争の危惧が示唆され、、その懸念を強く秘めた幕切れとなります。

・おわりに

明治四十五年四月中旬、愛知県下の尾張・三河の国境付近で、猛烈な風とともに激しい雷鳴の中で、親指大の雹が降りました。強風のため下りの貨物列車の貨車十五両が転覆するという珍しい災害になります。

七月下旬、天皇陛下の御不例が伝えられ、阪本名古屋市長以下の職員一同は、御平癒を祈願して熱田神宮に参拝しました。市長と市会副議長は、天機奉伺《てんきほうし》のため相次いで上京しました。名古屋市議会は、天機奉伺を議決して市長に奉呈を託しますが、御重体が伝えられてから間もなく七月三十日、明治天皇は崩御されました。皇太子嘉仁親王が践祚《せんそ》され、元号は大正と改められます。

大正元年九月十三日、明治天皇の御大葬の当日、乃木希典陸軍大将は自宅において、静子夫人とともに自刃し、殉死が伝えられます。乃木大将は先の旅順戦で、参加した将兵約十三万のうち六万弱の死傷者を出し、自身も後継ぎの子息二人を失いました。殉死の原因は旅順戦の犠牲にあると、多くの史家は指摘しています。

旅順戦での犠牲がとりわけ多かったことが、殉死の動機になったとの指摘は否定できません。しかし、最後の奉天の会戦においても、日本陸軍は参加した二十七万の将兵のうち、約七万の死傷者を出しているのですから、単にそれだけではないと思われます。

乃木大将は旅順戦ののち、無理な攻撃と作戦の拙さを指摘する向きに対して言い訳するところがなく、天皇と戦没した部下に対して責任をとり、殉死する意志を秘めて明治の残りの年々を静かに生きたわけで、その無私の晩年には畏敬の思いにかられます。明治が終わった時、これで自分たちの時代はすべて終わったという思いは、乃木大将だけでなく、維新から生き続けて老境にあった当時の人々の心を、大なり小なり強く捉えたのではないかと思われます。

それだけ明治の人々は幕末から続いた緊張感を先達から引き継ぎ、終始全力疾走を続け、天皇を囲む新体制で文明開化を追い掛け、富国強兵の国是を懸命に生きた世代ではなかったかと思われます。明治の四十五年間は江戸時代の三世紀にわたる鎖国政策が破綻したあとの危機を、なんとかして克服しなければならなかった日本にとって、格別の思いが凝縮した年代でした。この間、圧倒的な優位にあった欧米諸国の文明とその植民地獲得政策は、明治三十四年以後の二十世紀を迎えると、大戦争が重なる異常な世紀の到来を告げることになります。

幕末に結ばれた各国との不平等条約は、日清戦争後にまず領事裁判権が撤廃され、関税自主権の回復が悲願として残りました。明治四十三夏、我が国は関係十一ヶ国に条約の廃棄を通告し、我が国の関税率法の施行期日を定めます。各国は明治の終わりまでに、これに応じています。幕末から半世紀を経て、我が国はこれでようやく欧米の列国と対等の立場を得ることが出来ました。これが明治を集約する最も象徴的な一つのゴールでした。

しかし、世界の列国と肩を並べることができたとはいえ、山県元帥が前記の意見書で述べたように「人心は弛緩、奢侈は都会から地方に蔓延、自主自由の思想は健全に発達せず、無規律無節制の弊害は増長し、国家の前途は寒心に耐えない」という危惧は、乃木大将ほか同世代の人々にも強かったのではないかと思われます。この意見書のくだりは副官渡辺錠太郎少佐が関与しているように思われてなりません。

学習院の院長として乃木大将が過ごしたストイックな生活は、権勢並ぶものなしの山県元帥等に対して、この先の慢心と驕りによる亡国の危惧を物語っています。この明治の終わりは、昭和の終わりやミレニアムの昨今と同じようなもので、その視点と課題が違っても、国の前途を危惧しなければならないという点において、歴史は繰り返されるという思いを新たにします。

また、国家の安全を、もっぱら軍備の充実=国防の強化を第一義として考えた時代の中で、半世紀足らずでアジアの強国となった日本は、朝鮮半島の覇権をめぐる争いで、清国とロシアに勝ったのちにその報復を恐れて、更に大きな軍備を必要とすることになります。その上、それまで日本に好意的であった米国とも、今後は衝突する可能性があることまで、山県元帥は指摘しています。

こうした重要な国策の指針が、ほとんど極秘の中で論じられ進められた世紀では、国民の代表である両院の議員でさえも、その真意と実情があまりよく把握できません。その中で、国民一般の耳には、無政府主義や社会主義者たちのように、国家権力や体制の秩序を否定するような論説が、あたかも物事の真理として届き始め、次第に強い影響力を持つようになります。次に到来する大正デモクラシーでは、維新以来の富国強兵政策が、内外ともに様々な隘路に当面して、軋み始める時期と重なり、左翼に対する過剰な警戒心と政権をめぐるひどい政争の末に、政党政治自体も自滅させるような結果をもたらします。

日露戦争は次の大戦のように世界の諸国を巻き込むものではなく、日露両国が第三国の領土で争う短期決戦の局地型の戦争でした。それでも、当初の予想をまったく覆すほど大量の弾薬兵器を消耗、驚くほどの人命の喪失を伴いました。それは、次の第一次大戦の様相、つまり、莫大な人命の喪失と途方もない兵器や軍需品の消費を、強く予告するものでした。

その上、戦後に展開された航空機、超弩級戦艦、高速大型船の発達など、先進諸国の軍備拡張を飛躍的に加速させた一連の技術の発達は、日露戦争の戦費の負担で出遅れた我が国の陸海軍に、更に大きな衝撃を与えます。軍需生産等をめぐる国家全体の動員体制の必要が、早々と指摘されるようになります。

余談ですが、有名な豪華客船タイタニックの大西洋上の悲劇はこの明治の終わり、改元前の明治四十五年四月十五日のことです。名古屋の人々の多くが、日常生活ではいまだ着物が多かった時代のことです。明治、殊に幕末から維新を経験した人々にとっては、この明治四十五年が大正と改元された時、夏目漱石を含む若い人々まで、あたかも自分たちの時代にまで終わりを強く意識させたのは、こうした著しいカルチャーギャップの面から押し寄せる風潮を、一段と心寂しく受け取った結果ではないかと思われます。

これから先の大正から昭和初期にかけて、我が国は維新以来の国家の制度、明治憲法の体制が、幕末の閉幕となる天保年間のように、体制自体に内蔵する矛盾が次第に克服できなくなります。軍備拡張競争に向かう国際情勢の中で、国家の体制を維持する独自の国是や、戦争を避けるために合理的な指針を求める方策を見出すことが、昂揚するナショナリズムの波に呑まれて極めて難しくなります。

特に、国家の体制である君主制と私有財産制度をともに否定する左翼社会主義のイデオロギーの影響は、第一次大戦後は国家の危機として各国で強烈に意識されるようになります。こうした情勢に対応するかのように、江戸幕府の時代よりも前に、あたかも先祖帰りするかのような儀式の組織化と多用化が、我が国では登場してきます。「広く会議を興し、万機公論に決すべし」という、五箇条の御誓文の精神は、議論を避ける儀式と世渡りに逃避していきます。「会して議せず」を理想の方便とする上意下達の体制が求められました。これもまた大きな矛盾です。

カリスマ的な独裁者がいない社会なのに、漠然とした儀式の効用にのみで、集団内におけるある種の結束の強化を期待しても、それは集団的な判断休止と妥協の中で、正体不明の自家中毒のような閉鎖的な独善に陥ります。物事の現実を直視せずに、お題目やレトリックが先行する傾向が強まる一方で、誰もが異論を唱えにくい様々な儀式が広まります。様々な組織の会議までが儀式となり、組織の末端だけでなく、国のエリート層までが全般に個性や独創性を喪失する世相になります。

こうした現象もまた、見方を変えれば社会の進化の一過程なのかもしれませんが、リスクの根本的な解決とは程遠く、あまり長続きしない眩惑の中で、根本問題を先送りするに過ぎません。その中で、次は日露戦争を更に拡大したような世界大戦の世紀に向かって、我が国全体が儀式を通じて、あたかも判断休止のまま流されてゆくような時代になります。

次の大正から昭和初期の四半世紀は、やがて国家の体制が破綻する危険を、あたかも予告するかのような時期を我が国は迎えます。国家的な危機が意識されていながら、破局への過程を緩やかに進む序奏の段階では、今日の危機と同様に、一般にいわゆる現実対応型の「時局認識」と、根本的対策がまとまらないため、危機意識を緩和して問題の先送りを可能にする大人の見識が歓迎されます。外発的な出来事に無闇に反応する対症療法的な方策が連続する時代となります。

国家の危機の前兆として起こった昭和初期の日本陸軍のクーデターで、陸軍部内の大人の認識に逆らった尾張出身の渡辺錠太郎陸軍大将は青年将校により殺害されました。そこまでの歴史のあらましについては、本書でご紹介してきた渡辺大将の言動を軸にして、また別の冊子にまとめたいと思います。維新から明治の終わりまでの尾張と我が国の歴史については、これで締めくくりたいと思います。

前著の「尾張藩幕末風雲録」「幕末尾張藩の深慮遠謀」に続き、ブックショップマイタウンの舟橋武志氏に編集をお願いしました。また、畏友永井久隆氏には、旧作「尾張の土産話」の本からテキストデータを取り出してワープロで編集可能な草稿を作って頂き、舟橋氏とともに編集、校正にお力添えを頂きました。十年ぶりの改稿となりました。深く感謝する次第です。

（渡辺博史）

●参考文献

・『名古屋市史』名古屋市編集　大四、大五
・『愛知県史』愛知県編纂　大四
・『一外交官が見た明治維新』アーネスト・サトウ　坂田精一訳　昭三五　岩波文庫
・『尾張徳川家明治維新内紛秘史考説』水谷盛光著　昭四六
・『明治の名古屋』服部鉦太郎著　昭四三　泰文堂
・『新編　愛知県偉人伝』愛知教育会・愛知一師偉人文庫共編　昭九　川瀬書房
・『名古屋商人史』林董一著　昭四一　中部経済新聞社
・『浦上切支丹史』浦川利三郎著　昭一八　全国書房
・『日本初期新聞全集』太政官日記ほか　名古屋市鶴舞図書館蔵
・『明治六年政変』毛利敏彦著　昭五五　中公新書
・『戊辰戦争から西南戦争へ』小島慶三著　平八　中公新書
・『秩禄処分』落合弘樹著　平一一　中公新書
・『陸軍軍戦備』防衛庁防衛研修所編　昭五四　朝雲新聞社
・『海軍軍戦備』防衛庁防衛研究所編　昭五四　朝雲新聞社
・『子爵田中不二麿伝』西尾豊作著　昭九　咬菜塾

・『日本海軍史』第一巻ほか　海軍歴史保存会編　平七　第一法規出版
・『華族』小田部雄次著　平一八　中公新書
・『大久保一翁』松岡英夫著　昭五四　中公新書
・『日露戦争史』横手慎二著　平一七　中公新書
・『旅順攻防戦の真実』別宮暖朗著　平一八　ＰＨＰ研究所
・『陸海軍将官人事総攬　陸軍編』外山操編　昭五五　芙蓉書房
・『陸海軍将官人事総攬　海軍編』外山操編　昭五五　芙蓉書房

讃えよう
名古屋の明治
平成二十八年九月一日（二〇〇〇部）
定価＝二五〇〇円＋税
著　者　渡辺博史
発行者　舟橋武志
MYTOWN
発行所　ブックショップマイタウン
〒453・0012名古屋市中村区井深町一・一
新幹線高架内「本陣街」二階
TEL〇五二・四五三・五〇二三
FAX〇五八六・七三・五五一四
URL http://www.mytown-nagoya.com/

尾張史との出会い、海軍戦史刊行の動機

私の歩んできた道〈思い出の人々〉渡辺博史

1、水谷氏と出会い、幕末史に傾倒

名古屋駅に近いJR新幹線高架下のブックショップマイタウンは名古屋の郷土史専門の古書店として異色・特異な存在である。店主舟橋武志さんは地元新聞社で編集と取材などに活躍された方で、郷土史家としても知られている。

筆者が最初にお目にかかったのは、確か幕末から昭和初期の二・二六事件で尾張出身の渡辺錠太郎陸軍大将が殺害されるまでの尾張史に関する3部作の小冊子をまとめた前後であった。新書版のような小さなサイズの3冊を店頭に置いていただいた。

これはエピソード集のような簡略な内容だったので物足りなく、改めて相当の紙数の本に書き直した。舟橋さんはこの改作の編集と出版に当たり、原稿の段階から筆者に色々なご教示と励ましを与えられ、以来、親しくなり大変お世話になっている。

筆者が幕末の尾張藩について関心を抱いた端緒はこの舟橋さんではなく、まったく偶然の別の出会いだった。名古屋市中区長で郷土史家として有名だった水谷盛光氏（当時は名古屋市住宅課長）と、法務省主催の会議で席が隣り合わせになったことから始まった。

筆者の幕末史の知識と言えば戦前の大作、徳富蘇峰の『近世日本国民史』で、薩摩長州等を主体とする長大な賛歌の中で、断片的な尾張藩に関する記事をかじっただけだった。戦後は流行らない大作を名古屋市鶴舞中央図書館から借り出し、コツコツと読んだ。史観は違っても、維新史の研究には必読の資料かと思った。

水谷氏には会議の休憩時間に、尾張藩のクーデター「青松葉事件」について、筆者の問いかけに熱心なご教示を受けた。後日、水谷氏は『尾張徳川家明治維新内紛秘史考説』を出版。その祝賀会に筆者も招待された。

立食パーティーかと思ったら、招待者全員は机上の名札に従い着席するティーパーティーであった。名古屋市史編纂のお歴々からご高齢と年輩の学者が大半で盛観だった。

祝賀会には当時の杉戸名古屋市長等も出席。司会進行はCBCの女性アナウンサーというもので、筆者はそ

の盛大なことに驚いた。出席者の名簿と手みやげに配られた著書をいただいて帰った。あの時の出席者で最年少だったのは筆者と女性アナ氏で、あの錚々たる方々はほとんど他界されたと推察している。

その後は仕事が忙しく、中区役所は筆者の勤務先のビルのすぐそばだったにもかかわらず、水谷区長にご挨拶する機会もなく、退職後にいつかと思いながら時を過ごしてしまった。水谷さんの本を何度か読み返し、ノートを作るだけで、再び拝顔する機会を逃した。

2、紀氏から教えられたもの

在職中から筆者が取り組んだのは、日本海軍の戦史であった。水谷氏に出会う前から、防衛庁防衛研究所から100巻を超える前大戦の公刊戦史叢書が出され、それを全巻購入して読むのに忙しかった。

当時は旧陸海軍幹部の日記や回想録、第二次大戦の英独の将軍の回想録、チャーチル英首相の日記などが翻訳刊行され、帰宅後は読書に忙しかった。筆者の戦史研究は前大戦に費やされ、なかでも太平洋戦争の主役である日本海軍に集中した。

資料閲覧のため何度となく防衛庁防衛研究所戦史部を訪ねるようになり、戦史編纂官の後藤新八郎氏（海軍兵学校生徒→海自一佐）と図書室の史料係長小山健二氏（故人）には一方ならぬお世話になった。

この頃、海軍史研究家紀脩一郎氏（故人、杉並区、満鉄社員→東京都嘱託見本市担当、美濃部知事を諫め、昇級と退職金なしの冷遇を受け、親友の森繁久弥氏が憤慨していた）とお付き合いするようになった。紀氏から戦史研究の取材は一流の人物を第一に考えろと訓戒された。

ある時、出張帰りの休日に訪問したら、これから行く陸上自衛隊幕僚長杉田一次陸将（元大本営参謀、陸軍大佐）の訪問に同行しろとなった。何でも遠慮することなく質問しろと言われ、ガダルカナル島での陸軍第十七軍司令部の逼迫した生活を尋ねた。

杉田陸将は気さくに応じられ、雨でびしょ濡れの中で幾日も起居し、あと数日離任が遅れていたらあそこで骨になっていた、と語られた。戦場の過酷な状態をずばり簡潔に語る高官は後にも先にもなかった。

紀氏は杉田陸将の前で、取材する相手をよく選べ、との訓戒を繰り返した。紀氏は礼儀作法に厳格で、筆者の未熟さを懇切に正された。海軍

については類書にない基本的な知識を教えていただいた。杉田陸将と紀氏の対談は、筆者にとって躾教育の見本になり、のちに様々な先達とのインタビューに大いに役立った。

いつも何の手みやげもなく訪問し、長時間話し相手になっていただき、人生の得難い師匠だと痛感した。書斎を埋める和洋の書籍の集積にも感嘆した。不思議な人だった。くだらん人物と本に時間を費やすなとの訓戒は身にしみた。

海軍士官でもない紀氏が艦内での乗員たちの動きまで詳しく書かれたりもし、海軍士官から素人がと大方酷評された。しかし、後出の潜水艦長板倉光馬少佐は紀氏の著書に感嘆して私淑されていた。紀氏は戦前、休日に旅順で艦艇の乗艦見学を繰り返しており、玄人はだしの知識と観察をしていた。

3、早期退職し、介護の傍らに研究

筆者は定年の55歳までしっかり働き、退職したら海軍戦史に取り組むつもりで質素な暮らしを続けたが、退職は許されず不本意な延長になった。2年後に母が寝たきりになったので、約束通り退職願を出したが、今度は介護が退職理由というのはけしからんとなった。

一悶着の末に強引に退職した。母よりも相当年上で老齢の父が母の介護をするのは到底無理で、筆者が介護するしかなかった。今のような公的介護制度がなかった時代で、特養施設はわずかしかなく、入れる余地はなかった。

長年共働きの家内は出産育児期間での退職となり、年金支給を受けるには年数不足だったから、家内は大学病院の看護師を続け、筆者が退職して介護に当たり、家内と長女は休日に時々応援となった。女性の職場も残業や夜間休日の当直勤務が多く、貴重な休日だったのに、と気の毒に思った。

筆者は学生時代に戻り、毎日炊事洗濯などの家事をこなすことになった。父母の3食と家内の夕食作りの炊事は、労力よりも副食の献立に頭が痛かった。毎日何か少し変えてとなると知恵が枯渇、煮付けの味付けにも苦心した。世の中の主婦たちの苦労をそれこそ思い知った。

父は家政婦を家に入れたくないとし、瞬間湯沸かし器は危険だとして使用を禁止。また、母に紙おむつの使用は厳禁であった。近くに住んでいたとは言っても少し距離がある。父の家に、食事とは別に湯を入れた

バケツを両手に、往復したことを思い出す。

忙しい毎日で食器と洗濯物を持ち帰り、自宅の掃除洗濯を終わるとすぐに昼食を運び、父宅を掃除して帰宅すると、夕食の献立と買い出し。夕飯を運び、帰宅した家内の食卓を用意して一日が暮れる。新聞やテレビどころでない。

それでも人は何でも慣れるもので、次第に要領が良くなると、一日に数時間は手空きとなった。そんな中で海軍戦史の第一作『潜水艦関係部隊の軍医官の記録』の執筆に取りかかった。

これは念願の作業だったから、短時間でも思わず没頭熱中した。介護や家事の雑念などは雲散霧消。ストレス解消の特効薬で、「今日一日のこと今日一日にて足れり」で、毎日が楽しくなった。

母の介護は半年余、桜の季節に終わった。筆者は海軍戦史の研究にそれこそ没頭。父の様子次第で取材等の外出と旅行も自由になった。母は子に迷惑をかけまいとして、体力が枯れるまで頑張ったから終わりは比較的短く、その気力と強い意思に感心した。

4、多くの方々から親切な声援

海軍戦史の研究と取材では、思えばこの間の年々、様々な方々から親切な応援を受けた。潜水艦部隊の第六艦隊参謀鳥巣建之助中佐からは、手作りの戦死者名簿を3ヶ月余も借り、暑い夏の盛りに汗で名簿を汚さないように注意しながら、捻り鉢巻きで手書きで写し取った。第六艦隊司令長官以下約1万2000名（うち軍医官106名）の名前、階級、所属を書き取る時は思わず念仏を唱えた。

この奇妙な市井の研究者にあきれたのか、鳥巣中佐は編集中の「潜水艦関係者名簿の有志欄」に筆者の名を加えた。それと知らない筆者は神田の専門店で、この名簿を8000円で購入。いまだ一冊の執筆もない筆者の住所氏名が載っているのを発見して驚いた。

この名簿のご縁で筆者は後年、海上自衛隊潜水艦訓練隊による『日本海軍潜水学校史』の編纂に微力ながらボランティアとなった。呉軍港の基地に招かれた時、制服制帽の司令高橋照光一佐に玄関先で端正な敬礼で出迎えられた。筆者が希望すればとちょうど訓練で出航する潜水艦を待たせてあるとのことだったが、少し前に呉軍港で停泊中の潜水艦に軍事史学会長の野村實先生（故人、文

学博士、大学教授、海軍大尉）と、艦内見学をさせていただいたばかりなので、これは遠慮した。

基地内の訓練用施設を教育科長野里州弘二佐の案内で見学。船体に破孔が出来た時の応急作業訓練は、海水が侵入する緊迫した室内で、隊員が機敏に防水作業。薄暮の瀬戸で往来する大小の船舶を避けて航行する訓練は、一瞬の油断も許されない。監視、操艦の緊張した訓練と大きなスクリーンに圧倒された。

筆者の机上に司令からいただいた手作りの記念の小さな楯がある。それを眺めるたびに、世の中は平和でも、世に知られない備えは大変だ、と隊員たちの厳しい訓練作業を思い出す。

その後、徳山市で開催された海軍戸塚衛生学校最後の同期会があり、鳥巣中佐と筆者が講演を頼まれた。話し方の巧拙が大切なことを痛感した。齢90の鳥巣中佐はアトラクションの主役になり、ちょんまげの鬘と軽妙な話術で、高齢の軍医官たちを爆笑させた。

恒例の軍歌演習では筆者も壇上にとなり、傍らの心筋梗塞手術の予後という老医師と肩を組み、軽快な「艦隊勤務」を足踏みしながら絶唱した。戦場と難病と死線を超えた人たちに励まされた。

毎度思うのだが、あの頃の先達たちは心が広かった。いまだ海のものとも山のものとも知れない後進に対して、過剰なくらい親切だった。尾張維新史の水谷盛光氏とか、前出の紀脩一郎氏とか、この第六艦隊の鳥巣中佐と千治松弥太郎軍医少佐などは、はかない期待を超えて若造の筆者に大きな親切を与えられた。その恩義は今もとても大きい。

5、軍医官らの回想に注目

さて、母の世話の間に書き始めた前記の処女作は、どん亀医会（潜水艦乗組軍医官の会）の本橋政男軍医大尉に原稿を送り、序文をお願いした。本橋大尉は伊号第八潜水艦の最後の出撃直前に後任者が着任したため慌ただしく退艦、九死に一生を得た方である。

当初、潜水艦長は後任軍医官の着任が間に合わないとみて、本橋軍医官に引き続き乗艦して出撃するようにと要請。本橋軍医官も承諾していた。戦没した戦友たちをしのんで、『伊号第八潜水艦史』を自家本として刊行され、寝食をともにした乗組員の遺族、どん亀医会会員、海軍関係者に贈られた。

筆者の場合は兵役経験もなく、どういう見地で戦史をまとめるか大いに苦慮した。そこで兵学校出の現役士官の回想だけではなく、非戦闘員の軍医官と主計官、技術官の回想を集めて読み続けた。

軍医官は作戦任務に夢中な現役士官とは異なり、艦長以下の行動をじっくり観察している立場なので、その回想の中に自ずと過酷で無理な作戦の姿が、安っぽい反戦批判ではなく、実態が行間から滲み出してくる。そこで筆者は主として軍医官たちの回想を軸に、現役士官の忌憚ない感想を組み合わせ、前大戦の将兵の大きな献身と試練を浮き彫りにして、戦没者の鎮魂と慰霊をと考えた。

手始めに潜水艦作戦を1冊、次に潜水艦以外の部隊の作戦の推移を4冊の自家本にまとめた。最初はどん亀（潜水艦）医会の方々から多くの回想をいただき、次は桜医会（海軍軍医官）の方々から同様に資料集めと取材で大変お世話になった。筆者が知らなかった貴重な先達の回想録を拝借したり、取材に快く応じていただき、あるいは取材先を紹介していただいたりと、一方ならぬお世話になった。

どん亀医会ではとりわけ千治松弥太郎軍医少佐（徳山市）、佐々木正五軍医少佐（東京都）、今井二雄軍医少佐（新潟市）、清水精夫軍医大尉（豊橋市）、葛西善一郎軍医少尉（函館市）に、水交会では板倉光馬少佐（兵庫県）、松村平太軍医少佐（職場の先輩、パイロット）、小平邦紀大尉（世田谷区、潜水艦）の方々から、ご親切なご教示をいただいた。筆者の処女作『潜水艦関係部隊の軍医官の記録』は以上の方々のほか、多くの方々のご親切とご好意の結晶である。

そんなご縁から筆者は処女作を数百部用意して、お世話になった軍医官の方々ほかに自家本として贈呈することにした。ちょうど母の一周忌の供養を兼ねてとなった。

本橋軍医大尉からは心こもる簡潔な序文をいただいた。筆者の処女作に目を通されて「あいつはこうだった、こいつはこうだったと思い起こすと、胸が一杯になって涙がこぼれてくる」とあった。出撃前に死を心に納得させる苦心の体験を語られ、立派に任務を遂行して戦死した若い将兵たちに対して、ともすれば寄せられる「あたら青春を無駄にして」という批判と誹謗を否定された。「よくやったと賞賛されるべき人たち」と称揚された。

筆者は戦没将兵には相応の敬意をもって心をこめて執筆した。本橋大尉は筆者の処女作の序文を「同期の桜として喜ばしい。本書が多くの英霊の供養ともなり、御霊を安んずることになり、そして日本の将来を守ってくれるものと信ずるものである」と結ばれた。

この序文は潜水艦乗りの元将兵の心に響く呼びかけになった。水交会（旧海軍士官クラブ）会長から入会を勧められて同会の有志会員の端に入れていただいたのがご縁で、水交会事務局から会誌「水交」を通じて処女作（改版）を希望者に配布していただくこととなった。

全国各地からの引き合いが多く、包装と送料を実費にすると端数が面倒なので1000円に設定。その結果、端数の残金が約6万円となり、潜水艦関係戦没者の慰霊碑の維持費に充てられた。まことに有り難いことで、それまで100名近くの送付を筆者一人でやっていた作業から解放された。筆者の処女作は多くの方々に引き取られた。

6、関係者らの反応を執筆の力に

いただいた読後感と励ましは大半が労りで、次作以下の執筆作業の励みになった。潜水艦長だった大谷清教大佐（鹿児島県、当時98歳）からいただいた手紙は便箋8枚もある長文で、ご高齢であることを考えると書くのに長い時間がかかったものと思われ、恐縮至極であった。

同じく潜水艦長の南部伸清少佐（鎌倉、歌人としても有名な方で、戦後歌会始に招かれた）からは、寝たきりとなった奥様の介護で日夜多忙な中、お会いする時間がないからとのことで長文のお手紙をいただいた。この介護は当時の旧海軍士官の間では知られた献身で、筆者自身が母の介護の時を思い出し、そのような状況でよくこんな長いお手紙をと感嘆し、有り難かった。

間もなく神田の専門古書店で、筆者の処女作を1万8000円で購入されたという田張隆二氏が現れ、これにはひどく驚いた。大企業の若手課長、海軍史研究家でそれから親しくお付き合いすることとなったが、部長昇進直後にがんで早世された。筆者の本を表紙が破れるほど繰り返し愛読されたとか。筆者は研究ノートと蔵書を渡す相手を失い、今でもとても残念至極と口惜しく思っている。

処女作に次いで軍医官の回想を軸にした前大戦の海軍戦史4冊も、逐次刊行することができた。家内が退職

して介護した義母小島ハツの三回忌と戦死した義兄小島治平海軍二等兵曹（昭18. 8.31、バシー海峡にて戦没、敷設艦白鷹）の供養に、自家本として作成。後出のいろは会（潜水艦乗組士官）幹事細谷孝至大尉にボランティアで配布を引き受けていただいた。4冊セットは重く部数もあり、ご高齢の細谷大尉には大変なお手数を煩わした。

他方、軍事史学会では会長の野村實先生と山本明陸軍少佐（関東軍情報部、シベリア抑留）から懇切な励ましをいただいた。また、桜医会（海軍軍医官の会）会長の保利重三医師（軍医中尉）からは年次総会にお招きいただいた。会員のお歴々は大学学長、医学部長、教授、大病院の幹部、地方の医師会の重鎮がずらりである。

医学部中退の筆者には雲の上の方々で、そんな晴れがましい大舞台に出るのは分不相応とお断りした。開催場所は横須賀で日米の現役軍医官にも会えるのにと保利会長は落胆され、ご厚意に添えなかった筆者は心苦しかった。

拙著をお読み下さった多くの方々からは、お忙しい中を懇篤なお手紙をいただいた。中でも観世流能楽師の八木康夫先生（故人、奈良）からいただいた墨痕鮮やかな礼状に、悪筆の筆者は息をのんだ。

さらに腕に覚えのある医師たちからは、筆者が罹病したら助けるからという有り難いお話が多々あり、とても心強い応援をいただいた。激務のためか、大方は早く他界された。往時の書簡を眺めていると、つくづく有り難かったと幸運を痛感する。でも、紀氏のような辛口のご批判がないことは良くないことで、手放しで喜ぶのは禁物だと思った。

本橋軍医大尉からは、いろは会（潜水艦乗組士官）の会合に是非ともと上京を促された。各季節の集会だというので、酒席が苦手の筆者はしり込みした。海軍士官の会合は市井の酒席と違い、さっぱりしたものだ。後学のためにも是非にとなり、旅費宿泊費は辞退して日帰りで宵の集会に出席した。

本橋軍医大尉とはこれが初対面であった。幹事の細谷孝至大尉は豪快な酒豪の明るい方で、以後の拙著を水交会の会員、海上自衛隊の諸学校などに配布していただいた。

ところが、本橋軍医大尉とはそれが永別となった。端正なイケメンの礼儀正しい紳士だったが、歩き方に

軽い違和感があり、筆者の問いかけにどこかおかしいとおっしゃったが、間もなく急逝された。

後日、お悔やみのため田張隆二氏と共に本橋軍医大尉のご自宅にお伺いした。奥様の話では、氏は治療困難と告げられると、たちどころに覚悟を決め、食事と治療を断り、旬日余で他界された。これが一番楽な最期だと周囲に理解を求められたという。筆者はそんな奥の手があるのかと感銘した。

7、再考したい幕末・維新の尾張史観

海軍戦史については、資料集めや取材、研究ノートの作成を長年かけてこつこつと努めた。現役時代は職場の夜の付き合いを全部省いた年々で、その理由を話さなかったので、職場の同僚には水臭い行為に映ったと思う。

ところで、海軍戦史の資料整理にのめり込み、尾張史の方はその後でとなったが意外な依頼があり、以後は海軍史の執筆に並行してとなった。青松葉事件を数日でまとめてくれとなり、講演会のレジメのような小冊子を大慌てで作った。

「歩く会」でご一緒した愛知トヨタ自動車（株）元常務丹羽一夫氏（故人、座右は一期一会）より、幕末から今に至る尾張史を是非とも書くようにと励まされたが、昭和初期までに区切ってとなった。その後改版を重ね、近く刊行が可能なところまでこぎ着けた。丹羽さんは同人誌「ちいさなあしあと」（編集・柴垣孝紀氏）の創刊を促された文人で、筆者は丹羽、柴垣の両氏との知遇に感謝している。

尾張の近代史を研究するうち、二・二六事件で犠牲となった岩倉出身の陸軍大将渡辺錠太郎の存在の大きかったことに気が付いた。それが縁で、渡辺錠太郎の伝記をまとめられた松吉猛氏（岩倉市、元愛北信用金庫理事長、陸軍幼年学校生徒）にお会いすることができた。氏は「独学の天才　平和愛好の武人　教育総監　渡辺錠太郎」と書いた名刺を持ち歩いておられ、渡辺錠太郎について多くのご教示を賜った。

また、尾張史の拙著については、筆者の郷土史見直しの主張を支持していただいた著名な商業開発コンサルタント長谷川道春先生（名古屋市）に大変なお力添えを受けた。維新史のご造詣が深く顔が広い長谷川先生は、ロータリークラブの卓話2回のほか、中小企業経営者の会合に何度も講演の機会を設けていただき、前作

の改版に当たっても貴重な示唆と教訓を得ることができた。名古屋市清浄寺飯田英明住職からも、同様の機会で励まされた。

8、がん宣告後も支援で執筆の日々

最後になるが、筆者は5年前に前立腺がんの告知を受けた。長年にわたる執拗な腰痛の原因がやっと分かったが、御難続きで告知の頃、長年愛用してきたワープロが故障、メーカーの補修サービスが打ち切られて使用不能になった。これは相当のショックで、今からパソコンを習ってとなるのかと困った。

何かよい方法はないかとなり、元の職場の同僚でコンピューターに詳しい永井久隆氏（関連会社元常務）に相談した。困った時に知恵を借りる先は何かにつけて永井氏だったが、有り難いことにワープロに代わる入力専用機ポメラを勧められた。小型の便利な電子機器で使い易く、入力した原稿は永井氏のコンピューターに移して、編集を引き受けていただけることなった。がんなどそっちのけで、パッと視界が開ける思いだった。

以来、歩行困難な筆者の代わりに印刷発注の交渉と契約、目次の作成、丹念な校正と検証など、多くの作業を引き受けていただき、海軍戦史と尾張史の刊行は格段に進捗した。まったくもって幸せな話と言うほかない。

筆者のがんは発症して10年余、緩和治療しかない。筆者が生き延びてこられたのは永井氏のおかげである。特に尾張史については記述の検証、貴重なご意見とご指摘を受け、刊行を引き受けていただいた冒頭の舟橋武志氏と連携され、大変なお世話になっている。

また、永井氏も難病を抱えて大学病院に通院中であったが、最近、前立腺がん発症の告知を受けられたため、永井氏の同僚水谷博氏（退職後は行政書士）が助太刀にとなった。肝心の筆者の余命もゴールが近づいた感じであるが、心強い思いである。

更に毎度懇切な励ましをいただいている屋口正一氏（茨城県石岡市）、平間洋一先生（横須賀市、元慶応大教授）、梶本佳昭氏社長（奈良市）、長谷川均氏（小金井市、海人社「世界の艦船」の元編集者）、大河原浩一先生（福島県、高校教師）ほか碩学の方々、主治医の愛知医科大学泌尿器科中村小源太准教授、かかりつけの都筑内科クリニック都築信介院長には感謝に耐えません。　(2016.6)

渡辺博史の研究略歴

1932（昭和 7）	横浜に生まれる。
1948（昭和 23）	静岡県立富士中学校終了。兵庫県立医科大学予科入学。
1952（昭和 26）	兵庫県立医科大学医学部を中退。
1954（昭和 28）	愛知県職員に採用。
1955（昭和 30）	県選挙管理委員会で、総選挙の候補者・運動員心得(業務資料)を執筆。
1956（昭和 31）	日本住宅公団に出向。
1958（昭和 33）	公団名古屋支所計画課で、住宅需要調査(業務資料)を執筆。
1959（昭和 34）	「団地管理人長屋太郎の日記」を執筆。関東地区の団地新聞に約数ヶ月連載。初期の団地管理の聞き書き。
1960（昭和 35）	伊勢湾台風災害復旧記録(業務資料)を執筆。
	公団職員懸賞論文に応募。以後、連続３回入賞。テーマは住宅政策論。また、季刊・都市問題研究(大阪市政研究所)に寄稿を求められ、都市政策論を数回論じた。
	社内報「いえなみ」に随想を投稿。以後、十数回にわたって寄稿。
1967（昭和 42）	防衛研究所の公刊戦史各巻の購読を開始。主として支那事変以降の海軍の行動について研究。
1968（昭和 43）	夕刊名古屋タイムスに随想を毎週１回、３ヶ月担当。
	タウン誌「駅前」に同年以降、寄稿数回。同紙編集長柴田文夫氏との縁で。
1970（昭和 45）	借地借家法改正をめぐる懇談会に公団支所代表として出席。この席で、名古屋市代表で住宅課長だった水谷盛光氏（のち名古屋市中区長。郷土史研究家）と知り合う。
	海軍関係者の回顧録等の資料収集を開始。
	防衛研究所図書館で資料の閲覧を開始。
1971（昭和 46）	著者水谷盛光氏の「尾張徳川家明治維新内紛秘史考察」出版記念会に招かれ、改めて歴史研究の面白さを認識。杉戸市長挨拶、浅井助役発起人。
1972（昭和 47）	第三セクター設立趣旨説明書(業務資料)を執筆。
1976（昭和 51）	中日新聞随想欄に寄稿、１回。
1978（昭和 53）	軍事史学会会員。（日本学術会議傘下）
1979（昭和 54）	潜水艦関係戦没者名簿を鳥栖建之助中佐から借用。書き写す。
1980（昭和 55）	潜水艦関係者名簿に有志として収録される。
	海軍辞令公報、現役士官名簿、予備役士官名簿、義済会名簿等の資料収集を開始。
1987（昭和 62）	市街地再開発関係の講演会　春日井市　数回。
1988（昭和 63）	(財)水交会（旧海軍士官クラブ）有志会員、会長からの推薦。

	靖国神社奉賛会会員。戦死した義兄、小島治平二等兵曹に関連。
1989（平成元）	公団および出向先を依願退職。母の介護の傍ら、最初の海軍戦史を執筆。自家本を軍医官たちに贈呈。多数の医師、士官と知り合い、あちこちに招かれて取材。 日本不動産研究所機関誌に随想を寄稿。
1991（平成３）	最初の自家本 200 部は水交会から頒布。本文、資料編２冊千円。
1994（平成６）	軍事史学会関西例会で講演。「海軍史の中の衛生部隊(一)」講演資料作成。
1995（平成７）	軍事史学会関西例会で講演。「海軍史の中の衛生部隊(二)」講演資料作成。
1996（平成８）	海上護衛隊呉潜水艦訓練所の「海軍潜水学校史」の編纂に協力。
1998（平成 10）	戸塚二期(海軍軍医学校)徳山総会で講演、「軍事アレルギー環境下での戦史研究の立場について」レジメ作成。
2002（平成 14）	丹羽一夫氏の歩く会に参加。以後、講話10回。毎回レジメ作成。
2004（平成 16）	季刊「小さな足跡」同人誌に随想を寄稿。現在に至る。
2007（平成 19）	名古屋西ロータリークラブ例会で卓話。「郷土史の視点を変えて・幕末の尾張藩」。
2011.9　(平成 23)	都市問題研究会で講演。「幕末の尾張藩の動きについて」講演資料作成。
2011.11（平成 23）	豊田西ロータリークラブ・ガバナー公式訪問例会で講演。「郷土史の視点を変えて、幕末の尾張藩」講演資料作成。
2012.11（平成 24）	名古屋中小企業振興会経営者フォーラム定例会で講演。「郷土史の視点を変えて、幕末の尾張藩の動き」講演資料作成。
2012.12（平成 24）	名古屋歴史懇話会公開講座で、永井久隆氏と講演。「幕末尾張藩の深慮遠謀」。講演資料を共同作成。
2013（平成 25）以降	旧日本海軍の艦船に関する活動記録、幹部の人事記録の取りまとめに専念。併せて、幕末から昭和初期までの郷土史の執筆を行い、現在に至る。

渡辺博史の著書目録

・ 執筆の目的は戦没者の鎮魂。自家本とし、大半は関係者に献呈。国立国会図書館、防衛省(庁)防衛研究所戦史研究センター、靖国偕行文庫、愛知県図書館等に納本。

1．**「潜水艦関係部隊の軍医官の記録」本文**(1990.10)

Ａ５、424 頁、非売品。元軍医官、遺族、図書館に寄贈。

【内容】序に代えて(本橋政男元軍医大尉)、まえがき、大型潜水艦の時代になるまで、支那事変と軍医官の乗艦、潜水艦隊の登場、開戦前後、昭和 17 年初頭、第二段作戦の開始、米軍反攻開始の前後、丸通作戦の開始、東正面の危機、昭和 19 年初春、悲劇のあ号作戦、回天の登場、捷号作戦前、艦隊戦闘との連携の最後、終戦の年の新春、米軍沖縄に上陸、決号作戦準備、終戦前後。あとがき、参考文献。

2．**「潜水艦関係部隊の軍医官の記録」資料編** (1990.10)

Ａ５、366 頁、非売品。

【内容】潜水艦関係部隊の軍医官名簿 57 頁。同軍医官以外の関係人名録 111 頁。潜水艦幹部人名録 198 頁。

3．**「潜水艦関係部隊の軍医官の記録」本文・資料編　改版** (1991.3)

Ａ５、本文 424 頁、資料編 366 頁、非売品。

【内容】内容は上記と同じ、一部改定。

4．**「海軍軍医官、海軍薬剤官、海軍歯科医官、海軍衛生科の記録(一)」** (1994.1)

Ａ５、416 頁、非売品。

【内容】軍医官等の回想を軸にした海軍戦史。まえがき、草創期の海軍軍医、外国との戦争、第一次世界大戦前後、激動の昭和初期、支那事変、戦時体制の強化、出師準備まで、開戦決意に至るまで、開戦まで、戦勝の緒戦、転機の始まり。

5．**「海軍軍医官、海軍薬剤官、海軍歯科医官、海軍衛生科の記録(二)」** (1994.1)

Ａ５、424 頁、非売品。

【内容】軍医官等の回想を軸にした海軍戦史。攻守所を代えて、補給のない戦闘、食い止められない米軍の攻勢、ケ号作戦の無念、押される戦線、最高指揮官の戦死、悪疫瘴癘の地での苦戦、足りない兵力と広がる戦線、相次ぐ敗退。

6．**「海軍軍移官、海軍薬剤官、海軍歯科医官、海軍衛生科の記録(三)」** (1994.1)

Ａ５、415 頁、非売品。

【内容】軍医官等の回想を軸にした海軍戦史。斜陽の南東方面、潜水部隊の墓場、呆気ないマーシャル諸島の失陥、中部太平洋方面の危機、あ号作戦の登場、マリアナ諸島の失陥、取り残された戦場、捷号作戦準備、米軍のレイテ上陸まで。

7．**「海軍軍医官、海軍薬剤官、海軍歯科医官、海軍衛生科の記録(四)」** (1994.1)

Ａ５、422 頁、非売品。

【内容】軍医官等の回想を軸にした海軍戦史。レイテ決戦の強行、戦争最後の秋・昭和 19 年、戦争最後の年・昭和 20 年、厳しい冬、昭和 20 年春、本土決戦準備、最後の戦闘。原爆救護、終戦、あとがき、参考文献。

8．**「海軍軍医官、海軍薬剤官、海軍歯科医官、海軍衛生科の記録　資料名簿編」**（1996. 12）

Ａ5、666 頁、非売品。支那事変以降の軍医官等の名簿。

【内容】資料編の作成について、各名簿の作成について、海軍軍医官名簿、海軍薬剤官名簿、海軍歯科医官名簿、海軍衛生科士官名簿、嘱託医師・嘱託歯科医師名簿、潜水艦勤務で戦没した衛生科員、あとがき。

9．**「尾張の土産話１　幕末編」**（2000. 8）

小冊子、192 頁、非売品。

【内容】尾張藩が幕末から維新に果たした役割をまとめた小冊子。

10．**「尾張の土産話２」**（2002. 8）

小冊子、309 頁、非売品。

【内容】廃藩置県から明治末までの尾張の史話。渡邉錠太郎陸軍歩兵少佐の話題を含む。

11．**「尾張の土産話３　大正昭和初期編」**（2002. 8）

小冊子、304 頁、非売品。

【内容】大正から昭和初期、第一次対戦から二・二六事件まで。尾張の史話、渡邉錠太郎陸軍大将の話題を含む。

12．**「鉄の棺　日本海軍潜水艦部隊の記録」**（2004. 11）

Ａ5、536 頁、非売品。

【内容】はじめに、日本海軍の潜水艦の始まり、潜水艇から潜水艦へ・沿岸防御から外洋での攻撃兵器への変貌、潜水艦の大型化と部隊の大拡充、局地防御から艦隊決戦に傘下。支那事変・出師準備・太平洋戦争の開幕、緒戦での潜水艦作戦、第二段作戦前半の潜水艦作戦、潜水部隊を集中して、戦局の大転換を迎えて、守勢一方の戦局・戦面縮小へ、絶対国防圏の破綻、戦争末期・統帥の外道・特攻作戦、終戦まで、あとがき、参考文献等。

13．**「鉄の棺　日本海軍潜水艦部隊の記録　資料編(一)、(二)」**（2004. 12）

Ａ5、561 頁、非売品。

【内容】(一)は大正末までの、(二)は昭和 15 年秋の出師準備まで。艦艇類別等級別表の潜水艇、潜水艦の部、各潜水艇隊と潜水隊編制、第一から第三の各潜水戦隊の概要、各潜水艇隊と潜水隊の概要、各潜水母艦の概要、海軍潜水学校の概要。概要には行動記録と幹部人事を記載。

14．**「鉄の棺　日本海軍潜水艦部隊の記録　資料編(三)上」**（2005. 5）

Ａ5、525 頁、非売品。

【内容】出師準備から終戦まで、艦艇類別等級別表潜水艦の部、潜水隊編制、第一、第二、第三、第四、第五、第六、第十一(初代、二代)、呉(初代、二代)の各戦隊の概要、潜水学校の概要。概要には行動記録と幹部人事を記載。

15. **「鉄の棺　日本海軍潜水艦部隊の記録　資料編(三)下」**（2005.5）

Ａ５、595頁、非売品。

【内容】出師準備から終戦まで、呂号第三十三潜水艦以下192隻の各潜水艦の概要、特設潜水母艦靖國丸ほか６隻の概要。概要には行動記録と幹部人事、喪失潜水艦の戦没者を記載。

16. **「鉄の棺　日本海軍潜水艦部隊の記録　資料編(四)」**（2005.5）

Ａ５、522頁、非売品。

【内容】出師準備から終戦までの潜水艦基地隊12隻の概要、潜水学校の概要、第六艦隊所属艦艇と部隊(練習巡洋艦香取、甲標的母艦千代田、日進、特設巡洋艦愛国丸、報国丸、給油艦隠戸、特設工作艦浦上丸、補給船５隻、Ｐ基地、Ｑ基地、第六艦隊水偵隊、第六三一航空隊、特設捕獲網艇等４隻)の概要、第一特別基地隊(回天訓練)の概要、各突撃隊34隊の概要、各特攻戦隊の概要、艦政本部第七部、潜水艦部、特攻部の概要、呉、横須賀、佐世保、舞鶴の各工廠潜水艦部の概要。概要は行動と幹部人事。

17. **「海軍艦船要覧　艦艇・特設艦船・その他」**（2006.12）

Ａ５、553頁、非売品。

【内容】艦艇類別等級別表　軍艦の部、砲艦、駆逐艦、水雷艇(初代)、潜水艇・潜水艦、海防艦、輸送艦、水雷艇(二代)、掃海艇、駆潜艇、敷設艇、哨戒艇。特務艦類別等級別表(工作、運送、砕氷、測量、標的、練習特務)。特務艇類別等級別表(敷設艇、捕獲網艇、電纜敷設艇、哨戒艇、哨戒特務艇、駆潜艇、駆潜特務艇、掃海艇、掃海特務艇、潜水艦母艇、魚雷艇)。特設艦船、特設軍艦(特設巡洋艦、特設航空母艦、特設水上機母艦、特設敷設艦、特設急設網艦、特設潜水母艦、特設水雷雷母艦、特設掃海母艦、特設航空機運搬艦、特設輸送艦・雑用、特設砲艦)。特設特務艦(特設工作艦、特設測量艦、特設港務艦、特設運送艦)。特設特務艇(特設敷設艇、特設防潜網艇、特設掃海艇、特設捕獲網艇、特設駆潜艇、特設監視艇)。特設運送船(給兵、給水、給糧、給炭、給油、給炭油、雑用)。特設病院船、特設救難船、特設電纜敷設船。一般徴用船、海軍所有雑役船等。あとがき。

18. **「尾張藩幕末風雲録　血ぬらずして事を収めよ」**（2007.5）

Ａ５、261頁、市販。ブックショップ・マイタウン　舟橋武志発行。

【内容】はじめに、終わりの始まり・幕末前史、中国・日本へ欧米からの大波、風雲急・動き出した諸藩、外圧に苦慮する幕府の閣僚たち、安政の大獄と和宮の降嫁、激動期に見せた尾張藩の見識、慶勝・将軍補佐役となる、長州征伐で慶勝が見せた深慮遠謀、大政奉還へ・苦難の道のり、カギを握る尾張藩の動向、青松葉事件の背景と真相、「血ぬらずして」収めた慶勝の功績、おわりに、関連年表、参考文献。

19. **「尾張明治史覚書　国を支えて国に求めず」**（2007.10）

Ａ５、459頁、非売品。

【内容】はじめに、明治新政府と尾張藩の立場、廃藩置県の前後に、自由民権運動・名古屋市制施行、戦争の世紀へ、明治の残りの期間、結び、年表、

参考文献。

20. **「空の彼方、海軍基地航空部隊要覧(一)　出師準備の前年(昭和 14 年)までに編制された部隊」** (2009. 3)

Ａ５、524 頁、非売品。

【内容】まえがき、草創期の航空隊、航空技術研究委員会。横須賀、佐世保、霞ヶ浦、大村の各航空隊の概要。大正末から昭和 10 年まで、館山、呉、大湊、佐伯、舞鶴の各航空隊の概要。支那事変から出師準備の前年秋(昭和 14 年)まで、木更津航空隊ほか 24 隊の概要。概要は行動と幹部人事。

21. **「空の彼方、海軍基地航空部隊要覧(二)　出師準備(昭和 15 年秋)から第三段作戦開始(昭和 18 年)まで編制された航空隊等」** (2009. 4)

Ａ５、618 頁、非売品。

【内容】出師準備から開戦前まで、美幌航空隊ほか 11 隊の行動概要と幹部人事。開戦から第一段作戦終了の昭和 17 年春まで、第三十航空隊ほか 15 隊の行動概要と幹部人事。ポートモレスビー、ミッドウェー攻略作戦の蹉跌と米軍のガダルカナル島来攻を迎えて、第一航空基地隊ほか航空隊 18 隊の行動概要と幹部人事。ケ号作戦、八十一号作戦、い号作戦、レンドバ、守勢に回る主戦場、第二八一航空隊ほか 21 隊等の行動概要と幹部人事。

22. **「空の彼方、海軍基地航空隊要覧(三)　第三段作戦開始(昭和 18 年夏)から昭和 19 年末までに編制された航空隊等」** (2009. 5)

Ａ５、600 頁、非売品。

【内容】懸命な練習航空隊と実戦航空隊の増設、ろ号作戦、ギルバート諸島の玉砕、姫路航空隊ほか 19 航空隊の行動概要と幹部人事。終わりが近い南東方面の消耗戦、第二十四航空戦隊の玉砕、トラック基地壊滅、南東方面からの引き揚げ、追いつかない兵力整備、第一五三航空隊ほか 34 隊の行動概要と幹部人事。聯合艦隊司令部の遭難、あ号作戦準備、第十四航空艦隊司令部の玉砕、第一航空艦隊司令部の玉砕、中部太平洋の制空権の喪失、岡崎航空隊ほか 30 航空隊等の行動概要と幹部人事。捷号作戦準備、決め手の特攻作戦も効果なく、比島の喪失、必死の船団護衛、元山航空隊(二代)ほか 27 航空隊。参考文献。

23. **「空の彼方、海軍基地航空部隊要覧(四)　昭和 20 年終末期に編制された航空隊・昭和 13 年～昭和 20 年の兵力部署による部隊・昭和 19 年～昭和 20 年の特設飛行隊」** (2009. 6)

Ａ５、524 頁、非売品。

【内容】深刻な兵力不足、第五航空艦隊の新編、練習航空隊の特攻戦力化、第一二三航空隊ほか８航空隊の行動概要と幹部人事。練習航空隊の整理、第十航空艦隊の発足、第二十七航空戦隊の玉砕、天一号作戦の開始、東京航空隊ほか 15 航空隊の行動概要と幹部人事。天一号作戦の息切れ、兵力の整備整頓、練習航空教育の再開、決号作戦の準備、終戦、第一七一航空隊ほか 13 航空隊の行動概要と幹部人事。航空隊編制によらない航空部隊、29 部隊の行動概要と幹部人事。特設飛行機隊、戦闘第三〇一飛行隊ほか 77 隊

の行動概要と幹部人事。参考文献。

24. **「空の彼方、海軍基地航空部隊要覧（五）　聯合航空隊、航空総隊」**（2009.8）、
　Ａ５、342 頁、非売品。

　【内容】聯合航空隊、航空戦隊について。支那事変ほか聯合航空隊ほか聯合航空隊５隊、航空戦隊３隊の行動概要と幹部人事。緒戦から昭和 18 年春まで、第十三聯合航空隊ほか航空６戦隊等の行動概要と幹部人事。昭和 18 年初夏から昭和 19 年春まで、第二十七航空戦隊ほか４戦隊の行動概要と幹部人事。昭和 19 年夏から昭和 20 年春まで、第二十一航空戦隊（二代）ほか８戦隊の行動概要と幹部人事。昭和 20 年春から終戦まで、第十二航空戦隊（二代）ほか８戦隊等の行動概要と幹部人事。参考文献。

25. **「空の彼方、海軍基地航空部隊要覧（六）　航空艦隊、練習聯合航空戦隊」**
　（2009.9）

　Ａ５、540 頁、非売品。

　【内容】第十一航空艦隊、練習聯合航空総隊、第十二航空艦隊、第一航空艦隊（二代）、第十三航空艦隊、第十四航空艦隊、第二航空艦隊、第三航空艦隊、第五航空艦隊、第十航空艦隊の行動概要と幹部人事。

26. **「追録 尾張藩幕末風雲録 周旋に命を賭けた謎の武士・林左門」**（2010.12）
　Ａ５、200 頁、ブックショップ・マイタウン刊、市販品。

　【内容】はじめに、安政の大獄で慶勝公謹慎へ、尾張藩朝幕の狭間で苦悩、突出する長州への対応、慶勝公孤立した長州にも配慮、尾張藩一国三主、大政奉還への道、林左門参与の要職に、尾張藩戊辰戦争の早期終結へ、参考年表、参考文献、おわりに。林左門の隠棲地を訪ねて（舟橋武志）。

27. **「空の彼方、海軍基地航空部隊要覧（七）　基地航空部隊付属部隊等」**（2012.1）
　Ａ５、475 頁、非売品。

　【内容】はじめに、基地航空部隊の付属部隊について、付属艦船部隊（補給艦船、水上機母艦、標的艦、駆逐隊等）。哨戒部隊（第二十二戦隊、監視艇隊６隊、特設巡洋艦３隻、特設砲艦 11 隻、特設捕獲網艇２隻）。海軍設営隊の概要、緒戦時の設営班 10 班。第二段作戦で特設設営隊が登場、５隊。ガダルカナル島攻防をめぐる設営隊の増設、11 隊。ガダルカナル島撤退前後から、10 隊。昭和 18 年秋から年末まで、11 隊。昭和 19 年初頭の派遣先、16 隊。あ号作戦前後、18 隊。捷号作戦に向けて、21 隊。昭和 19 年暮れから天号作戦、30 隊。昭和 20 年５月、27 隊。昭和 20 年６月１日、26 隊。昭和 20 年６月 15 日、22 隊。昭和 20 年７月１日、25 隊。特設魚雷調整班、52 隊。特設防空隊 177 隊、防空幹部隊 14 隊、防空指揮所、特設陸上輸送隊 24 隊。以上の各部隊の行動概要と幹部人事。参考文献。

・ 2012 年春、癌の告知を受ける。以後、畏友永井久隆氏に編集等の援助を受け、配布の発送と保管は、ブックショップ・マイタウン舟橋武志氏に依頼。市販本の発行と販売も舟橋氏に依頼。

28. **「空の彼方、海軍基地航空部隊要覧(八)　基地航空部隊付属部隊等」**(2012. 7)

Ａ５、609 頁、自家本。

【内容】海軍建築部→施設部８。特設海軍建築部→施設部７。海軍建設部８。海軍省建築局→海軍施設本部。特設海軍航空廠 15。海軍航空廠 10。航空本部系の工廠３。海軍航空技術廠→海軍技術廠。海軍航空技術廠支廠。海軍技術士官の研修機関、青島方面特別根拠地隊、濱名海兵団。

29. **「護衛部隊の艦艇(一)　駆逐艦一」**(2012. 7)

Ａ５、578 頁、自家本。

【内容】まえがき、はしがき、駆逐艦二等栗型と若竹型９隻、駆逐艦一等峰風型 13 隻、駆逐艦一等神風型９隻、駆逐艦一等睦月型 12 隻、駆逐艦一等吹雪型 23 隻、参考文献。各艦の行動概要と幹部の人事。

30. **「護衛部隊の艦艇(二)　駆逐艦二」**(2012. 7)

Ａ５、444 頁、自家本。

【内容】駆逐艦一等初春型６隻、駆逐艦一等白露型 10 隻、駆逐艦一等朝潮型 10 隻、駆逐艦一等陽炎型 19 隻、参考文献。各艦の行動概要と幹部の人事。

31. **「護衛部隊の艦艇(三)　駆逐艦三・水雷艇・哨戒艇」**(2012. 7)

Ａ５、420 頁、自家本。

【内容】駆逐艦一等夕雲型 19 隻。駆逐艦島風、駆逐艦一等秋月型 13 隻、駆逐艦一等松型 40 隻。水雷艇千鳥型４隻。水雷艇鴻型８隻。哨戒艇一号型２隻。第三十一号型９隻、無名型 10 隻。参考文献。

32. **「護衛部隊の艦艇(四)　海防艦」**(2013. 1)

Ａ５、436 頁、自家本。

【内容】まえがき(解説)、海防艦占守型 18 隻、御蔵型 20 隻、鵜来型 22 隻、海防艦八十島、五百島、第一号型・第二号型 126 隻、参考文献、空の彼方(八)の訂正と追録、あとがき、編集後記(永井久隆)。

33. **「壮絶・決戦兵力　機動部隊(一)　航空母艦・水上機母艦・戦艦」**(2012. 11)

Ａ５、517 頁、自家本。

【内容】まえがき、はしがき(解説)、航空母艦 28 隻、水上機母艦等６隻、特設水上機母艦等 12 隻、戦艦６隻。以上各艦の行動概要と幹部人事。参考文献、編集者あとがき(永井久隆)。

34. **「海軍艦船要覧　艦艇、特務艦艇、特設艦船、その他」改訂版**(2013. 4)

Ａ５、584 頁、ブックショップ・マイタウン舟橋武志刊、市販。先の自家本を改版。

【内容】まえがき(改版)、艦艇、特務艦艇、特設軍艦、特設特務艦、特設特務艇、特設運送船、特設病院船等、一般徴用船艇・雑役船等、あとがき、編集後記(永井久隆)。

35. **「尾張藩幕末風雲録」改版**(2013. 5)

Ａ５、270 頁、内容一部加筆。ブックショップ・マイタウン 舟橋武志刊。

36. **「壮絶・決戦兵力　機動部隊(二)　戦艦二・巡洋艦・補給艦船・その他」**

(2013. 8)

Ａ５、488 頁、自家本。

【内容】まえがき・機動部隊とは何かほか解説 35 頁。戦艦２隻。重巡洋艦９隻。軽巡洋艦７隻。駆逐艦・海防艦・潜水艦の解説 10 頁。補給艦船 29 隻。補給部隊について。参考文献。あとがき。編集後記(永井久隆)。

37. **「壮絶・決戦兵力　機動部隊(三)　航空戦隊・戦隊・水雷戦隊」** (2013.10)

Ａ５、391 頁、自家本。

【内容】まえがき、第一航空戦隊(初代)、第二航空戦隊(初代)、第三航空戦隊(初代)、第十二航空戦隊、第三航空戦隊(二代)、第四航空戦隊(初代)、第三航空戦隊(三代)、第六航空戦隊・第十二航空戦隊(二代)、第七航空戦隊・第十一航空戦隊、第四航空戦隊(二代)、第五航空戦隊、第一航空戦隊(二代)、第二航空戦隊(二代)、第五十航空戦隊、第三航空戦隊(三代)、第四航空戦隊(三代)、水雷戦隊・戦隊、第一水雷戦隊(二代)、第三戦隊(四代)、第七戦隊(五代)、第八戦隊(三代)、第五戦隊(五代)、第十戦隊(三代)、第十一戦隊(二代)、第三十一戦隊。

38. **「壮絶・決戦兵力　機動部隊(四)　第一航空艦隊・第三艦隊・第一機動艦隊」** (2013.12)

Ａ５、194 頁、自家本。

【内容】第一航空艦隊、第三艦隊、第一機動艦隊の行動概要と幹部人事。参考文献、あとがき、編集後記(永井久隆)。

39. **「艦隊決戦の幻影　主力部隊(一)　戦艦・重巡洋艦・軽巡洋艦一」** (2014.4)

Ａ５、399 頁、自家本。

【内容】まえがき、本編に収録する主力部隊の艦船ほか解説、戦艦４隻、重巡洋艦 12 隻、軽巡洋艦２隻、参考文献、あとがきに代えて一戦史研究と戦争史観について、筆者の研究略歴、筆者の著作目録、編集後記(永井久隆)。

40. **「艦隊決戦の幻影　主力部隊(二)　軽巡洋艦二・敷設艦・その他」** (2014.9)

Ａ５、447 頁、自家本。

【内容】まえがき、軽巡洋艦 20 隻、練習巡洋艦３隻、特設巡洋艦 14 隻、敷設艦 11 隻、特設敷設艦８隻、特設水雷母艦４隻、特設急設網艦２隻、参考文献、附論Ⅰ・艦隊編制および軍隊区分編制の変遷に関する解説(その１)、附論Ⅱ・生かされなかった先見の明、編集後記(永井久隆)。

41. **「艦隊決戦の幻影　主力部隊(三)　補給艦船・その他」** (2014.11)

Ａ５、393 頁、自家本。

【内容】まえがき、特設掃海母艦３隻、特設砲艦(機雷敷設・砕氷)31 隻、特設港務艦２隻、特務艦（運送艦・給兵）１隻、特設運送船(給兵)13 隻、特設運送船（雑用・給兵）２隻、特務艦（運送艦・給油)18 隻、特設運送艦(給油）４隻、特設運送艦(雑用）４隻、特設運送船(給油)76 隻、特務艦（運送艦・給炭）２隻、特設運送船(給炭）８隻、特設運送船(給炭油)13 隻、特設運送船(給水）９隻、特務艦（運送艦・給糧）８隻、特設運送船(給糧)36 隻、特務艦（工作艦）２隻、特設工作艦５隻、特務艦（砕氷艦）１隻、特務艦（砕氷運送艦）１隻、特務艦（測量艦）２隻、特設測量艦２隻、特務艦（標的艦）

５隻、特設電纜敷設船３隻、特設救難船７隻、特設病院船７隻、参考文献、附論・組織の体質と固定観念、その中での昇進管理、編集後記(永井久隆)。

42. **「艦隊決戦の幻影　主力部隊(四)　戦隊」** (2015.1)

Ａ５、295頁、自家本、

【内容】まえがき、戦隊に関する解説、第一戦隊(二代)、第一戦隊(三代)、第一戦隊(四代)、第二戦隊(三代)、第二戦隊(四代)、第二戦隊(五代)、第二戦隊(六代)、第三戦隊(三代)、第四戦隊(二代)、第四戦隊(三代)、第四戦隊(四代)、第四戦隊(五代)、第五戦隊(二代)、第五戦隊(三代)、第五戦隊(四代Ⅰ)、第五戦隊(四代Ⅱ)、第五戦隊(五代)、第六戦隊(二代)、第六戦隊(三代)、第六戦隊(四代)、第六戦隊(五代)、第七戦隊(三代)、第七戦隊(四代)、第七戦隊(五代)、第七戦隊(六代)、第七戦隊(七代)、第八戦隊(二代)、第八戦隊(三代)、第九戦隊(初代)、第九戦隊(二代)、第十戦隊(初代)、第十戦隊(二代)、第十戦隊(三代)、第十一戦隊(初代)、第十一戦隊(二代、第十二戦隊(初代)、第十三戦隊(初代)、第十三戦隊(二代)、第十四戦隊(初代)、第十四戦隊(二代)、第十五戦隊、第十六戦隊、第十七戦隊、第十八戦隊(初代)、第十八戦隊(二代)、第十九戦隊、第二十一戦隊、第二十二戦隊、第二十四戦隊、第三十一戦隊、参考文献、附論・艦隊編制および軍隊区分編制の変遷に関する解説（その２）、編集後記(永井久隆)。

43. **「艦隊決戦の幻影　主力部隊(五)　水雷戦隊」** (2015.2)

Ａ５、321頁、自家本。

【内容】まえがき、水雷戦隊に関する解説、第一水雷戦隊(二代)、第二水雷戦隊(二代)、第三水雷戦隊(二代)、第三水雷戦隊(三代)、第三水雷戦隊(四代)、第四水雷戦隊(初代)、第四水雷戦隊(二代)、第四水雷戦隊(三代)、第五水雷戦隊(初代)、第五水雷戦隊(二代)、第六水雷戦隊、第十一水雷戦隊、第十戦隊(三代)、第三十一戦隊、参考文献、編集後記(永井久隆)。

44. **「艦隊決戦の幻影　主力部隊(六)　第一艦隊・第二艦隊」** (2015.4)

Ａ５、392頁、自家本。

【内容】まえがき、第一艦隊、第二艦隊、参考文献、附論・官僚的発想と親方日の丸、あとがき、編集後記(永井久隆)。

45. **「空の彼方、海軍基地航空部隊要覧（一）～（八）」複刻版** (2015.6)

Ａ５、全８巻。2009年3月から2012年7月にかけて発刊された「空の彼方、海軍基地航空部隊要覧」の全巻を利用者の求めに応じて30部複刻。一部補正。

【内容】「空の彼方、海軍基地航空部隊要覧(一)　出師準備の前年(昭和14年)までに編制された部隊」、「空の彼方、海軍基地航空部隊要覧(二)　出師準備(昭和15年秋)から第三段作戦開始(昭和18年)まで編制された航空隊等」、「空の彼方、海軍基地航空隊要覧(三)　第三段作戦開始から昭和19年末までに編制された航空隊等」、「空の彼方、海軍基地航空部隊要覧(四)　昭和20年終末期に編制された航空隊・昭和13年～昭和20年の兵力部署による部隊・昭和19年～昭和20年の特設飛行隊」、「空の彼方、海軍基地航空部隊要覧(五)　聯合航空隊、航空戦隊」、「空の彼方、海軍基地航空部隊要覧(六)

航空艦隊、練習聯合航空戦隊」、「空の彼方、海軍基地航空部隊要覧（七）基地航空部隊付属部隊等」、「空の彼方、海軍基地航空部隊要覧（八） 基地航空部隊付属部隊等」。各巻ごとの内容については、上述。

46. **「艦隊決戦の幻影　主力部隊（七）　補遺１　補給艦船（二）・輸送艦・輸送隊・輸送戦隊」**（2015. 6）

Ａ５、375 頁、自家本。

【内容】まえがき、特設運送船（雑用）241 隻、特設運送船（給糧）２隻、特設運送船（給炭油）１隻、特設工作艦１隻、輸送艦に関する解説、輸送艦 68 隻、特設輸送艦 22 隻、輸送隊と輸送戦隊に関する解説、第二輸送隊、第三十一輸送隊、第一輸送戦隊、参考文献、エッセイ・海軍軍学校校歌、編集後記（永井久隆）。

47. **「幕末尾張藩の深慮遠謀　御三家筆頭の尾張が本当に何もしていなかったか」**（2015. 7）

Ａ５、129 頁、市販。ブックショップ・マイタウン 舟橋武志発行。

【内容】はじめに、内戦回避へ御三家筆頭尾張藩の苦悩、第一次長州征討の陰で、先の先を読む慶勝公の深慮、戦い勃発土壇場での慶勝公の決断、朝幕支え引き際も見事、おわりに、参考資料、年表。

48. **「艦隊決戦の幻影　主力部隊（八）　補遺２　砲艦・砲艦隊・特設砲艦・特設砲艦隊・敷設艇・特設敷設艇・電纜敷設艇・特設防潜網艇・特設捕獲網艇・敷設特務艇」**（2015. 8）

Ａ５、407 頁、自家本。

【内容】まえがき、砲艦に関する解説、砲艦 20 隻、砲艦隊に関する解説、第一砲艦隊（三代）、第二十一砲艦隊、第二十二砲艦隊、第二十三砲艦隊、第二十四砲艦隊、特設砲艦に関する解説、特設砲艦 102 隻、敷設艇 21 隻、特設敷設艇５隻、電纜敷設艇４隻、特設防潜網艇７隻、特設捕獲網艇 44 隻、敷設特務艇 16 隻、参考文献、編集後記（永井久隆）。

・ 2015 年秋から、水谷博氏の編集支援を得る。

49. **「護衛部隊の艦艇（五）　駆逐隊」**（2015. 11）

Ａ５、589 頁、自家本。

【内容】まえがき、駆逐隊に関する解説、第三駆逐隊（四代）、第二十七駆逐隊（二代）、第九駆逐隊（四代）、第三十四駆逐隊（初代）、第四駆逐隊（四代）、第八駆逐隊（三代）、第十駆逐隊（三代）、第十六駆逐隊（二代）、第二十五駆逐隊（二代）、第四十一駆逐隊（初代）、第十五駆逐隊（四代）、第二十六駆逐隊（二代）、第三十二駆逐隊（二代）、第十四駆逐隊（二代）、第二十八駆逐隊（二代）、第四十五駆逐隊、第三十三駆逐隊（二代）、第三駆逐隊（五代）、第十二駆逐隊（二代）、第二十三駆逐隊（二代）、第十八駆逐隊（三代）、第二十駆逐隊（二代）、第十三駆逐隊（四代）、第二十二駆逐隊（二代）、第三十二駆逐隊（三代）、第三十駆逐隊（初代）、第五駆逐隊（四代）、第八

駆逐隊(四代)、第二十九駆逐隊（二代)、第三十四駆逐隊(二代)、第十五駆逐隊（五代)、第二駆逐隊(四代)、第十一駆逐隊（七代)、第十六駆逐隊（三代)、第九駆逐隊（五代)、第二十四駆逐隊（二代)、第六駆逐隊（四代)、第十駆逐隊(四代)、第二十二駆逐隊(三代)、第十九駆逐隊、第二十七駆逐隊(三代)、第十八駆逐隊(四代)、第三十二駆逐隊(四代)、第六十一駆逐隊、第四駆逐隊（五代)、第三十駆逐隊（二代)、第三十一駆逐隊（二代)、第二駆逐隊（五代)、第二十一駆逐隊（二代)、第七駆逐隊（五代)、第五十三駆逐隊、第一駆逐隊（三代)、第十七駆逐隊（三代)、第四十一駆逐隊（二代)、第四十三駆逐隊、第五十二駆逐隊、参考文献、編集後記(永井久隆)。

50. **「護衛部隊の艦艇（六）　水雷隊・海防隊・特設哨戒艇隊・掃海艇・掃海隊・特設掃海艇・特設掃海隊」**（2016. 2）
　Ａ５、488 頁、自家本。

　【内容】まえがき、水雷隊に関する解説、第二十一水雷隊、第一水雷隊、第十一水雷隊(初代)、第十一水雷隊（二代）、海防隊に関する解説、第一海防隊、第十一海防隊、第十二海防隊、第二十一海防隊、第三十一海防隊、第二十二海防隊、第二海防隊、第二十三海防隊、特設哨戒艇隊に関する解説半頁、第一哨戒艇隊、掃海艇 37 隻、第一掃海隊、第十一掃海隊、第十二掃海隊、第二十一掃海隊、第三十掃海隊、第五十二掃海隊、第二十一掃海隊(二代）、特設掃海艇 126 隻、第二掃海隊（初代)、第三掃海隊（初代)、第二十五掃海隊、第三掃海隊（二代)、第四掃海隊、第十三掃海隊 、第十六掃海隊、第三十一掃海隊、第十四掃海隊、第三十五掃海隊、第十五掃海隊、第十七掃海隊、第二十七掃海隊、第三十二掃海隊、第三十三掃海隊、第四十二掃海隊、第四十四掃海隊、第四十八掃海隊、第五十掃海隊、第四十一掃海隊、第四十九掃海隊、第二十六掃海隊、第四十三掃海隊、第四十五掃海隊、第二十八掃海隊、第三十四掃海隊、第四十七掃海隊、参考文献、編集後記(水谷博)。

51. **「護衛部隊の艦艇（七）　駆潜艇・駆潜隊・特設駆潜艇・特設駆潜隊」**（2016. 6）
　Ａ５、497 頁、自家本。

　【内容】まえがき、駆潜艇 64 隻、第一駆潜隊、第二駆潜隊、第五駆潜隊、第十一駆潜隊、第十二駆潜隊、第十三駆潜隊、第二十一駆潜隊、第二十三駆潜隊、第二十四駆潜隊、第三十一駆潜隊（初代）、第三十二駆潜隊、特設駆潜艇 267 隻、特設駆潜隊に関する解説、第五十一駆潜隊、第五十二駆潜隊、第五十三駆潜隊、第五十四駆潜隊、第五十五駆潜隊、第五十六駆潜隊、第五十七駆潜隊、第五十八駆潜隊、第五十九駆潜隊、第六十駆潜隊、第六十二駆潜隊、第六十三駆潜隊、第六十四駆潜隊、第六十五駆潜隊、第六十六駆潜隊、第九十一駆潜隊、第百十二駆潜隊、第百二十五駆潜隊、参考資料　特設駆潜隊編制以外の特設捕獲網艇と特設駆潜艇の所属先、特設駆潜艇に係る「海軍軍船要覧」の記載の一部訂正について、参考文献、編集後記（水谷博）。

以 上